Sir Arthur Conan Doyle

Ausgewählte Werke ~ Band 26

Der Krieg in Südafrika

Sir Arthur Conan Doyle

Der Krieg in Südafrika

Seine Ursache und Führung

Eine Streitschrift

HERAUSGEGEBEN VON OLAF R. SPITTEL

VERLAG 28 EICHEN
BARNSTORF

Anonyme Übersetzung aus dem Englischen.
Originaltitel: The War in South Afrika – Its Cause and Conduct
Erstveröffentlichung: Smith, Elder & Co., London 1902
Die vorliegende Ausgabe folgt der deutschen Erstveröffentlichung
A. Conan Doyle: Der Krieg in Südafrika – Seine Ursache und Führung.
Smith, Elder & Co., London / "The German Times", Berlin 1902

Die Rechtschreibung wurde (weitgehend) beibehalten.
Fehler wurden stillschweigend korrigiert.

Die Deutsche Bibliothek verzeichnet diese Publikation
in der Deutschen Nationalbibliographie.
Detaillierte bibliographische Daten sind im Internet über
http://dnb.ddb.de abrufbar

ISBN 978-3-940597-28-1

unter Verwendung eines Bildes von Sidney Paget (1897)
Schattenriß auf Seite 2 aus: Bernhard Fehr: Die englische Literatur des 19. und 20 Jahrhunderts. Akademische Verlagsgesellschaft Athenaion, Berlin-Neubabelsberg 1923 nach: Bookman 1912

Herstellung: Books on Demand GmbH, Norderstedt

Inhalt

Wer das Recht hat und Geduld,
Für den kommt auch die Zeit.
Audiatur et altera pars.

EIN WORT AN DIE DEUTSCHEN

Deutschland und Grossbritannien sind alte Verbündete. Sie haben oft gemeinsam auf derselben Seite gekämpft und niemals auf entgegengesetzter Seite. In den letzten paar Jahren hat sich diese Stimmung vollständig verändert, und gegenwärtig erscheint ein Bündnis zwischen Deutschland und uns, aus praktischen und politischen Gründen, so gut wie ausgeschlossen, denn in beiden Ländern würde die öffentliche Meinung sich dem widersetzen. Der Grund für diese bedauernswerthe Veränderung liegt in der Haltung, welche Deutschland während des Südafrikanischen Krieges eingenommen hat. Wir glauben, dass diese Haltung den falschen Berichten zuzuschreiben ist, womit die deutsche Presse, aus unreinen und eigennützigen Quellen schöpfend, fortwährend versorgt worden. Einige dieser Quellen sind bereits blossgestellt.

Dieses Buch ist deshalb ein Versuch, dem deutschen Publikum zu zeigen, wie sich die Thatsachen in Wirklichkeit verhalten. Es besteht, wie man sehen wird, grösstentheils aus dem, was die Briten sowohl wie die Buren in Südafrika selbst, also an Ort und Stelle, ausgesagt haben. Jeder Deutsche, der dies liest, wird hoffentlich das Unrecht, das er uns angethan, bedauern, und dies Bedauern auch ausdrücken, denn nur auf diese Weise kann die internationale Erbitterung sich verlieren.

A. Conan Doyle im März 1902

VORWORT

Die Briten sind aus irgend einem Grunde, ob aus Arroganz oder Apathie, ich weiss es nicht, nicht eben schnell bei der Hand, wenn es sich darum handelt, ihre Sache der Welt zur Beurtheilung vorzulegen. Die Gründe für unsere Handlungen und die Art und Weise, wie wir dabei verfuhren, finden sich zur Zeit in vielen Blaubüchern, Abhandlungen und Flugblättern dargelegt, aber nirgends, so viel ich weiss, zusammengestellt in einem kleinen Bande. Angesichts der beständigen Verleumdungen, denen unsere Politiker und ebenso unsere Soldaten ausgesetzt werden, halten wir es, um unserer nationalen Ehre Willen, für unsere Pflicht, die Thatsachen öffentlich vor aller Welt bekannt zu machen. Es wäre mir angenehm gewesen, hätte eine competentere und gleichzeitig in einer offiziellen Stellung befindliche Persönlichkeit diese Arbeit in die Hand genommen, welche ich jetzt von einem unabhängigen Standpunkte aus nach besten Kräften zu leisten versucht habe.

Es hat niemals in der Geschichte einen Krieg gegeben, wo das Recht sich ausschliesslich auf der einen Seite befand, oder worin nicht einzelne Vorkommnisse missbilligende Kritik verdient hätten. Es liegt mir fern, zu sagen, dass es im vorliegenden Falle anders war; aber ich glaube nicht, dass irgend ein vorurteilsfreier Mann die Thatsachen lesen kann, ohne einzugestehen, dass, ebenso wie die Britische Regierung ihr Bestes gethan hat, um den Krieg zu vermeiden, so auch das Britische Heer, um ihn mit Menschlichkeit zu führen.

Für meinen Verleger und für mich trägt diese Arbeit ihren Lohn in sich selber. Wir hoffen auf diese Weise den Preis so stellen zu können, dass das Buch für Jedermann erreichbar ist und dennoch dem Sortimentshändler ein Nutzen dabei zu Theil wird. Ferner ist es unser Wunsch, es in alle Sprachen Europas zu übersetzen und jedem Abgeordneten und jeder Zeitung auf dem Kontinent und in Amerika ein Freiexemplar zu senden. Für diesen Zweck werden wir Geld nöthig haben und zwar eine beträchtliche Summe. Um diese Fonds zu erhalten, haben wir die Absicht, an das Publikum zu appellieren. Jede Summe, die mir oder meinem Verleger zugesandt wird, soll auf dies Werk verwandt werden. Zu viel Geld kann nicht einlaufen, denn je mehr wir erhalten, desto mehr werden wir thun. Ich darf hinzufügen, dass ich meine Seiten nicht mit beständigen Bezugnahmen und dergleichen beladen habe. Meine Citate sind zuverlässig und können jederzeit beglaubigt werden, wenn erforderlich.

Undershaw, Hindhead, im Januar 1902 A. Conan Doyle

CAPITEL 1.
DIE BUREN

Man kann für das Südafrikanische Problem und die Ursachen, welche zu dem gegenwärtigen Kriege zwischen dem britischen Reiche und den Buren-Republiken geführt, unmöglich ein richtiges Verständnis haben, wenn man nicht die Geschichte von Südafrika wenigstens einigermassen kennt. Um sie zu erzählen, muss man weit zurückgreifen bis auf den Anfang; denn die Geschichte von Südafrika ist eine Kette von Ereignissen, worin jede Periode sich mit Notwendigkeit an die vorausgegangene anreiht. Niemand kann den Bur'n kennen oder verstehen, der dessen Vergangenheit nicht kennt; denn der Bure ist das, wozu seine Vergangenheit ihn gemacht hat.

Es war ungefähr um die Zeit, wo Oliver Cromwell sich in seinem Zenith befand – im Jahre 1652, um pedantisch genau zu sein – als sich die Holländer am Cap der guten Hoffnung niederliessen. Vor ihnen waren die Portugiesen dort gewesen, hatten aber, aus Missfallen an dem schlechten Wetter und angelockt von allerlei Gerüchten über Goldfelder, den eigentlichen Sitz des Reiches verlassen und waren weitergewandert, um sich an der Ostküste niederzulassen. Aber die Holländer kamen gut fort am Cap, wurden stark und kräftig in jenem rauhen Klima. Sie drangen nicht weit vor in's Innere des Landes, denn sie waren nur gering an Zahl. Sie bauten Häuser und versahen die Holländische Ostindische Handelsgesellschaft mit Nahrung und Wasser, liessen allmählich kleine Städte entstehen, wie Wynberg, Stellenbosch, und führten ihre Ansiedlungen die langen Bergabhänge hinauf, in der Richtung nach jenem grossen Central-Plateau, welches sich 2.400 Kilometer weit von dem Bande des Karroo nach dem Thale des Zambese erstreckt.

Ueber hundert Jahre lang bestand die Geschichte der Colonie in einem Bericht über die allmähliche Ausbreitung der Afrikander über die nördlich von ihnen liegende ungeheure Fläche von „Veldt“. Viehzucht wurde zu einer Industrie, aber, wo sechs Acker kaum ein Schaf ernähren können, sind selbst für kleine Herden grosse Gehöfte erforderlich. Sechstausend Acker war die gewöhnliche Grösse einer Farm, wofür an die Regierung ein jährliches Pachtgeld von £ 5 zu entrichten war. Die Krankheiten, welche dem weissen Manne folgen, hatten sich in Afrika, wie in Amerika und Australien, für die Eingebornen als verhängnisvoll erwiesen, und eine Blattern-Epidemie schaffte Platz im Lande für Neuhinzukommende. Weiter und weiter nach Norden drangen sie vor, hie und da kleine Städte gründend, wie Graaf-Reinet und Swellendam, wo eine Holländische Reformirte Kirche und ein Lager für den Verkauf der allernothwendigsten Lebensmittel den Mittelpunkt für ein Paar zerstreute Wohnhäuser bildete. Schon die ersten Ansiedler zeigten jene Abneigung gegen Controlle und jenes Verlangen, sich von Europa unabhängig zu machen, wodurch sie sich seither vorzugsweise hervorgethan haben. Sogar das milde Scepter der Holländischen Handelsgesellschaft hatte sie aufrührerisch gemacht. Die lokale Erhebung indessen wurde in der allgemeinen Sindfluth, welche der französischen Revolution folgte, kaum bemerkt. Zwanzig Jahre später, während welcher Zeit die Welt von dem titanischen Kampfe erschüttert wurde, fiel bei der schliesslichen Abrechnung des Spiels und der Bezahlung der Einsätze, die Cap-Colonie dem Britischen Reiche zu, im Jahre 1814.

In dem ganzen grossen Complex Britischer Staaten gibt es wahrscheinlich keinen einzigen Staat, wo die Rechtsansprüche Britanniens so klar und unbestreitbar auf der Hand liegen, wie in diesem Falle. Britannien besass den Staat durch zwei Rechte, durch das der Eroberung und das des Ankaufs. Im Jahre 1806 landeten Truppen, besiegten die vorhandene Kriegsmacht und nahmen Besitz von Kapstadt. Im Jahre 1814 bezahlte Britannien an den Statthalter für die Uebertragung dieses Landes und eines gewissen Südamerikanischen Gebietes sechs Millionen Pfund Sterling (= 120.000.000 M.). Es war ein Handel, der bei jener damals vor sich gehenden allgemeinen neuen Ländervertheilung wahrscheinlich in einer raschen und sorglosen Weise abgeschlossen wurde. Als ein Anlegeplatz auf dem Wege nach Indien schien der Ort werthvoll zu sein, aber das Land selbst erachtete man als uneinträglich und öde. Was würden Castlereagh und Liverpool gedacht haben, hätten sie die einzelnen Posten sehen können, die sie für sechs Millionen Pfund kauften? Das Verzeichnis würde ein Gemisch von Gut und Schlimm gewesen sein: neun grimmige Kaffern-Kriege, die grössten Diamanten-Minen der Welt, die reichsten Goldminen, zwei kostspielige und demüthigende Feldzüge im Kampfe mit Menschen, die wir hochachteten, auch dann, als wir mit ihnen Krieg führten und jetzt endlich – so hoffen wir – ein Südafrika des Friedens und Gedeihens, im Besitz gleicher Rechte und gleicher Pflichten für Alle.

Die über die Besitzung vorhandenen Rechtsurkunden sind, wie gesagt, gut und unanfechtbar, aber sie leiden an einem sonderbaren und ominösen Fehler. Drei Grenzen sind ihr durch den Ocean gegeben, aber die vierte ist unbestimmt gelassen. Vom „Hinterlande" ist gar keine Rede. Daran hatte man gar nicht gedacht. Hatte Grossbritannien jene grossen Flächen, welche sich über die Ansiedlungen hinaus erstreckten, auch gekauft? Oder hatten die unzufriedenen Holländer die Freiheit, weiter fort zu wandern und neue Nationen zu gründen, um den Anglo-Celtischen Colonisten den Pfad zu versperren? In dieser Frage lag der Keim aller künftigen Wirren. Ein Amerikaner wird leicht begreifen, um was es sich hier handelt, wenn er sich den Fall vorstellt, dass, nach der Gründung der Vereinigten Staaten, die Holländischen Einwohner des Staates New York nach dem Westen gewandert wären und dort neue Gemeinwesen unter einer neuen Fahne gegründet hätten. Würde nicht die Amerikanische Bevölkerung, sobald sie durch ihre Ausdehnung die westlichen Staaten erreichte, sich im Angesicht desselben Problems befunden haben, das unser Land zu lösen hatte? Vorausgesetzt natürlich, dass diese neuen Staaten leidenschaftliche Anti-Amerikaner und allem Fortschritte abhold gewesen wären. Ein Amerikaner, der sich dies vorstellt, muss das ganze Gewicht der Schwierigkeiten empfinden, womit unsere Britischen Staatsmänner zu kämpfen gehabt haben.

Zur Zeit ihres Ueberganges zur Britischen Fahne belief sich die Zahl der Colonisten – Holländer, Franzosen und Deutsche – auf etwa dreissigtausend. Sie waren Sklavenhalter, und die Sklaven waren ungefähr ebenso zahlreich wie sie selber. Man musste annehmen, dass zu einer vollständigen Vermischung der britischen und ursprünglichen Ansiedler die beste Aussicht vorhanden war, gehörten sie doch so ziemlich demselben Stamm an und unterschieden sich in ihren Glaubensbekenntnissen nur durch ein Mehr oder Weniger von Bigotterie und Unduldsamkeit. Im Jahre 1820 wurden fünftausend Britische Emigranten gelandet, die sich an der Ostgrenze der Colonie niederliessen, und von der Zeit ab fand ein langsamer, aber beständiger Zufluss von Englisch redenden Colonisten statt. Die Regierung zeigte die historischen Fehler, wie die historischen Tugenden Britischer Herrschaft. Sie war milde, rein, ehrlich, tactlos und inconsequent. Im Ganzen und Grossen wäre sie vielleicht ganz gut dabei gefahren, hätte sie die Dinge gelassen, wie sie waren. Aber die Gewohnheiten des conservativsten unter den Teutonischen Stämmen zu ändern, war ein gefährliches Unternehmen, ein Unternehmen, das zu einer langen Reihe von Verwicklungen und Unruhen führte, von denen die Geschichte Südafrikas so voll ist.

Die Reichsregierung hat die Rechte der Eingeborenen und ihren Anspruch auf den Schutz der Gesetze stets in ehrenhafter und menschenfrendlicher Weise berücksichtigt. Wir halten dafür und zwar mit Recht, dass die Britische Justiz, wenn nicht blind, wenigstens farbenblind sein sollte. Diese Ansicht ist in der Theorie tadellos und zweifellos richtig, aber sie führt, leicht zu Aerger und Verdruss. wenn sie von einem Bostoner Moralisten oder Londoner Philanthropen Menschen aufgedrungen wird, deren ganzer gesellschaftlicher Zustand auf der Annahme beruht, dass die schwarze Race von geringerem Werthe sei als die weisse. Solche Leute ziehen es vor, die höhere Moral selber ausfindig zu machen, anstatt sie sich von Menschen vorschreiben zu lassen, die unter völlig anderen Verhältnissen leben.

Die Britische Regierung hat in Südafrika stets die missliebige Rolle eines Freundes und Beschützers der farbigen Dienstboten gespielt. Gerade dieser Umstand war es, der die erste Reibung zwischen den alten Ansiedlern und der neuen Verwaltung ins Leben rief. Ein Aufstand erfolgte, verbunden mit Blutvergiessen, als ein Holländischer Farmer verhaftet wurde, weil er seinen Sklaven misshandelt hatte. Der Aufruhr wurde unterdrückt, und fünf der Theilnehmer wurden gehängt. Diese Strafe war ganz unnöthig streng und höchst unvernünftig. Eine tapfere Race kann die Opfer eines Schlachtfeldes vergessen, aber niemals die eines Schaffots. Eine grössere Dummheit, als politische Märtyrer erzeugen, kann ein Staatsmann nicht begehen, aber es geschah, und es ist bezeichnend für den unversöhnlichen Groll, der zurückgeblieben war, dass nach dem Jameson-Einfall, als es selbstverständlich erschien, die Führer jenes tollen und unheilvollen Streichs zu erhängen, thatsächlich auch der erforderliche Balken von einem Farmhause in Cookhouse Drift nach Pretoria gebracht wurde, damit die Engländer ebenso stürben, wie im Jahre 1816 die Holländer gestorben waren. Slagters Nek war die Stelle, wo sich die Wege der Britischen Regierung und die der Afrikander trennten.

Und diese Trennung sollte sich bald noch weit deutlicher zeigen. Mit der Grossmuth eines Machthabers wurden von der Englischen Regierung den Kaffer-Stämmen, welche im Jahre 1834 in das Gebiet der benachbarten Farmen eingefallen waren, sehr milde Bedingungen auferlegt. Dazu kam, und zwar noch in demselben Jahre, die Emancipation der Sklaven im ganzen Britischen Reiche, wodurch dann die überall glimmende Unzufriedenheit zu einer lodernden Flamme emporschlug.

Es muss zugestanden werden, dass bei dieser Gelegenheit der

Britische Philanthrop sich bereit fand zu zahlen, was er nach seiner Meinung für Recht hielt. Es war eine edle, nationale That – eine That, deren moralischer Werth der Zeit, worin sie geschah, vorauseilte – als das Britische Parlament die ungeheure Summe von zwanzig Millionen Pfund Sterling als Entschädigung an die Sklavenbesitzer zu zahlen beschloss, um auf diese Weise ein Uebel aus dem Wege zu räumen, wovon das Mutterland nicht unmittelbar betroffen wurde. Es war gut, dass dies geschah zu der Zeit, wo es geschah; denn hätten wir gewartet damit, bis die betreffenden Colonien im Besitz einer eigenen Regierung waren, so hätte es auf constitutionellem Wege niemals geschehen können. Mancher Britische Hausvater murrte, als er seine Börse aus der Tasche zog und zahlte, was er für Recht hielt zu zahlen. Wenn eine That, die, obwohl sie tugendhaft ist, nichts als Trübsal in dieser Welt hervorruft, einer besonderen Gnadenerweisung gewiss sein darf, so dürfen wir auf Grund dieser Emancipation ihrer harren. Wir gaben unser Geld her, wir verdarben unsere Westindischen Colonien und erzeugten in Südafrika eine Abneigung gegen uns, deren Ende noch nicht abzusehen ist.

Indessen im Einzelnen erwies sich die Massregel weniger ehrenhaft, als im Princip. Sie kam zu plötzlich, als dass das Land Zeit gehabt hätte, sich der neuen Lage der Dinge anzupassen. Drei Millionen Pfund wurden für Südafrika bestimmt, d. h. 60 Pfd. Sterl. bis 70 Pfd. Sterl. (=1.200 bis 1.400 M.) für jeden Sklaven, eine Summe, die, im Vergleich zu dem, was man an Ort und Stelle für einen Sklaven zahlte, viel zu niedrig war. Dazu kam, dass die Entschädigung in London zahlbar gemacht wurde, in Folge dessen die Farmer ihre Ansprüche an Mittelspersonen zu herabgesetzten Preisen verkauften. Da wurden in jedem kleinen Städtchen und auf jedem Viehlagerplatz des Karroo Protest-Versammlungen, abgehalten. Der Geist der alten Holländer, der Geist der Männer, welche die Deiche durchschnitten, brauste auf. Zu rebellieren konnte nichts nützen; aber nordwärts von ihnen erstreckte sich ein grosses, weites, herrenloses Gebiet. Das Nomadenleben hatte einen gewissen Reiz für sie, und in ihren ungeheuren, von Ochsen gezogenen Wagen – ähnlich jenen Bullochsen-Karren, worin einige ihrer alten Stammesgenossen nach Gallien kamen – besassen sie Fuhrwerk, Heimstätten und Forts, Alles in Einem. Ein Wagen nach dem andern wurde beladen, die ungeheuren Gespanne wurden eingeschirrt, die Frauen erhielten ihren Sitz im Innern des Wagens, während die Männer mit ihren langen Gewehren nebenan marschierten. So hatte der grosse Exodus seinen Anfang genommen. Vieh- und Schafherden wanderten mit. und die Kinder mussten helfen, wenn es galt, sie zusammenzuhalten und vorwärtszutreiben. Ein gewisser kleiner Knabe in zerrissenen Kleidern knallte dabei hinter den Bullochsen seine Sjambok-Peitsche. Er war nur ein kleines Kerlchen in jenem sonderbaren Aufzuge, aber er interessiert uns, denn er hiess Paul Stephanus Krüger.

Es war ein seltsamer Exodus, vergleichbar allein im modernen Leben dem Aufbruch der Mormonen auf ihrer Suche nach dem gelobten Lande von Utah. Das Land war nicht unbekannt, und nach Norden hin fanden sich hie und da Ansiedler bis an den Orange-Fluss; aber darüber hinaus lag ein grosses Gebiet, wohin ausser einigen waghalsigen Jägern und abenteuerlichen Pionieren noch Niemand vorgedrungen war. Der Zufall wollte – wenn überhaupt in den ernsteren Schicksalen des Menschen von Zufall geredet werden darf– dass ein Zuluhäuptling seinen Eroberungszug über das Land gehalten und es herrenlos gelassen hatte, nur Zwerg-Buschmänner, jenes widerliche Urvolk, die niedrigste Menschenrace, waren dort. Aber schönes Gras und guter Boden für die Auswanderer war vorhanden. Sie reisten in kleinen, von einander getrennten Abtheilungen, aber ihre Gesamtzahl war beträchtlich, belief sich auf sechs- bis zehntausend, wie ihr Geschichtsschreiber sagt, fast ein Viertel der ganzen Bevölkerung in der Colonie. Einige der ersten Züge kamen jämmerlich um's Leben. Eine grosse Anzahl machte eine hohe Bergspitze, östlich von Bloemfontain, in dem bis vor Kurzem sog. Orange-Freistaat, zu einem Sammelplatze. Ein anderer Theil der Emigranten wurde von den furchtbaren Matabeles, einem Zweig des grossen Zulu-Volkes, niedergemacht.

Die „voortrekkers" siegten jedoch schliesslich und säuberten das ganze Land zwischen dem Orange-Fluss und dem Limpopo vom Feinde. Seitdem ging dies Gebiet unter dem Namen Transvaal und Orange-Freistaat. Eine andere Gesellschaft der Emigranten war inzwischen in Natal eingedrungen und hatte Dingaan. den grossen Zulu-Häuptling, auf's Haupt geschlagen.

Und jetzt, am Schluss ihrer grossen Wanderung, nach Ueberwindung der Schwierigkeiten, welche die Entfernung, die Natur des Landes und die feindliche Haltung der Wilden mit sich brachten, sahen die Buren gerade das, was sie am wenigsten zu sehen wünschten, dasjenige, was zu vermeiden sie so weit gereist waren – die Fahne von Grossbritannien. Die Buren hatten Natal vom Innern des Landes aus besetzt, aber England hatte dasselbe schon früher, von der See aus, gethan, und eine kleine Colonie von Engländern hatte sich in Port Natal, dem jetzigen Durban, niedergelassen. Die Englische Regierung war indessen nicht entschieden vorgegangen, und erst, nachdem die Buren Natal erobert hatten, erhoben sie Anspruch darauf als auf eine Englische Colonie. Gleichzeitig machten sie die sehr unwillkommene Lehre geltend, dass ein Englischer Unterthan seine Staatsangehörigkeit nicht beliebig abschütteln könne, und dass die wandernden Farmer, sie möchten gehen, wohin sie wollten, immer nur die Pioniere Britischer Colonien wären. Um dieser Sache Nachdruck zu geben, wurden im Jahre 1842 drei Compagnien Soldaten, nach dem jetzigen Durban geschickt – die gewöhnliche Mannschaft, womit Grossbritannien ein neues Reich gründet. Diese Handvoll Leute wurden von den Buren überfallen und niedergemacht, wie es deren Nachfolgern seitdem so oft ergangen ist. Die Ueberlebenden befestigten sich indessen und hielten sich in der Defensive – wie es ihre Nachfolger ebenfalls seitdem so oft gethan haben – bis Verstärkungen ankamen und die Farmer vertrieben. Von dieser Zeit an wurde Natal eine Britische Colonie, und die Mehrzahl der Buren zog nord- und ostwärts, um ihren Brüdern im Orange-Freistaat und Transvaal von den Unbillen zu erzählen, die sie erlitten hatten.

Durften sie aber überhaupt von Unbillen reden? Es ist nicht leicht, jene Höhe philosophischer Urtheilsfreiheit zu erreichen, welche den Geschichtsschreiber in Stand setzt, auch da, wo sein eignes Land in Frage kommt, völlig unparteiisch zu verfahren. Jedenfalls müssen wir zugeben, dass für unsere Gegner hier ein Rechtsfall vorliegt. Unsere Annexion von Natal war keineswegs klar und bestimmt gewesen und sie, die Buren, waren es, nicht wir, welche jene blutdürstige Zulu-Macht, die ihren Schatten über das Land warf, zuerst lahmgelegt hatten. Es war eine harte Zumuthung, dass sie dem fruchtbaren Lande, das sie erobert hatten, nach so vielen Mühen und Heldenthaten, den Rücken kehren und sich wieder nach den nackten Weideplätzen des Hochland-Veldts begeben sollten. Aus Natal brachten sie das bittere Gefühl erlittenen Unrechts mit, welches wesentlich dazu beigetragen hat, unsere Beziehungen zu ihnen zu vergiften. Es war in gewisser Weise eine wichtige Episode, dieses kleine Scharmützel zwischen Soldaten und Einwanderern, denn die Buren wurden dadurch von der See ferngehalten, und ihr Ehrgeiz blieb auf das Land beschränkt. Wäre es anders gekommen, so würden möglicher Weise die seefahrenden Nationen um eine gebieterische Flagge vermehrt worden sein.

Die Emigranten, welche sich in dem ungeheuren Landstriche zwischen dem Orange-Fluss im Süden und dem Limpopo im Norden niedergelassen hatten, waren durch neue Ankömmlinge aus der Capcolonie immer zahlreicher geworden, bis sie etwa fünfzehntausend Seelen zählten. Diese Bevölkerung hatte sich über eine Fläche zerstreut, die ebenso gross war wie Deutschland, und grösser als Pennsylvanien, Neu-York und Neu-England. Ihre Regierungsform war völlig individuell und demokratisch und zwar in einem Grade, wie ihn der Zusammenhang unter den Einzelnen nur irgend erlaubte. Ihre Kriege mit den Kaffern und ihre Furcht vor der Britischen Regierung sowie ihre Abneigung dagegen scheinen die einzigen Bindemittel gewesen zu sein, wodurch sie zusammengehalten wurden. Da gab es Abtheilungen über Abtheilungen innerhalb ihrer eigenen Grenzen. Transvaal war voll von derben, kleinen kampflustigen Gemeinden, die unter sich ebenso grimmig mit einander haderten, wie sie es mit den Behörden am Cap gethan hatten. Lydenburg, Zontpansberg und Potchetstroom waren nahe daran, ihre Büchsen auf einander zu richten. Im Süden, zwischen dem Orange-Fluss und dem Vaal, gab es überhaupt keine Regierungsform, sondern nur ein Gemengsel von Holländischen Farmern, Basutos, Hottentotten und Mischlingen, die in einem Zustande chronisch gewordener Verwirrung miteinander lebten, weder die Britische Autorität im Süden, noch die Transvaal-Republiken im Norden anerkennend. Das Chaos wurde zuletzt unerträglich, und im Jahre 1848 erhielt Bloemfontain eine Garnison, wodurch der District dem Britischen Reiche einverleibt wurde. Die Emigranten machten einen vergeblichen Widerstands-Versuch bei Boomplats, und nach einer einzigen Niederlage liessen sie sich in die feste Ordnung einer civilisierten Regierung einreihen.

Um diese Zeit wünschte Transvaal, wo die meisten Buren sich niedergelassen hatten, eine formelle Anerkennung ihrer Unabhängigkeit, welche die Britischen Behörden ihnen auch ein für alle Male zu geben beschlossen. Das grosse unfruchtbare Land, welches ausser guten Schützen wenig hervorbrachte, hatte keine Anziehungskraft für ein Colonial-Amt, das ohnedies Verpflichtungen genug hatte und eine Beschränkung derselben nicht ungern sah. Es kam ein Vertrag, bekannt unter dem Namen Sand River-Vertrag, zwischen den beiden Parteien zu Stande. Die Britische Regierung garantiert darin den Buren das Recht, ihre eignen Angelegenheiten selbst zu verwalten und, ohne Einmischung seitens der Briten, sich nach ihren eignen Gesetzen zu regieren. Es wurde ausgemacht, dass Sklaverei nicht geduldet werden sollte, und mit diesem einzigen Vorbehalte glaubte nun die Regierung sich die ganze Frage vom Halse geschafft zu haben. Die Transvaal-Republik war also jetzt formell vorhanden.

In demselbigen Jahre nach dem Sand River-Vertrage wurde eine zweite Republik, der Orange-Freistaat, ins Leben gerufen, indem Grossbritannien sich von dem Territorium, welches es acht Jahre lang besetzt gehabt hatte, geflissentlich zurückzog. Die Türkische Frage fing bereits an, akut zu werden, und die für Jedermann sichtbare Wolke eines grossen Krieges zeigte sich am Horizonte. Britische Staatsmänner fühlten, dass ihre Verbindlichkeiten in allen Theilen der Welt ihnen genug zu schaffen machten, und was die Südafrikanischen Annexionen anbetrifft, so waren sie stets von zweifelhaftem Werthe gewesen, dagegen zweifellos eine Quelle vieler Mühen. Gegen den Willen eines grossen Theils der Einwohner – ob in der Majorität befindlich oder nicht, lässt sich unmöglich sagen – zogen wir unsere Truppen in ebenso ruhiger und friedlicher Weise zurück, wie einst die Römer sich von Britannien entfernten, und die neue Republik genoss jetzt eine absolute und ungehemmte Unabhängigkeit. In Folge einer Petition, welche sich gegen die Zurückziehung der Truppen aussprach, votierte die Englische. Regierung 48.000 £ = 960.000 M., um diejenigen zu entschädigen, welche durch die Veränderung geschädigt waren. Geschichtlich betrachtet mögen die Beschwerden Transvaals sein, welche sie wollen, was aber unsere Verhandlungen mit dem Orange-Freistaat betrifft, so können wir, mit Ausnahme eines Punktes vielleicht, auf ein sehr reines Gewissen Anspruch erheben. So entstanden also im Jahre 1852 und 1854 jene kraftvollen Staaten, welche im Stande gewesen, die vereinigten Kriegsmächte des Reiches eine Zeitlang in Schach zu halten.

Inzwischen hatte, trotz dieser Lostrennungen, die Capcolonie ausserordentlich prosperiert, und ihre Bevölkerung – Briten, Deutsche, Holländer – war im Jahre 1870 zu zweihunderttausend Seelen und darüber angewachsen, vorherrschend, wenn auch nicht sehr überwiegend, aus Holländern bestehend. In Uebereinstimmung mit der liberalen Colonialpolitik Grossbritanniens war die Zeit gekommen, wo man das Band zerschneiden und der jungen Nation die Leitung ihrer eignen Angelegenheiten überlassen durfte. Im Jahre 1872 erhielt sie vollständige Selbstregierung. Der Statthalter behielt sich, als Repräsentant der Königin, nur ein nominelles, nie ausgeübtes Veto in Bezug auf die Gesetzgebung vor. Nach diesem System konnten die Holländer, weil in der Majorität, ihre eignen Vertreter in eine Machtstellung bringen und die Regierung auf Holländischen Fuss setzen, was sie auch thaten. Holländisches Gesetz kam wieder zur Geltung, und das Holländische erhielt als offizielle Landessprache neben dem Englischen die gleichen Rechte. Die ausserordentliche Liberalität solcher Massnahmen und die rückhaltslose Weise, in welcher sie ausgeführt wurden, so wenig dergleichen auch dem Geschmack der Engländer und ihren Ideen entsprach, sind deshalb als Hauptursache der Erbitterung anzusehen, die man am Cap über die unliberale Behandlung der Britischen Ansiedler in Transvaal empfand. Eine Holländische Regierung herrschte über die Briten in einer Britischen Colonie, zu einer Zeit, wo die Buren einem Engländer nicht das Recht zugestehen wollten, in dem Gemeinderathe einer Stadt mitzustimmen, welche er selbst erbaut hatte.

Nach dem Sand River-Vertrage hatten die Bürger der Transvaal-Republik 25 Jahre lang ein rastloses und ungestümes Dasein geführt, immer mit den Eingeborenen, bisweilen auch miteinander im Kampfe, gelegentlich auch der kleinen Holländischen Republik südlich von ihnen einen Hieb versetzend. Die Folge war eine allgemeine Zerrüttung der Zustände. Die Burghers wollten keine Abgaben bezahlen, und die Schatzkammer war leer. Einer der wilden Kaffern-Stämme bedrohte sie von Norden her und die Zulus von Osten. Es ist eine Uebertreibung, wenn man behauptet, die Britische Einmischung hätte die Buren gerettet: Niemand kann ihre Kriegsgeschichte lesen, ohne zu sehen, dass sie es mit den Zulus sowohl wie mit den Sekukunis aufnehmen konnten. Indessen, eine furchtbare Invasion schwebte über ihrem Haupte, und die zerstreut liegenden Farmhäuser lagen für die Käufern ebenso offen da, wie einst in den amerikanischen Colonien die Heimstätten unserer Farmer, als die Indianer sich sich auf dem Kriegspfade befanden. Sir Theophilus Shepstone, der Britische Geschäftsträger, löste, nach einer dreimonatlichen Untersuchung, alle Fragen durch eine förmliche Annectierung des Landes. Der Umstand, dass er es mit einer nur etwa fünfundzwanzig Mann starken Abtheilung in Besitz nahm, bewies die Ehrlichkeit seines Glaubens, dass ein bewaffneter Widerstand nicht zu befürchten wäre. Dies geschah im Jahre 1877. Der Sand River-Vertrag war damit vollständig umgestossen und ein neues Capitel in der Geschichte Südafrikas begonnen.

Von einer besonderen Unzufriedenheit mit der Annexion merkte man damals wenig. Die Leute litten unter den vielen Mühsalen und waren des Streitens müde. Burgers, der Präsident, reichte einen formellen Protest ein und nahm seinen Aufenthalt in der Capcolonie, wo er eine Pension genoss, die ihm die Britische Regierung auszahlte. Eine Eingabe gegen jene Massregel der Regierung erhielt die Unterschriften der Mehrzahl der Buren, aber da war eine ganz hübsche Minderzahl vorhanden, welche sich auf die andere Seite schlug. Krüger selbst bekleidete unter der Regierung ein Amt, wofür er bezahlt wurde. Es waren alle Anzeichen vorhanden, dass die Leute, wenn mit Vorsicht und Einsicht behandelt, sich unter der Britischen Flagge ganz ruhig verhalten würden.

Aber das Reich hatte stets wenig Glück in Südafrika und niemals so wenig, als bei dieser Gelegenheit. Die Versprechungen, die man gemacht hatte, wurden nicht sofort erfüllt, nicht etwa aus Mangel an Treue, sondern einfach weil man saumselig war und sich mit andern Dingen zu schaffen machte. Hätten die Transvaaler warten können, so würden sie ihren Volksraad und alles, was sie wünschten, erhalten haben. Aber die Britische Regierung hatte vor, zunächst einige andere Angelegenheiten der dortigen Gegend zu ordnen: Die Ausrottung der Sekukunis und Unterwerfung der Zulus, ehe sie ihre Versprechungen erfüllen wollte. Der Aufschub erregte Erbitterung. Auch hatten wir mit der Wahl unseres Statthalters kein Glück. Die Bürger sind ein schlichtes Volk und trinken gelegentlich gern eine Tasse Kaffee mit dem sorgenvollen Manne, der über sie zu herrschen sucht. Die 300 Pfd. Sterl. (= 6.000 M.)Kaffee-Geld, die Transvaal seinem Präsidenten jährlich bewilligt, sind keine blosse Form. Ein verständiger Administrator würde sich der gesellschaftlichen und demokratischen Gewohnheiten des Volkes angepasst haben. Sir Theophilus Shepstone that das auch. Sir Owen Lanyon aber that es nicht. Da gab es also keinen Volksraad und keinen Kaffee, und die allgemeine Unzufriedenheit nahm rapide zu. In drei Jahren waren die Briten mit den beiden wilden Horden, die das Land bedrohten, fertig geworden. Auch die Finanzen waren wieder in gutem Zustande; aber die Gründe, weshalb so viele Bürger die Annexion begünstigt hatten, waren von derselben Macht geschwächt worden, welche an ihrer Erstarkung das grösste Interesse haben musste.

Es kann nicht zu oft darauf hingewiesen werden, dass bei dieser Annexion, dem eigentlichen Anfangspunkt unserer Verdriesslichkeiten, Grossbritannien, so fehlerhaft es auch gehandelt haben mag, keinerlei selbstische Interessen im Auge hatte. Rand-Minen gab es zu jener Zeit nicht, überhaupt gab es im Lande nichts, das begehrliche Leute hätte besonders reizen können. Eine leere Schatzkammer und zwei kostspielige Kriege waren die Anwartschaft, die wir übernahmen. Man hatte die ehrliche Ueberzeugung, dass das Land sich in einem allzu wirren Zustande bestand, um sich selbst regieren zu können und dass es durch seine Schwäche für seine Nachbarn, wie für sich selbst eine Gefahr und ein Gegenstand des Aergernisses geworden war. Da lag nichts Schmutziges in der Britischen Handlungsweise, obgleich sie voreilig und unverständig gewesen sein mag. Man hat Grund zu glauben, dass, wenn man gewartet hätte, die Annexion in Folge einer Petition seitens der Majorität der Einwohner zu Stande gekommen wäre.

Im December 1880 erhoben sich die Buren. Jedes Farmhaus sandte seine Schützen aus, und der Sammelplatz war an der Aussenseite des nächsten Britischen Forts. Ueberall im Lande wurden kleine Commandos von den Farmern umzingelt und belagert. Standerton, Pretoria, Potchefstroom, Lydenburg, Wakkerstroom, Rustenberg und Marabastad wurden alle eingeschlossen, und alle hielten aus, bis der Krieg vorüber war. Im offnen Felde hatten die Truppen weniger Glück. Bei Bronkhorst Spruit wurde eine kleine Britische Streitmacht überrascht und niedergemacht, ohne ihren Gegnern schaden zu können. Der Wundarzt, der sie behandelte, berichtete, dass durchschnittlich auf jeden Soldaten fünf Wunden kamen. Bei Laing's Nek versuchte ein schwächerer britischer Truppentheil einen Hügel zu stürmen, der von den Schützen der Buren besetzt war. Die Hälfte der Leute wurde getötet oder verwundet. Ingogo kann als eine unentschiedene Schlacht bezeichnet werden, obgleich die Briten schwerere Verluste erlitten hatten, als der Feind. Schliesslich kam die Niederlage bei Majuba-Hill, wo 400 Mann Infanterie auf einem Berge geschlagen und verjagt wurden von einem Schwarm Scharfschützen, die unter der Deckung von Steinhaufen heranrückten. Unter allen diesen Gefechten war kein einziges, das mehr gewesen wäre, als ein Scharmützel, und man würde sich ihrer kaum noch erinnern, wenn zum Schluss ein Sieg der Briten darauf gefolgt wäre. Aber alle diese Scharmützel erreichten ihren Zweck, und dieser Umstand hat ihnen eine übertriebene Bedeutung beigelegt.

Die Niederlage bei Majuba Hill hatte zur Folge, dass Gladstone's Regierung vollständig nachgab, eine That, die in der neueren Geschichte entweder als höchst kleinmüthig oder höchst grossmüthig bezeichnet werden muss. Es ist nicht leicht für einen starken Mann, sich vor einem schwachen Mann zurückzuziehen, ehe es zum Losschlagen gekommen ist, aber noch viel schwerer ist es, wenn der starke Mann dreimal niedergeworfen wurde. Eine überwältigende Britische Streitmacht war auf den Beinen, und der General erklärte, dass er den Feind in seiner holden Hand halte. Schon früher hatten jene Farmer den Beweis geliefert, dass die Briten sich in Bezug ihrer militärischen Macht verrechnen konnten, und Wood und Roberts würden vielleicht kein so leichtes Spiel gehabt haben. als sie glaubten; aber auf dem Papiere wenigstens sah es so aus, als ob der Feind mit Leichtigkeit erdrückt werden könnte. Im Publikum glaubte man das auch, trotzdem hatte man nichts dagegen einzuwenden, dass das gezogene Schwert wieder in die Scheide gesteckt wurde. Der Beweggrund war, von Politikern abgesehen, ein moralischer und christlicher. Man dachte daran, dass die Annexion von Transvaal ein offenbares Unrecht gewesen, dass die Farmer ein Anrecht hatten auf die Freiheit, für die sie kämpften, und dass es einer grossen Nation unwürdig sei, einen ungerechten Krieg zu führen, bloss um eine militärische Scharte auszuwetzen. Dieser Art war der Beweggrund des Britischen Publikums, als es sich bei dem Verhalten der Regierung beruhigte. Es war ein hochgradiger Idealismus, aber das Resultat ist nicht derartig gewesen, dass man ihn gern wiederholen möchte.

Am 5. März 1881 wurde Waffenstillstand geschlossen, und dieser führte am 23. desselben Monats zum Frieden. Die Regierung, der Gewalt gewährend, was sie freundlichen Vorstellungen gegenüber wiederholt abgeschlagen hatte, schloss zur Beilegung der Sache einen plumpen Compromiss. Eine Politik des Idealismus und christlicher Moral hätte gründlich sein sollen, wenn sie überhaupt versucht wurde. Es lag am Tage, dass, wenn die Annexion ungerecht war, Transvaal wieder zurückerhalten musste, was es durch die Annexion verloren hatte. Der Sand River-Vertrag musste wieder zur Geltung kommen. Aber die Regierung wollte aus irgend welchem Grunde so weit nicht gehen; sie quabbelte und quasselte und feilschte, bis der. Transvaal-Staat zu einem so wunderlichen Bastard wurde, wie die Welt ihn nie zuvor gesehen. Es war eine Republik, aber der Theil einer Monarchie, dem Colonial-Amt unterstellt und in den Spalten der „Times“ unter der Ueberschrift „Colonien“ mit aufgeführt. Sie war autonom und doch einer gewissen unbestimmten Suzeränität unterworfen, deren Grenzen bis jetzt Niemand im Stande gewesen ist, zu bestimmen.

Kurz und gut, der Vertrag von Pretoria scheint durch das, was er enthält sowohl wie durch das, was er nicht enthält, den Beweis zu liefern, dass in jenem unglücklichen Jahre 1881 unsere politischen Angelegenheiten ebenso schlecht gehandhabt wurden, wie unsere militärischen.

Es war von vornherein klar, dass ein so unlogisches und strittiges Uebereinkommen sich unmöglich als eine endgültige Abmachung erweisen konnte, und in der That, die Tinte der Unterschriften war kaum trocken, da gab es schon eine Agitation zum Zweck einer Revision desselben. Die Buren waren der Ansicht, und mit Recht, dass wenn sie als unbestrittene Sieger aus dem Kriege hervorgegangen waren, ihnen auch die volle Frucht des Sieges zukäme. Andererseits wurde die Treue der Englisch sprechenden Colonien auf die härteste Probe gestellt. Der stolze Anglo-Celtische Stamm ist nicht gewohnt, sich demüthigen zu lassen, aber durch das Verhalten der Regierung drüben in der Heimath fühlten sie sich wie Glieder einer geschlagenen Race. Der Londoner Bürger konnte sich gut trösten in seinem verwundeten Stolze mit dem Gedanken, dass er eine grossmüthige That gethan habe, aber für den Britischen Colonisten von Durban und Capstadt lag die Sache anders. Er fühlte sich vor seinem Holländischen Nachbar erniedrigt, ohne dass er Schuld daran war und ohne dass man ihn bei der Sache zu Rathe gezogen hatte. Ein hässliches Gefühl der Erbitterung blieb zurück, welches vielleicht vorübergegangen wäre, hätte Transvaal die Abmachung in demselben Geiste aufgenommen, in welchem sie gemeint war, aber statt dessen wurde es immer gefahrdrohender, als im Verlauf von achtzehn Jahren unsere Leute sahen oder zu sehen glaubten, dass die eine Concession immer zu einer neuen Forderung führte, und dass die Holländischen Republiken nicht bloss nach Gleichberechtigung strebten, sondern nach der Oberherrschaft in Südafrika. Professor Bryce, ein freundlicher Kritiker, hat, nach einer persönlichen Prüfung des Landes und der betreffenden Frage, berichtet, dass die Buren weder Edelmuth noch Menschlichkeit in unserem Verhalten sahen, sondern bloss Furcht, und als ein in seinen Reden dreistes Volk übertrugen sie ihre Empfindungen auf ihre Nachbarn. Darf man da sich wundern, dass Südafrika sich seitdem immer in einem Zustande der Gährung befunden hat, und dass der Britische Afrikander sich nach der Stunde der Rache mit einer Leidenschaftlichkeit gesehnt hat, wovon man in England keine Ahnung hatte?

Die Regierung von Transvaal war nach dem Kriege in den Händen eines Triumvirats gelassen, aber ein Jahr später wurde Krüger Präsident, ein Amt, das er achtzehn Jahre lang inne hatte. Seine Laufbahn als Regent rechtfertigt die Weisheit jener verständigen, ungeschriebenen Verfügung der Amerikanischen Verfassung, der zufolge ein solches Amt auf einen gewissen Zeitraum beschränkt bleibt. Eine ununterbrochene Herrschaft, während eines halben Menschenalters muss einen Mann zu einem Autokraten machen. Der alte Präsident hat in seiner gemüthlichen, aber schlauen Weise selbst gesagt, dass, wenn man für die Leitung eines Gespanns einen guten Ochsen habe, es schade sei, ihn zu wechseln. Hat ein guter Ochse indessen die Freiheit, ohne alle Führung seinen eignen Weg zu gehen, so kann er seinen Wagen ins Verderben ziehen.

Drei Jahre lang gab der kleine Staat Zeichen von einer tumultuarischen Thätigkeit. In Anbetracht dessen, dass er grösser war als Frankreich, und die Bevölkerung die Zahl fünfzigtausend nicht überstieg, sollte man meinen, die Leute hätten Platz genug gehabt, ohne sich unbequem und beengt zu fühlen. Aber die Burghers gingen nach allen Richtungen hin über ihre Grenzen hinaus. Der Präsident rief, er sei in einem Kraal eingeschlossen, und machte Anstalten, um herauszukommen. Ein grosser Trek nach dem Norden hin wurde geplant, misslang aber glücklicherweise. Nach Osten hin fielen sie ins Zulu-Land ein, und es gelang ihnen trotz der Britischen Niederlassung daselbst, ein Drittel des Landes für sich in Anspruch zu nehmen und dem Transvaal einzuverleiben. Im Westen fielen sie ins Bechuana-Land ein, und ohne sich um den drei Jahre alten Vertrag zu kümmern, gründeten sie die Republiken Goshen und Stellaland. So empörend waren diese Vorgänge, dass Grossbritannien sich genöthigt sah, im Jahre 1884 eine Expedition unter Sir Charles Warren auszurüsten, um diese Freibeuter aus dem Lande zu treiben. Man könnte fragen: Warum sollten diese Männer Freibeuter genannt werden, wenn die Gründer von Rhodesia Pioniere waren? Die Antwort darauf lautet: Die Bewohner von Transvaal waren vertragsmässig auf gewisse Grenzen angewiesen und beschränkt, während damals, als die Britische Macht sich nach Norden hin ausdehnte, keine Verpflichtungen verletzt wurden. Jene Uebertretungen schufen gleichsam die Bühne, worauf sich jedes Drama in Südafrika abspielt. Noch einmal musste der unglückliche Steuerzahler die Börse ziehen, und eine Million etwa wurde gezahlt, um die Kosten der Polizeimacht zu decken, die. erforderlich war, um jene Vertragsbrüchigen in Ordnung zu halten. Möge man sich dieses Umstandes erinnern, wenn es sich darum handelt, den moralischen und materiellen Schaden abzuschätzen, den Transvaal durch den Jameson-Einfall erlitten.

Im Jahre 1884 kam eine Deputation von Transvaal nach England, und auf ihre Anregung hin wurde der dumme Vertrag von Pretoria in einen noch dümmeren, den von London, umgeändert. Was man änderte an den Verfügungen, war alles zu Gunsten der Buren, und ein zweiter, erfolgreicher Krieg hätte ihnen schwerlich mehr einbringen können, als Lord Derby in einer Zeit des Friedens aushändigte. Anstatt von Transvaal sprach man jetzt von einer Südafrikanischen Republik, eine Aenderung, die in ominöser Weise auf eine künftige Ausdehnung hinwies. Die Controlle über ihre auswärtige Politik wurde seitens Grossbritanniens auch gemildert, obwohl man sich das Veto-Recht vorbehielt. Aber das Wichtigste in der Sache, die eigentlich fruchtbare Ursache künftiger Wirren, lag in einer Unterlassung. Suzeränität, ist ein unbestimmter Begriff. aber es ist in der Politik wie in der Theologie: je nebelhafter etwa ist, desto mehr reizt es die Einbildungskraft und die Leidenschaften der Menschen. Diese Suzeränität fand sich im Eingange des ersten Vertrages ausgesprochen, im zweiten aber ist keine Rede davon. War sie damit aufgehoben oder nicht? Britischerseits behauptet man, dass nur die Artikel des Vertrages eine Aenderung erlitten hätten, und dass der Eingang sich selbstverständlich auf beide Verträge bezöge. Man wies darauf hin, dass nicht nur die Suzeränität, sondern auch die Unabhängigkeit von Transvaal in jenem Eingange ausgesprochen sei, und dass, wenn das eine nicht mehr gelte, das andere auch nicht mehr gelten dürfe. Andererseits wiesen die Buren auf die Thatsache hin, dass für den zweiten Vertrag ebenfalls ein Eingang vorhanden sei, von dem man doch wohl annehmen dürfe, dass er an die Stelle des ersten getreten sei. In Wirklichkeit ist dieser Streit ein müssiger, da beide Parteien darin übereinstimmen, dass Grossbritannien gewisse Rechte über den Abschluss von Verträgen seitens der Republik sich vorbehielt, und die Rechte geben ihr eine Stellung, welche von der eines völlig unabhängigen Staates sehr verschieden ist. Ob nun dieser Unterschied einer Suzeränität gleichkommt oder nicht, ist eine akademische Frage für internationale Juristen. Worauf es ankommt, ist nicht das Wort, sondern die Thatsache.

CAPITEL 2.
DIE URSACHE DES STREITES

Dass in Transvaal Gold vorhanden war, hat man schon lange gewusst, aber erst im Jahre 1886 hat man erkannt, dass die Lager, welche sich einige dreissig Englische Meilen südlich von der Hauptstadt befinden, von ganz ausserordentlichem Werthe sind. Die Menge des im Quarz vorhandenen Goldes ist nicht gerade hervorragend gross, auch sind die Adern nicht von bemerkenswerther Dicke, das Merkwürdige der Rand-Minen liegt in dem Umstände, dass durch die ganze „banket"-Formation das Metall so gleichmässig vertheilt ist, und das Unternehmen mit Sicherheit auf Erfolg rechnen darf, was bei dieser Industrie gewöhnlich nicht der Fall ist. Es ist mehr Steinbrecher- als Bergmannsarbeit. Man nehme hinzu, dass die Lagerschichten, welche ursprünglich als hochliegende bewirtschaftet wurden, zu ungeheuren Tiefen führten und hier dieselben Eigentümlichkeiten zeigten, wie an der Oberfläche. Der Werth des Goldes ist von glaubwürdigen Menschen auf mindestens siebenhundert Millionen Pfund geschätzt worden.

Eine solche Entdeckung hatte natürlich ihre unvermeidliche Wirkung: Eine grosse Anzahl von Abenteurern strömte nach dem Lande, von denen einige erwünscht waren, andere aber auch sehr unerwünscht. Besondere Umstände hielten jedoch die „rowdy"- und „desperado"-Elemente, welche sich gewöhnlich nach einem neuentdeckten Goldfelde begeben, fern. Es war eine Art Minen-Arbeit, die für den einzelnen Abenteurer nichts verlockendes hatte. Allerlei kostspielige Maschinen waren erforderlich, und diese konnte nur liefern, wer über Capital verfügte. Geschäftsführer, Ingenieure, Minenarbeiter, technische Sachverständige, sowie Handelstreibende und Mittelspersonen, die mit ihnen Geschäfte machten: dies waren die Uitlanders, aus aller Herren Länder hierherkommend, aber vorwiegend aus Anglo-Celten bestehend. Die besten Ingenieure waren Amerikaner; aus Cornwallis kamen die besten Bergleute, und die besten Geschäftsführer waren Engländer. Das für die Minenbewirthschaftung erforderliche Geld wurde zum grössten Theil in England gezeichnet. Im Verlaufe der Zeit jedoch wurden die Deutschen und Französischen Interessenten immer zahlreicher, so dass ihre gemeinsamen Anrechte jetzt ebenso bedeutsam sind, als die der Briten. Die Bevölkerung der Minen-Centren wurde sehr bald ebenso gross, wie die der ganzen Buren-Gemeinde, und bestand vorzugsweise aus jungen und kräftigen Menschen – noch dazu aus Menschen von vorzüglicher Intelligenz und Energie. Die Lage der Dinge war eine ungewöhnliche. Ich habe einem Amerikaner das Problem bereits klarzulegen versucht, indem ich ihn bat, sich vorzustellen, dass die Holländer New-Yorks westwärts gewandert und einen anti-Amerikanischen und höchst fortschrittsfeindlichen Staat gegründet hätten. Um die Analogie weiter zu führen, wollen wir jetzt annehmen, dass dieser Staat Californien war, dass das Gold dieses Staates eine grosse Menge Amerikanischer Bürger heranzog, dass diese Bürger schwer besteuert und schlecht behandelt wurden und dass sie die Regierung in Washington mit ihren Klagen über erlittene Unbillen bestürmten. Das wäre dann eine ganz gute Parallele zu den Beziehungen zwischen Transvaal, den Uitlanders und der Britischen Regierung.

Dass diese Uitlanders sehr wirkliche und drückende Beschwerden zu führen hatten, konnte unmöglich Jemand leugnen; sie alle aufzuzählen, würde eine schreckliche Aufgabe sein, so sehr wurde ihnen ihr Leben durch Ungerechtigkeiten verbittert. Jedes Unrecht, das die Buren in der Capcolonie erlitten haben mochten und sie von dort vertrieben hatte, verübten sie jetzt an Anderen – und ein Unrecht, das in 1895 ungeheuerlich ist, kann in 1835 entschuldbar sein. Die ursprüngliche Mannhaftigkeit, jenes characteristische Merkmal der Farmer, brach im Angesicht der Versuchung zusammen. Auf dem Lande wurden die Buren wenig davon berührt, einige von ihnen überhaupt nicht, aber die Regierung zu Pretoria wurde zu einer im innersten Kerne angefaulten Oligarchie, wurde käuflich und unfähig im höchsten Grade. Beamte und importierte Holländer waren die Leiter des Goldstroms, der von den Minen kam, während der unglückliche Uitlander, welcher neun Zehntel der Steuern bezahlte, bei jeder Gelegenheit gerupft wurde und mit Hohngelächter empfangen, wenn er Stimmberechtigung zu erlangen suchte, um in friedlicher Weise die Ungerechtigkeiten zu beseitigen, unter denen er litt. Er war nicht unvernünftig. Im Gegentheil, er war geduldig und sogar leutselig, wie das Capital zu sein pflegt, wenn es von Büchsen umgeben ist. Aber seine Lage war unerträglich, und nach einer Reihe von Versuchen, durch friedliche Agitation und zahlreiche bescheidene Petitionen an den Volksraad Abhülfe zu erlangen, fing er an zu begreifen, dass er diese nie bekommen würde, wenn er nicht auf irgend eine Weise sich selbst zu helfen verstände.

Ich will nicht versuchen, alle die Ungerechtigkeiten, wodurch die Uitlanders erbittert wurden, aufzuzählen, aber die schlimmsten unter ihnen mögen hier Platz finden.

1. Sie wurden schwer besteuert, und ungefähr sieben Achtel der Landeseinkünfte kamen aus ihrer Tasche. Die Einkünfte der Südafrikanischen Republik, welche im Jahre 1886 £ 154.000 betragen hatten, d. h. zur Zeit, als die Goldfelder eröffnet wurden, waren im Jahre 1899 auf vier Millionen Pfund gestiegen, und das Land war durch die Industrie der Ausländer aus einem sehr armen zum reichsten in der ganzen Welt geworden (pro Kopf der Bevölkerung).
2. Trotz dieser Wohlfahrt, die sie gebracht hatten, erhielten sie keine Stimmberechtigung und konnten daher auf die Verwendung der grossen Summen, welche sie lieferten, gar keinen Einfluss üben. Ein solcher Fall von Besteuerung ohne Vertretung ist noch nie dagewesen.
3. Bei der Wahl und Bezahlung der Beamten hatten sie keine Stimme. Männer von sehr schlechtem Character konnten, mit vollständiger Gewalt versehen, über werthvolle Interessen entscheiden. Die gesammten Beamtengehälter waren im Jahre 1899 zu einer Summe emporgewachsen, die genügte, um der ganzen männlichen Burenbevölkerung £ 40 pro Kopf zu zahlen.
4. Sie hatten keine Controlle über den Schulunterricht. Mr. John Robinson, der Generaldirector des Johannesburger Schulvorstandes, hat ausgerechnet, dass die Summe, welche für Uitlander-Schulen verausgabt wurde, £ 650 betrug und zwar von £ 63.000, die für Schulzwecke bestimmt waren; das macht 1 Schilling und 10 Pence pro Kopf jährlich für die Kinder des Uitlanders und £ 8, 6 Schilling pro Kopf für die Kinder der Buren. So zahlte der Uitlander, wie immer, sieben Achtel der ganzen Summe.
5. Sie hatten auf die städtische Verwaltung keinen Einfluss. Wasserkarren anstatt Rohrlegung, schmutzige Eimer anstatt Abzugscanäle, eine corrupte und grimmige Polizei, eine hohe Sterblichkeitsrate an einem Orte, der als Kurort hätte dienen können – dies alles in einer Stadt, die sie selbst erbaut hatten.
6. Eine despotische Regierung in Bezug auf die Presse und das Recht öffentlicher Versammlungen.
7. Unfähigkeit, als Geschworene zu dienen.
8. Fortwährende Quälereien des Bergbau-Interesses durch ärgerliche Gesetze. Hierher gehören viele Beschwerden, von denen einige nur den Bergbau, andere sämtliche Uitlanders berühren. Das

Dynamit-Monopol, wodurch die Bergleute £ 600.000 jährlich extra zu zahlen hatten, um eine schlechtere Qualität Dynamit zu erhalten; das Branntwein-Gesetz, welches den Kaffern es möglich machte, sich täglich zu betrinken; die Untüchtigkeit und Prellereien der staatlichen Eisenbahnverwaltung; die Gewährung von Concessionen für zahlreiche Artikel täglichen Gebrauchs an einzelne Personen, wodurch die Preise hoch gehalten wurden; rings um Johannesburg Zollabgaben, von denen die Stadt selbst keinen Nutzen hatte – dies waren die wirthschaftlichen Beschwerden, bald grösser, bald kleiner, die sich überall im Leben fühlbar machten. Dies sind die Ungerechtigkeiten, welche Herr W. T. Stead als die „Zehn-Pfennigs-Beschwerden einer Handvoll Engländer" beschrieben hat.

Die Art und Weise, wie man die Uitlander bluten liess und die Beamten der Buren an Wohlhabenheit zunahmen, kann man aus der Liste der Gehälter ersehen, welche der Staat in der Zeit von der Eröffnung der Minen bis zum Ausbruch des Krieges zahlte.

	£
1886..........	51.831
1887..........	99.083
1888..........	164.406
1889..........	249.641
1890..........	324.520
1891..........	332.888
1892..........	323.608
1893..........	361.275
1894..........	419.775
1895..........	570.047
1896..........	813.029
1897..........	996.959
1898..........	1.080.382
1899..........	1.216.394

Hieraus ist ersichtlich, wie Herr Fitz Patrick nachgewiesen hat, dass die Gehälter vier und zwanzig Mal. so gross geworden waren, als zu der Zeit, wo die Uitlanders ankamen, und fünf Mal so gross, als das gesamte Staatseinkommen zu jener Zeit.

Indessen abgesehen von all diesen offenbaren Ungerechtigkeiten, müssten freigeborene und fortschrittlich gesinnte Männer, gewöhnt, wie sie waren, an freiheitliche Institutionen, es als ein beständiges Aergernis empfinden, in despotischer Weise von einer Körperschaft beherrscht zu werden, deren Mitglieder zum Theil bigotte Ignoranten, zum Theil Hanswurste, fast alle aber ganz offen und in schamloser Weise der Bestechung zugänglich waren. Von fünf und zwanzig Mitgliedern des ersten Volksraad wurden, in dem Streitfälle der Selati-Eisenbahngesellschaft, einundzwanzig ganz öffentlich und umständlich der Bestechung angeklagt, wobei alle einzelnen Gaben, die sie empfangen hatten, samt Datum und wer sie bezahlte, an den Tag kamen. Auf der schwarzen Liste befindet sich auch der gegenwärtige Vice-Präsident Schalk Burger; der damalige Vice-Präsident; Eloff, der Schwiegersohn Krügers; und der Secretär des Volksraad. Dem Anschein nach hatte in der executiven und gesetzgebenden Körperschaft jeder Mann seinen Preis.

Eine corrupte Deputiertenkammer taugt nicht zum Regieren und wird völlig unerträglich, wenn sie ausserdem noch engherzig und bigott ist. Die folgenden kleinen Auszüge aus den in den beiden Raads stattgefundenen Debatten geben einen Begriff von der Intelligenz und dem Geist der Männer, die über eines der fortschrittlichsten Gemeinwesen der Welt das Scepter führten.

„Der Einführung von Postkasten in Pretoria widersetzte man sich und zwar aus dem Grunde, weil sie närrisch seien und verweichlichend. Der Deputierte Taljaard sagte, er sähe nicht ein, weshalb die Leute immer Briefe schreiben wollten; er selber schriebe überhaupt keine. In seiner Jugend hätte er einen Brief geschrieben und sich nicht gefürchtet, fünfzig Englische Meilen zu reisen und zwar mehr zu Pferde, als zu Wagen, um ihn zur Post zu bringen – und jetzt klagten die Leute, wenn sie Eine Meile gehen sollten.“

Eine Debatte über die Möglichkeit, die Heuschreckenplage zu verringern, führte zu der folgenden geistreichen Discussion:

„21.Juli. Herr Roos sagte, Heuschrecken wären eine von Gott gesandte Plage, ebenso wie in den Tagen des Königs Pharaoh, und es wäre Schimpf und Schande, wenn das Land versuchen wollte, seine Hand gegen den Allmächtigen zu erheben.“

„Die Herren Declerq und Steenkamp sprachen in demselben Sinne und citierten viele Stellen aus der heiligen Schrift.“

„Der Vorsitzende erzählte eine wahre Geschichte von einem Manne, dessen Farm stets von Heuschrecken verschont blieb, bis er eines Tages welche todtschlagen liess. Da wurde seine Farm verwüstet.“

„Herr Stoop beschwor die Mitglieder, sich nicht zu Göttern zu machen hier auf Erden und sich nicht dem Allmächtigen zu widersetzen.“

„Herr Lucas Meyer erregte einen Sturm der Entrüstung, als er die Ausführungen der Vorredner lächerlich machte und die Heuschrecken mit Raubthieren verglich, die man vertilgen müsse."

„Herr Labuschagel wurde heftig. Er sagte, die. Heuschrecken wären verschieden von Raubthieren; sie wären eine besondere von Gott ihnen gesandte Plage für ihre Sündhaftigkeit."

In einer weiteren Debatte:

„Herr Jan de Beer klagte über den Mangel an Gleichheit in Halstüchern. Einige Leute trügen eine Abart von Tom Thumb, andere trügen Halsbinden. Dies sei ein beklagenswerther Zustand, und er schlage vor, dass der Raad sich entschieden dagegen wehre und die Grösse und Gestalt der Halstücher bestimme."

Die folgende, einer Debatte entnommene, Notiz gibt uns eine Vorstellung davon, in wie weit die Herren Gesetzgeber im Stande waren, commercielle Fragen zu behandeln.

„8. Mai. Auf das Gesuch der Sheba G. M. Gesellschaft um die Erlaubnis, von der Mine zu der Mühle eine Hochbahn errichten zu dürfen, fragte Herr Groblaar, ob eine Hochbahn (aerial train) ein Luftballon wäre oder ob sie durch die Luft fliegen könnte."

„Das Einzige, was der Vorsitzende gegen die Gewährung der Bahn einzuwenden hatte, war, dass die Gesellschaft einen Englischen Namen trüge, während es doch so viele Holländische Namen gäbe, die man anwenden könne."

„Herr Taljaard hatte Einwendungen zu machen gegen das Wort „participeeren" (theilnehmen), weil es nicht Holländisch sei, es sei nicht verständlich für ihn: „Ich glaube nicht, dass das Wort Holländisch ist; sonst hätte ich es doch auch wohl mal in der Bibel angetroffen."

„18. Juni. Auf das Gesuch um Concession in Betreff Behandlung der „tailings". Herr Taljaard wünschte zu wissen, ob die Worte „pyrites" (Kies) und „concentrales" (Konzentrierungen) nicht ins Holländische übersetzt werden könnten; er wisse nicht, was sie bedeuteten. So lange er in Pretoria gewesen sei, habe er die Abendschule besucht, und auch jetzt noch könne er seinen Bürgern (burghers) nicht alles erklären. Er halte es für eine Schande, grosse Hügel aufzuthürmen auf einem Grund und Boden, unter welchem sich reiche Schichten befinden könnten, und den man später einmal für einen Marktplatz und Ausspann nöthig haben könnte. Er wolle den Antrag indessen unterstützen, unter der Bedingung, dass die Bezeichnung Quarz ins Holländische übertragen würde, da vielleicht weit mehr dahintersteckе, wie man glaube."

Solcherlei Debatten sind ja gewiss ganz amüsant, wenn man sie aus der Ferne betrachtet, aber anders ist die Sache, wenn sie von einem Autokraten ausgehen, der unsere Lebensbedingungen völlig in seiner Gewalt hat.

Die Uitlanders waren keine eifrigen Politiker, schon weil sie von ihren eigenen Geschäftsangelegenheiten ganz in Anspruch genommen wurden. Sie wünschten, Theil an der Staatsregierung zu haben, aber nur aus dem Grunde, um ihre Industrie ungehinderter zu betreiben und sich selbst das Leben erträglicher zu gestalten. Wer wissen möchte, in wie weit eine solche Einmischung ihrerseits gerechtfertigt ist, der lese mit vorurtheilsfreiem Auge die lange Liste ihrer Beschwerden. Oberflächlich angesehen, mögen die Buren als Freiheitskämpfer erscheinen, aber bei tieferer Einsicht kann man nicht umhin zu sehen, dass sie (man denke an ihre Deputaten) in Wirklichkeit sich für alles ins Zeug geworfen haben, was sich in der Form von Exclusivität und Unterdrückung in der Geschichte gezeigt und verhasst gemacht hat. Ihr Begriff von Freiheit ist ein sehr enger und selbstsüchtiger, und sie haben fortwährend viel mehr Unrecht gegen Andere begangen, als dasjenige, wogegen sie sich erhoben hatten.

In dem Masse als die Minen an Bedeutung und die Bergleute an Zahl zunahmen, stellte sich heraus, dass diese politischen Unzuträglichkeiten für einen Theil jener kosmopolitischen Menschen weit empfindlicher war, als für Andere. Es kam darauf an, wie viel Freiheit sie in ihrer Heimath genossen hatten, und an welche Einrichtungen sie gewöhnt waren. Die Uitlanders des europäischen Continents zeigten sich weit geduldiger bei Sachen, die für den Amerikaner und Briten unerträglich waren. Die Amerikaner befanden sich indessen in einer so grossen Minorität, dass der eigentliche Hauptkampf für die Freiheit den Briten zufiel. Abgesehen davon, dass die Briten weit zahlreicher waren, als alle anderen Uitlanders zusammengenommen, lagen besondere Gründe vor, weshalb für sie ihre Stellung weit mehr Erniedrigendes hatte, als für die Angehörigen irgend einer anderen Race. Erstens waren viele der Briten Britische Südafrikaner, welche wussten, dass in den Nachbarländern, wo sie geboren, den Stammesgenossen dieser selbigen Buren, welche ihnen die Handhabung ihrer eigenen Abflusskanäle und ihrer Wasserversorgung versagten, die allerfreisinnigsten Einrichtungen gewährt worden waren. Ferner, jeder Brite wusste, dass Grossbritannien den Anspruch auf Oberherrschaft in Südafrika machte, und dabei war ihm zu Muthe, als ob sein eignes Land, das ihn hätte schützen sollen, seine schlechte Behandlung ruhig geschehen liess. Als Angehörige der obersten Staatsgewalt war es ihnen ganz besonders ärgerlich, dass sie in politischer Unterwürfigkeit gehalten wurden. Die Briten waren deshalb in ihrer Agitation am beharrlichsten und energischsten.

Eine Sache jedoch, die es nicht verträgt, dass man die Einwendungen ihrer Gegner offen darlegt und nach allen Seiten hin ehrlich ins Auge fasst, ist von sehr zweifelhaftem Werthe. Die Buren hatten, wie bereits gesagt worden, grosse Anstrengungen gemacht, um ein Land zu erhalten, das sie als ihr eignes ansehen durften. Sie waren weit fortgewandert, hatten schwer gearbeitet und tapfer gefochten. Nach all ihren Mühen mussten sie jetzt erleben, dass eine Menge Fremde in ihr Land kamen – nicht immer die besten – und die ursprünglichen Bewohner an Zahl zu überholen drohten. Wenn diesen das Stimmrecht gewährt würde, so war es zweifellos, dass, wenn auch die Buren eine Zeitlang noch die Stimmenmehrheit behaupteten, die Neu-Eingewanderten nach und nach die Oberhand gewinnen würden im Raad, ihren eignen Präsidenten wählen und eine Politik einschlagen, die den ursprünglichen Einwohnern des Landes durchaus zuwider war. Sollten die Buren durch die Wahlurne wieder verlieren, was sie durch ihre Büchsen gewonnen hatten? Durfte man das verlangen? Diese neuen Einwanderer kamen des Goldes wegen. Sie erhielten es. Ihre Gesellschaften bezahlten hundert Procent. War das nicht genug, um sie zufrieden zu stellen? Wenn's ihnen nicht gefiele im Lande, warum gingen sie nicht fort? Es zwang sie ja Niemand zu bleiben. Wenn sie aber blieben, so sollten sie dankbar sein, dass sie überhaupt geduldet wurden, und sich nicht so gebärden, als hätten sie ein Recht, sich in die Gesetzgebung der Buren einzumischen, durch deren Höflichkeit allein ihnen gestattet worden, ins Land zu kommen.

Das ist der Standpunkt der Buren, denke ich, und auf den ersten Blick könnte ein Unparteiischer meinen, dass sich zu Gunsten desselben sehr viel sagen lässt; aber bei näherer Betrachtung zeigt sich bald, dass dieser Standpunkt, wenn auch in der Theorie haltbar, in Wirklichkeit ungerecht und unhaltbar ist.

Bei dem gegenwärtigen Zustande der Bevölkerung in der Welt mag die Politik eines Landes wie Thibet in irgend einem dunkeln Winkel noch möglich sein, aber sie ist unmöglich in einem Landgebiete, das quer über der Heerstrasse industriellen Fortschrittes liegt. Das ist ja ein ganz und gar unnatürlicher Standpunkt. Eine Handvoll Leute nehmen durch das Recht der Eroberung ein ungeheures Landgebiet in Besitz, zerstreuen sich darüber, wohnen so weit von einander, dass sie sich rühmen, das eine Farmhaus könnte den Rauch des anderen nicht sehen; und obgleich ihre Anzahl zu dem Flächeninhalt, den sie einnehmen, in gar keinem Verhältnis steht, weigern sie sich, andere Leute als gleichberechtigt zu behandeln, als wären sie eine privilegierte Menschenklasse und hätten das Recht, Neuhinzukommende vollständig zu beherrschen. Der Anzahl nach sind sie in ihrem eignen Lande von den Einwanderern überholt, und diese sind ausserdem weit gebildeter und fortschrittlicher. Trotzdem werden diese niedergehalten in einer Weise, wie sonst nirgends in der Welt. Worin besteht ihr Recht? Im Recht der Eroberung. Nun, dann darf man dasselbe Recht auch geltend machen, um eine so unerträgliche Lage umzugestalten. Diese Anschauung würden sie selbst als richtig anerkennen. „Kommt heran zum Kampf! Kommt heran!“ rief ein Mitglied des Volksraad, als die Petition der Uitlanders über die Stimmberechtigung vorgelegt wurde. „Protestieren! Protestieren! Was soll das nützen?“ sagte Krüger zu Herrn W. Y. Campbell; „Sie haben ja keine Gewehre, ich habe sie.“ Das war immer die letzte Instanz, an die man appellierte. Richter Creusot und Richter Mauser standen immer hinter dem Präsidenten.

Ferner, die Stellungnahme der Buren würde mehr ins Gewicht fallen, hätten sie von der Arbeit dieser Einwanderer gar keinen Nutzen gehabt; hätten sie sie ignoriert, so hätten sie mit einem gewissen Rechte sagen können, dass ihnen ihre Gegenwart nicht erwünscht sei. Aber trotz all ihrem Widerstreben bereicherten sie sich auf Kosten des Uitlanders. Beides zugleich konnten sie doch nicht verlangen. Entweder musste man ihn entmuthigen und keinen Nutzen aus seiner Arbeit ziehen, oder es ihm behaglich im Lande machen und mit seinem Gelde den Staat hochbringen; das wäre consequent gewesen; aber ihn zu misshandeln und gleichzeitig durch seine Besteuerung sich zu bereichern und zu stärken, war sicherlich eine Ungerechtigkeit.

Wiederum ruht die ganze Beweisführung der Buren auf der engherzigen Voraussetzung ihrer Race, dass jeder naturalisierte Bürger, wenn nicht Burischer Herkunft, nothwendig unpatriotisch sein müsse. Die Geschichte beweist das Gegentheil. Der neue Einwanderer wird sehr bald ebenso stolz auf sein Land und ebenso eifersüchtig auf dessen Freiheit, wie der alte. Hätte Präsident Krüger in edelmüthiger Weise dem Uitlander das Stimmrecht gegeben, so würde seine Pyramide fest und sicher auf ihrer Basis ruhen und nicht auf ihrer Spitze hin- und herschwanken. Die verderbte Oligarchie wäre allerdings von der Bildfläche verschwunden, und der Geist einer weitherzigen, duldsamen Freiheit wäre in die Staatsverwaltung eingedrungen. Aber die Republik würde lebensfähiger und dauerhafter geworden sein, und die Bevölkerung, wenn auch in einzelnen Dingen verschiedener Ansicht, hätte sich über alle wesentlichen Punkte geeinigt. Ob dies nun für die Britischen Interessen in Südafrika eine sehr vortheilhafte Lösung gewesen wäre, ist eine völlig andere

Frage. Präsident Krüger hat sich schon verschiedentlich als ein guter Freund des Britischen Reiches erwiesen.

Zur Zeit des Vertrages von Pretoria (1881) konnte durch einen einjährigen Aufenthalt im Lande das Bürgerrecht erlangt werden. Im Jahre 1882 wurde diese Zeit auf fünf Jahre verlängert, eine vernünftige Beschränkung, welche sowohl in Grossbritannien, wie in den Vereinigten Staaten besteht. Wäre es dabei geblieben, so darf man behaupten, dass es weder eine Uitlander-Frage noch einen Krieg gegeben hätte. Beschwerden würden, ohne Einmischung von Aussen, im Inneren des Landes selbst erledigt worden sein.

Im Jahre 1890 wurde der Andrang der Fremden so gross, dass die Buren Angst bekamen. Die Stimmberechtigung wurde so weit hinausgeschoben, dass sie nur von denen erreichbar war, die sich vierzehn Jahre lang im Lande aufgehalten hatten. Die Uitlanders, welche an Zahl rapide zunahmen und unter der schrecklichen Menge der bereits aufgezählten Beschwerden zu leiden hatten, kamen zu der Ueberzeugung, dass ihre Klagen zu zahlreich waren, als dass sie hoffen durften, sie allmählich und der Reihe nach beseitigt zu sehen. Nur durch eine Aufhebung des Gesetzes über das Stimmrecht durften sie eine Entfernung der schweren Last, unter welcher sie seufzten, erwarten. Im Jahre 1893 wurde von 13.000 Uitlanders eine in sehr respectvollen Ausdrücken gehaltene Petition dem Raad unterbreitet, aber mit Verachtung bei Seite gelegt. Die nationale Reform-Union, eine keineswegs aus Capitalisten bestehende Gesellschaft, liess sich dadurch nicht abschrecken, sondern erneuerte ihren Angriff im Jahre 1894. Sie setzten eine Petition auf, die von 35.000 erwachsenen männlichen Uitlanders unterzeichnet war, einer Anzahl, die wahrscheinlich ebenso gross war, wie die gesamte männliche Burenbevölkerung des Landes. Eine kleine freisinnige Partei im Raad unterstützte diese Denkschrift und versuchte, freilich vergebens, einige Gerechtigkeit für Einwanderer zu erlangen. Herr Jeppe war der Sprecher dieser kleinen Partei. „Die Hälfte des Bodens gehört ihnen, sie zahlen wenigstens drei Viertel der Steuern", sagte er. „Es sind Leute, die, was Capital, Energie und Bildung anbetrifft, wenigstens unseres Gleichen sind. Was soll aus uns und unseren Kindern dermaleinst werden, wenn die Zeit kommt, wo wir uns in einer Minderheit wie eins zu zwanzig befinden, ohne unter den übrigen neunzehn einen einzigen Freund zu haben! Dann werden sie uns sagen, dass sie unsere Brüder zu sein gewünscht, dass wir sie aber durch unsere eigene Schuld zu Fremdlingen und unseren Gegnern gemacht hätten." Solche vernünftigen und freundlichen Vorstellungen wurden von Mitgliedern bekämpft, die behaupteten, dass die Unterschriften nicht von gesetzestreuen Bürgern herrühren könnten, da sie ja thatsächlich gegen das Gesetz der Stimmberechtigung agitierten; dasselbe thaten andere, deren Unduldsamkeit in dem Trotz zum Ausdruck kam, mit welchem jenes bereits citierte Mitglied die Uitlanders zum Kampf herausforderte. Die Kämpfer für Ausschliessung der Fremden und für Racenhass trugen den Sieg davon. Die Denkschrift ward mit sechzehn Stimmen gegen acht verworfen, und das Stimmrechtsgesetz wurde, auf Anregung des Präsidenten, noch bindender gemacht, als es gewesen war. Es wurde so umgestaltet, dass, während der vierzehnjährigen Probezeit, ein Bewerber seine frühere Staatsangehörigkeit aufzugeben hatte. Auf diese Weise gehörte er dann während jener Zeit überhaupt keinem Lande an. Da war also keine Hoffnung vorhanden, dass der Präsident und seine Bürger den Uitlanders gegenüber jemals eine freundlichere Haltung einnehmen würden. Als einmal Jemand remonstrierte, wurde er vom Präsidenten aus dem Staatsgebäude herausgeführt und, nach, der Landesfahne hinaufzeigend, sagte er: „Sehen Sie die Fahne da? Wenn ich das Stimmrecht gewähre, so kann ich ebenso gut die Fahne herunternehmen." Seine Stimmung gegen die Einwanderer war eine sehr bittere. „Burghers, Freunde, Diebe, Mörder, Einwanderer und wer sonst noch hier ist" ist der versöhnliche Ton, womit er eine seiner öffentlichen Ansprachen, eröffnete. Obgleich Johannesburg nur zweiunddreissig Englische Meilen von Pretoria entfernt ist, und obgleich der Staat, dessen Oberhaupt er war, von den Einkünften, welche die Goldfelder brachten, abhängig war, besuchte er diese Stadt in neun Jahren nur dreimal.

Diese ausgesprochene Erbitterung war beklagenswerth, aber nicht unnatürlich. Ein Mann, ganz erfüllt von der Idee eines auserwählten Volkes und belesen nur in dem einen Buche, welches diese selbige Idee nährt und pflegt, wusste natürlich nichts von dem, was die Geschichte lehrt, nichts von den Vorzügen einer freisinnigen Politik. Ihm kam es so vor, als ob die Ammoniter und Moabiter Aufnahme unter die zwölf Stämme verlangten. Er hielt eine Agitation gegen die exclusive Politik des Staates für eine Agitation gegen die Existenz des Staates selbst. Ein weitgehendes Stimmrecht aber würde seine Republik auf eine feste und dauernde Basis gebracht haben. Die Zahl der Uitlanders, welche das Britische Regierungssystem einzuführen wünschten, war nur gering. Die grössere Menge waren kosmopolitisch gesinnt, zusammengehalten allein durch das Band gemeinsam erlittener Ungerechtigkeit. Die Mehrzahl der Britischen Einwanderer dachte gar nicht daran, den Staat umzustürzen.

Als aber jeder andere Weg sich als nutzlos erwiesen, als ihre

Petition um Erlangung von Rechten, wie sie freien Männern gebühren, ihnen vor die Füsse geworfen wurden, richteten sich ihre Augen naturgemäss nach jener Fahne hin, die nördlich, westlich und südlich vor ihnen wehte – der Fahne, welche gleichbedeutend ist mit einer offnen und ehrlichen Regierung, wo Jedermann gleiche Rechte und gleiche Pflichten hat. Eine verfassungsmässige Agitation wurde aufgegeben, Waffen wurden hereingeschmuggelt und alles für eine organisierte Erhebung vorbereitet.

Es wurde verabredet, dass die Stadt sich in einer gewissen Nacht erheben, Pretoria angreifen, das Fort nehmen und die vorgefundenen Gewehre nebst Munition den Uitlanders zu ihrer Bewaffnung einhändigen sollte. Der Plan war ausführbar, obgleich er uns, die wir in Bezug auf die militärischen Tugenden der Burghers so merkwürdige Erfahrungen gemacht haben, als ein sehr verzweifelter erscheinen muss. Aber es lässt sich denken, dass die Rebellen die Stadt Johannesburg hätten halten können, bis die allgemeine Sympathie, welche ihre Sache in ganz Südafrika erregte, Grossbritannien veranlasste, zu intervenieren. Unglücklicherweise aber baten sie um Hülfe von Aussen und machten dadurch ihre Sache verwickelt. Herr Cecil Rhodes war Premier am Cap, ein Mann von ungeheurer Energie, der der dem Britischen Reiche grosse Dienste geleistet hatte. Die Motive seiner Handlungsweise sind dunkel; sicherlich – das dürfen wir behaupten – waren sie nicht schmutziger Art; denn er war immer ein Mann von grossen Gedanken und einfachen Sitten. Welcher Art sie indessen auch gewesen sein mögen – ob ein irregeleiteter Wunsch, Südafrika unter Britischer Herrschaft zu vereinigen, oder eine warme Sympathie mit den Uitlanders in ihrem Kampfe gegen Ungerechtigkeit – sicher ist, dass er seinem Leutnant, Dr. Jameson, erlaubte, die berittene Polizei der „Chartered Company", deren Gründer und Director Rhodes war, zu versammeln, um mit den Rebellen in Johannesburg gemeinsame Sache zu machen. Dazu kam, dass, als die Revolte aufgeschoben wurde, weil man sich über die Fahne, unter der man sich erheben wollte, noch nicht geeinigt hatte, Jameson, mit oder ohne Befehl von Rhodes, scheinbar zwangsweise, die Verschworenen veranlasste, mit einer, im Verhältnis zu seinem Vorhaben lächerlich mangelhaften Streitmacht ins Land einzufallen. Fünfhundert Polizeileute und zwei Feldkanonen – eine verlorene Schildwache – machten sich in der Nähe von Mafeking auf den Weg und überschritten am 29. Dec. 1895 die Grenze von Transvaal. Am 2. Januar wurden sie, mitten auf rauhem Terrain, in der Nähe von Dornkop umzingelt, und, nachdem viele von ihren Leuten getötet und verwundet worden, mussten sie, ohne Nahrung, wie sie waren, und mit überangestrengten Pferden die Waffen niederlegen. Sechs Burghers verloren bei dem Scharmützel ihr Leben. Man hat alles Mögliche versucht, um die Regierung mit diesem Fiasko in Verbindung zu bringen und hat behauptet, dass der Colonial-Sekretair und andere Staatsmänner Mitwisser wären. Dieser Eindruck wurde durch die offenbare Abneigung der Untersuchungs-Commission, ihre Nachforschungen bis zum Aeussersten zu treiben, bestärkt. Es ist sehr zu bedauern, dass bei jener Gelegenheit nicht jedes vorhandene Telegramm und jeder Brief hervorgeholt wurde; aber der Gedanke, dass dies nicht geschah, aus Furcht, Herr Chamberlain und die Britische Regierung könnten in die Sache verwickelt werden, wird, im Angesichte der Thatsache, dass Sir Henry Campbell-Bannermann und Sir William Harcourt Mitglieder der Commission waren, zu einer Absurdität. Ist es denkbar, dass diese Herren, aus Furcht, sie könnten der Regierung schaden, durch die Finger sahen, oder dass Herr Chamberlain hinterher die Unverschämtheit hatte, öffentlich und feierlich alle Mitwisserschaft in der Sache abzuleugnen und zwar vor Herren, die bei der Unterdrückung der Beweismittel, die er seinerseits thatsächlich kannte, geholfen hatten? Eine solche Annahme ist einfach lächerlich, und doch liegt sie in der Behauptung ausgesprochen, die Commission hätte ihre Untersuchung so lässig getrieben, weil sie fürchtete, es könnte sich herausstellen, dass ihr eignes Land im Unrecht sei.

Ferner, selbst der grösste Feind des Herrn Chamberlain muss zugeben, dass er ein klarer Kopf ist, ein resoluter Mann, ein Mann, der Mittel und Zweck in das richtige Verhältnis zueinander zu bringen weiss. Sollte ein solcher Mann, der doch wusste, was die Burghers in militärischer Hinsicht zu leisten vermögen, geduldet haben, dass man eine Invasion ihres Landes mit 500 Polizisten und zwei Kanonen unternahm? Würde er, selbst wenn er im Allgemeinen mit der Absicht einverstanden gewesen wäre, einen solchen hirnverbrannten Blödsinn gebilligt haben? Und gesetzt, er hätte ihn gebilligt, würde er so wankelmüthig gewesen sein, sofort nachdem er von der Invasion gehört, mit aller Macht etwas zu vereiteln, was man für sein eigenes Unternehmen hält? Würde er einen Plan unausführbar gemacht haben, den er selbst entworfen hatte? Ist es bei einer solchen Annahme verständlich, dass er Botschaften nach Johannesburg sandte, welche den Briten jede Betheiligung an der Invasion aufs strengste verboten? Die ganze Anklage ist so absurd, dass nur Partei-Tollheit oder nationaler Hass Jemanden verleiten kann, daran zu glauben. Ferner, wir wollen einmal annehmen, die Britische Regierung hätte von dem kommenden Putsch etwas gewusst, was würde sie dann zuerst und zunächst gethan haben? Mochte Jameson mit heiler Haut nach Johannesburg gelangen oder nicht; dass ein grosser Racen-Kampf in Südafrika daraus entstehen würde, war doch in der That mehr als wahrscheinlich. Hätte man bei dieser Sachlage nicht unter irgend einem Vorwande die Britische Kriegsmacht im Lande, die so schwach war, dass sie auf den Verlauf der Dinge gar keinen Einfluss zu üben vermochte, rechtzeitig verstärken müssen? Aber nichts der Art war geschehen.

Herrn Chamberlains eigne Aussage ist klar und bestimmt.

„Ich wünsche zu erklären, und zwar so deutlich wie möglich, dass ich zu jener Zeit, dass ich überhaupt niemals irgend welche Kenntnis und bis zu dem Tage vorher, wie ich glaube, wo der Einfall thatsächlich stattfand, nicht die leiseste Ahnung davon hatte, dass so etwas, wie ein feindlicher und bewaffneter Einfall in Transvaal, geplant wurde.“ (British South Africa Committee 1897. Q. 6223.)

Earl Selborne, der Unterstaatssecretär für die Colonien, war nicht weniger deutlich:

„Weder damals, noch zu irgend einer späteren Zeit hatten wir, ehe der Putsch geschah, Kenntnis von dem, was „Jameson's Plan“ genannt wird, ebenso wenig wussten wir, dass die Revolution in Johannesburg von der Capcolonie und von Rhodesia aus stark controlliert und finanziell unterstützt wurde. Sir Hercules Robinson hatte keine Ahnung von dem, was bevorstand, Präsident Krüger offenbar auch nicht, auch Herr Hofmeyr nicht, überhaupt Niemand in Südafrika, der eine öffentliche Stellung einnahm, mit Ausnahme derjenigen, welche den Plan vorbereiteten. Auf alle Fälle ist und bleibt es Thatsache, dass das Colonial-Amt von keiner Seite her gewarnt wurde. Wie konnte also Jemand von uns Verdacht schöpfen? Es wäre ja höchst merkwürdig gewesen, wenn es der Fall war.“

Die Aussage des Comitees – eines Comitees, das aus Männern aller Parteien bestand, von denen einige, wie wir wissen, dem Chamberlain gern an den Kragen wollten – verdammte einstimmig den Putsch, und ebenso einstimmig sprach sie die Regierung von jeder Mitwissenschaft frei. Ihr Bericht lautet:

„Ihr Comitee acceptiert voll und ganz die Darlegungen des Staatssecretärs und des Unterstaatssecretärs für die Colonien und spricht die Beamten des Colonialamts gänzlich frei, in irgend einer Art von den Plänen gewusst zu haben, welche zu Dr. Jameson's kriegerischem Einfall in die Südafrikanische Republik führten“ … „Weder der Staatssecretär für die Colonien, noch irgend einer der Beamten des Colonial-Amts erhielten irgend welche Information, wodurch sie oder einer von ihnen auf das in der Entwicklung begriffene Complott aufmerksam wurden oder hätten aufmerksam werden sollen.“

Und doch ist es bis auf den heutigen Tag einer der Glaubensartikel gewisser hirnverbrannter Fanatiker hier zu Lande und vieler übelberichteter und vorurtheilsvoller Zeitungsredacteure auf dem Continent, dass die Britische Regierung für den Putsch verantwortlich sei.

Die Uitlanders sind scharf getadelt worden, weil sie Jameson im Stich liessen und ihm keine Truppen zu Hülfe schickten, aber sie konnten unmöglich anders handeln, als sie es thaten. Sie hatten alles Mögliche gethan, um Jameson zu verhindern, dass er ihnen zu Hülfe kam, und da konnte und durfte man doch nicht erwarten, dass sie jetzt ihrem Helfer zu Hülfe eilten. Sie hatten eine völlig übertriebene Vorstellung von der Kriegsstärke, welche er mitbrachte, und wollten's nicht glauben, als sie die Nachricht von seiner Gefangennehmung erfuhren. Als sie sich aber bestätigte, erhoben sie sich, freilich in einer schwachherzigen Art und Weise nicht etwa aus Mangel an Muth, sondern weil ihre Lage eine zu schwierige war: einerseits sagte sich die Britische Regierung vollständig von Jameson los und that alles, was sie konnte, um die Erhebung zu entmuthigen; andererseits hielt der Präsident in Pretoria die Aufständischen in Gewahrsam und gab zu verstehen, dass das Schicksal dieser Leute davon abhinge, wie die Uitlanders sich verhalten würden; ferner, dass Jameson erschossen werden würde, wenn sie die Waffen nicht niederlegten, obgleich Jameson und seine Leute sich thatsächlich erst ergeben hatten, als man ihnen versprochen hatte, dass ihr Leben geschont werden würde. Krüger verstand seine Geisseln so geschickt zu benutzen, dass es ihm mit Hilfe des Britischen Commissärs gelang, die Tausende der erregten Johannesburger dahin zu bringen, dass sie ihre Waffen ohne weiteres Blutvergiessen niederlegten. Von dem schlauen alten Präsidenten vollständig überlistet, brauchten die Führer der Reform-Bewegung ihren ganzen Einfluss nur dazu, den Frieden wieder herzustellen, in der Meinung, dass eine allgemeine Amnestie erfolgen würde; aber in dem Augenblicke, wo sie und ihre Leute hülflos geworden, besetzten Geheimpolizisten und bewaffnete Burghers ihre Stadt und schleppten sechzig Mann von ihnen nach Pretoria ins Gefängnis.

Die Aufständigen selbst behandelte der Präsident mit Edelmuth. Vielleicht konnte er es nicht über sich gewinnen, hart zu sein gegen Männer, welche es fertig gebracht hatten, die Sympathie der Welt für ihn zu gewinnen und ihn in den Schein des Rechtes zu stellen. Im Angesichte dieses ungesetzlichen Einfalls von Freibeutern wurde seine eigene engherzige und tyrannische Behandlung der Einwanderer vergessen. Die eigentlichen Vorgänge wurden durch diesen Zwischenfall so sehr verdunkelt, dass Jahre darüber hingingen, ehe man sie einigermassen klärte, und vielleicht werden sie niemals vollständig geklärt werden. Man vergass, dass die schlechte Regierung des Landes die eigentliche Ursache des unglücklichen Putsches war.

Von dieser Zeit an konnte die Regierung so schlecht werden, wie sie wollte, immer erschien der Hinweis auf den Putsch als eine Rechtfertigung für alles. Durften die Uitlanders das Stimmrecht haben? Wie konnten sie nach dem Putsch so etwas erwarten? Durfte Britannien gegen die ungeheuere Einfuhr von Waffen und die offenkundigen Vorbereitungen zum Kriege etwas einzuwenden haben? Das waren ja nur Vorsichtsmassregeln gegen einen zweiten Putsch. Jahrelang stand der Putsch nicht bloss jedem Fortschritt, sondern auch allen Einwendungen im Wege. Durch eine That, worüber sie keine Controlle hatte und welche sie nach besten Kräften zu verhindern bemüht gewesen war, wurde die Regierung in eine Lage versetzt, in der vom rechtlichen Standpunkte aus die von ihr verfochtene Sache eine Schwächung erfuhr, ebenso wie auch ihr moralisches Ansehen.

Die Aufständigen wurden nach Hause geschickt, wo die gemeinen Soldaten naturgemäss freigelassen und die höheren Offiziere zu einer Gefängnissstrafe verurtheilt wurden, die sicherlich nicht allzu streng ausfiel. Inzwischen hatten Krüger und seine Burghers gegen die politischen Gefangenen aus Johannesburg weit mehr Strenge gezeigt, als gegen Jameson's bewaffnete Anhänger. Die Nationalität dieser Gefangenen ist interessant und vielsagend. Da waren 23 Engländer, 16 Südafrikaner, 9 Schotten, 6 Amerikaner, 2 Walliser, 1 Irländer, 1 Australier, 1 Holländer, 1 Bayer, 1 Kanadier, 1 Schweizer und 1 Türke. Die Liste ist ein hinreichender Beweis für die Behauptung, dass nur die Britischen Uitlanders ernste Klagen über Unterdrückung und Ungerechtigkeit erhoben. Die Gefangenen wurden im Januar verhaftet, aber erst gegen Ende April fand das Verhör statt. Alle wurden des Hochverraths schuldig befunden. Herr Lionel Phillips, Oberst Rhodes (Bruder des Herrn Cecil Rhodes), Georg Farrar und Herr Harnmond, der Amerikanische Ingenieur, wurden zum Tode verurtheilt, ein Urtheil, welches später zu einer ungeheueren Geldbusse umgewandelt wurde. Die anderen Gefangenen erhielten 2 Jahre Gefängnis, mussten aber auch jeder eine Geldstrafe von 2.000 £ bezahlen. Sie wurden in strengster Haft gehalten, und Du Plessis, der Gefangenenwärter, machte sie ihnen noch besonders bitter durch seine Härte. Einer der unglücklichen Männer schnitt sich den Hals ab, und verschiedene andere wurden ernstlich krank, da sie ungesunde Nahrung erhielten und überhaupt in gesundheitlicher Beziehung schlecht gehalten wurden. Endlich, gegen Ende Mai, wurden alle Gefangenen bis auf 6 freigelassen. Vier von diesen sechs folgten ihnen bald nach, zwei Männer jedoch, Sampson und Davies, aus hartem Schrot und Korn, weigerten sich, ein Bittgesuch zu unterzeichnen, und blieben in Haft, bis sie im Jahre 1897 in Freiheit gesetzt wurden. Die Transvaal-Regierung erhielt an Geldstrafe von den Reform-Gefangenen die ungeheure Summe von 212.000 £ = 4.240.000 Mark.

Es war eine gewisse, komische Erleichterung für die Britische Regierung, als ihr sofort nach einer so ernsten und schweren Episode eine Rechnung im Betrage von £ 1.677.938, 3 s 3d präsentiert wurde, wovon der grössere Theil unter der Rubrik „moralischer und intellectueller Schaden“ figurierte. Es ist zu befürchten, dass die Bezahlung auch nur der 3 s 3 d bis auf den heutigen Tag aussteht.

Der Putsch war vorüber und die Reform-Bewegung ebenfalls, aber die Ursachen, wodurch beides erzeugt worden, blieben. Man hätte kaum glauben sollen, dass ein Staatsmann, der sein Vaterland liebte, jetzt noch unterlassen würde, wenigstens einige Anstrengungen zu machen, um aus einem Zustande herauszukommen, der bereits so ernste Gefahren mit sich gebracht hatte und der offenbar mit jedem kommenden Jahre immer bedenklicher werden musste. Aber Paul Krüger war halsstarrig und zu nichts zu bewegen. Die auf die Uitlander drückende Last wurde immer schwerer. Die einzige Macht im Lande, an die sie noch hätten appellieren können, um eine gewisse Abhülfe ihrer Unbilden zu erlangen, waren die Gerichtshöfe. Jetzt aber wurde decretiert, dass die Gerichtshöfe dem Volksraad unterstellt werden sollten. Der Justizminister (Chief Justice) protestierte gegen eine solche Degradation seines hohen Amtes und wurde in Folge dessen ohne Pension entlassen. Der Richter, welcher die Reformers verurtheilt hatte, wurde an seine Stelle gesetzt, und der Schutz eines bestimmten Gesetzes wurde den Uitlanders entzogen.

Eine vom Staate angestellte Commission wurde beauftragt, die Lage der Gruben-Industrie und die Lasten, unter denen die Einwanderer litten, zu untersuchen. Der Vorsitzende war Herr Schalk Burger, einer der liberalsten Buren, und ihr Verfahren war gründlich und unparteiisch. Das Resultat war ein Bericht, welcher die Reformers in hohem Masse rechtfertigte und Mittel und Wege vorschlug, durch deren Annahme ein bedeutender Schritt vorwärts gethan worden wäre, um die Uitlanders zu befriedigen. Bei einer so aufgeklärten Gesetzgebung wäre ihr Verlangen nach dem Stimmrecht weniger dringend gewesen. Aber der Präsident und sein Rath wollten von den Vorschlägen der Commission nichts wissen. Der alte, mürrische Autokrat erklärte Schalk Burger für einen Landesverräther, weil er ein solches Dokument unterschrieben hatte, und eine neue, reaktionäre Commission wurde eingesetzt, um über den Bericht zu berichten. Schreibereien waren das Einzige, was bei der Sache herauskam. Die Lage der Einwanderer wurde nicht gebessert. Indessen hatten sie wenigstens ihre Sache wieder einmal öffentlich zu Protokoll gebracht, und die achtungswerthesten Burghers hatten ihre Sympathie bekundet. Allmählich hörte der Putsch auf, in der Presse der Englisch sprechenden Länder den Streitpunkt zu verdunkeln. Es trat immer mehr zu Tage, dass eine dauernde Beruhigung der Gemüther unmöglich war, so lange die eine Hälfte der Bevölkerung von der anderen unterdrückt wurde. Sie hatten friedliche Mittel versucht, aber ohne Erfolg. Sie hatten kriegerische Mittel versucht, ebenfalls ohne Erfolg. Was sollten sie nun machen ? Ihr Mutterland, d. h. die in Süd-Afrika vorherrschende Macht, hatte ihnen ganz und gar nicht geholfen. Vielleicht würde es sich dazu bereit finden, wenn es direct darum angesprochen würde. Es konnte doch nicht, wenn auch nur aus Rücksicht auf das Ansehen des Reichsgedankens in der Welt, seine Kinder für immer in einem Zustande der Unterjochung lassen. Der kleine Funke, welcher schliesslich eine Explosion hervorrief, stammte von dem Schusse, mit dem der Burenpolizist Jones den Englischen Unterthanen Edgar niederstreckte. Die That des Polizisten wurde von den Behörden gut geheissen, und die Briten fühlten, dass sie in Gegenwart einer bewaffneten, übermächtigen Polizei ihres Lebens nicht mehr sicher seien. Zu jeder anderen Zeit hätte der Vorfall vielleicht wenig Aufsehen erregt, aber gerade in diesem Augenblick erschien er als höchster Gipfel der Ungerechtigkeit, unter welcher die Bergleute zu leiden hatten. Eine von den Britischen Bewohnern einberufene Protest-Versammlung wurde von einer Truppe Arbeiter unter Leitung Burischer Beamten auseinandergesprengt. Zur Verzweiflung getrieben, beschlossen die Uitlanders, eine Petition an die Königin Victoria zu richten, und damit brachten sie ihre Beschwerden aus den Grenzen eines localen Streitfalles auf das breitere Feld internationaler Politik. Grossbritannien musste sie entweder schützen oder eingestehen, dass es dazu nicht im Stande sei. Einundzwanzigtausend Uitlanders unterzeichneten im April 1899 ein an die Königin gerichtetes Bittgesuch und baten um Schutz.

Der Ton, welchen diese historisch gewordene Petition anschlug, mag aus dem folgenden Auszuge ersehen werden:

Die Lage, in welcher sich Ew. Majestät Unterthanen in diesem Staate befinden, ist in der That fast unerträglich geworden. Die Uebelstände, worüber Ew. Majestät Unterthanen vor dem Jahre 1895 Klage führten, hat man damals als solche allgemein anerkannt; sie sind aber seitdem nicht abgestellt, sondern haben sich im Gegentheil noch verschlimmert. Ew. Majestät Unterthanen sind noch immer aller politischen Rechte beraubt, es wird ihnen jeder Einfluss auf die Regierung des Landes versagt, sie sind weit über die Erfordernisse des Landes hinaus besteuert, und die Einkünfte werden zum grossen Theile zu Zwecken verwandt, die nur dazu dienen, die vorhandene und wohlbegründete Erbitterung zu nähren und zu stärken, ohne in irgend einer Weise das allgemeine Interesse des Staates zu fördern. Schlechte Verwaltung und Unterschlagung öffentlicher Gelder gehen miteinander Hand in Hand, ohne dass dagegen irgend welche energische Massregeln getroffen werden. Der Schulunterricht der Uitlander-Kinder wird von unmöglichen Bedingungen abhängig gemacht. Die Polizei gewährt dem Leben und dem Eigenthum der Einwohner von Johannesburg keinen genügenden Schutz; im Gegentheil, sie ist für den Frieden und die Sicherheit der Uitlander-Bevölkerung eine Quelle der Gefahr. Ein weiterer Uebelstand ist seit Anfang dieses Jahres in den Vordergrund getreten. Die Gewalt, welche der Regierung durch die öffentlichen Versammlungs-Acte gegeben worden, war seit der Inkrafttretung derselben im Jahre 1894 für Ew. Majestät Unterthanen eine stete Bedrohung und Herausforderung. Diese Macht ist jetzt angewendet worden, um dem angeerbten und unveräusserlichen Rechte jedes Britischen Unterthanen – dem Rechte nämlich, sich an seinen Landesherrn mit einer Bittschrift zu wenden – einen Schlag zu versetzen. Den Wortlaut und die Absicht des Gesetzes auf das äusserste drehend und wendend, hat die Regierung zwei Britische Unterthanen verhaftet und zwar bloss aus dem Grunde, weil sie 4.000 Landsleuten dabei behülflich gewesen waren, an Ew. Majestät eine Bittschrift zu richten. Damit nicht zufrieden, liess die

> Regierung, als Ew. Majestät loyale Unterthanen aufs Neue ihre Beschwerden Ew. Majestät vorzulegen suchten, deren Versammlung aufheben und den Zweck derselben vereiteln. Es geschah dies durch eine Abtheilung Buren, welche von Regierungsbeamten organisiert war und unter dem Schutze der Polizei handelten. Deshalb, auf Grund des directen wie indirecten Eingreifens der Regierung, wurden die treuen Unterthanen Ew. Majestät verhindert, ihre Beschwerden öffentlich zu besprechen und Ew. Majestät vorzulegen. Aus diesem Grunde wenden sich jetzt Ew. Majestät unterthänigste Bittsteller mit dem unterthänigsten Ersuchen an Ew. Majestät, Ew. Majestät wolle auch den hier zu Lande ansässigen und treuen Unterthanen Schutz angedeihen lassen und verfügen, dass die Uebelstände und Beschwerden, wie sie in dieser unterthänigsten Bittschrift aufgezählt und verzeichnet stehen, untersucht werden, dass Ew. Majestät Statthalter in Süd-Afrika angewiesen werde, für eine rasche Abstellung derselben zu sorgen und die hiesige Staatsregierung veranlasse. für die Anerkennung ihrer Rechte als Britische Unterthanen greifbare Garantien zu bieten.

Von dem Datum an, wo unsere schlecht behandelten Landsleute diese directe Petition an ihren Landesherrn richteten, bewegten sich die Ereignisse unvermeidlich nach ein und demselben Ziele hin. Bald mit ruhiger, bald mit wildbewegter Oberfläche floss der Strom schnell dahin, und das Brausen des Falles in die Tiefe klang immer lauter in unseren Ohren.

CAPITEL 3.
DIE VERHANDLUNGEN

Die Britische Regierung und das Britische Volk trachten nicht nach einer directen Oberherrschaft in Süd-Afrika. Ihr einziges und höchstes Interesse besteht darin, dass die dort vorhandenen, verschiedenen Staaten friedlich und gedeihlich mit einander leben, und dass für die Gegenwart eines Britischen Soldaten innerhalb der ganzen grossen Halbinsel keine Veranlassung vorliege. Unsere ausländischen Kritiker können bei ihrer mangelhaften Kenntnis des Britischen Colonialwesens sich gar nicht vorstellen, dass es für die Einkünfte Gross-Britanniens auch nicht eine einzige Mark Unterschied machen würde, ob die vierfarbige Fahne von Transvaal oder der Union Jack einer sich selbst regierenden Colonie über den Goldminen weht, Transvaal würde als eine Britische Provinz seine eigene Gesetzgebung, seine eigenen Einkünfte, seine eigenen Ausgaben und seinen eigenen Tarif sowohl gegen das Mutterland als gegen den übrigen Theil der Welt haben, und Britannien würde aus der Veränderung keinen finanziellen Nutzen ziehen. Dies ist für einen Briten so vollständig selbstverständlich, dass er gar nicht mehr davon spricht, aber vielleicht gerade aus dem Grunde für Ausländer nicht leicht verständlich. Das Mutterland würde durch die Veränderung nichts gewinnen, dagegen die Kosten an Blut und Geld zum grösseren Theile selbst zu tragen haben. Es wird daher wohl einleuchten, dass Grossbritannien alle Ursache hatte, eine so gewaltige Aufgabe wie die Eroberung der Südafrikanischen Republik zu vermeiden. Im günstigsten Falle hatte es nichts zu gewinnen, und im schlimmsten Falle ungeheuer viel zu verlieren. Ehrgeiz oder Kampfeslust kamen dabei nicht in Frage. Es handelte sich nur darum, ob man eine höchst schwierige Pflicht erfüllen oder ihr geflissentlich aus dem Wege gehen wollte.

Von einem Complot, Transvaal zu annectieren, konnte keine Rede sein. In einem freien Lande kann die Regierung der öffentlichen Meinung nicht vorauseilen, und die öffentliche Meinung wird von den Zeitungen beeinflusst und wiedergegeben. Während der ganzen Zeit der Verhandlungen findet sich in den Spalten der Presse nirgends eine solche Absicht ausgesprochen, nirgends eine beachtenswerthe Stimme, die eine Annexion verlangt hätte, auch in den Kreisen der guten Gesellschaft dachte Niemand daran, eine solche Massregel zu befürworten. Aber ein grosses Unrecht ging vor sich; alles, was man verlangte, war das Minimum einer Umgestaltung der Verhältnisse und zwar nur soweit sie erforderlich war, um das Unrecht zu beseitigen und unter den weissen Racen in Afrika Gleichberechtigung herzustellen. „Möge doch Krüger liberal sein und das Stimmrecht erweitern", sagte die Zeitung, welche die Meinung aller vernünftig denkenden Briten am besten vertritt, „so wird er finden, dass die Macht der Republik nicht etwa abnehmen, sondern ganz unendlich wachsen wird. Möge er doch der Mehrzahl der ansässigen, volljährigen Männer volles Stimmrecht geben, und er wird der Republik eine Dauerhaftigkeit und Macht gegeben haben, wie sie auf andere Weise nicht zu erreichen ist. Wenn er alle Gesuche dieser Art verwirft und bei seiner gegenwärtigen Politik verharrt, so kann er vielleicht seine geliebte Oligarchie noch einige Jahre behalten und den Zusammensturz möglicher Weise noch eine Weile fernhalten; aber an dem schliesslichen Ausgang wird er nichts ändern." Dieser Auszug gibt den Ton und die Haltung der ganzen Britischen Presse wieder, mit Ausnahme von ein paar Zeitungen, welche der Ansicht waren, dass weder die andauernd schlechte Behandlung unserer Landsleute, noch die Thatsache, dass wir für dieselben in diesem Staate eine ganz besondere Verantwortung tragen, uns das Recht gebe, uns in die inneren Angelegenheiten der Republik einzumischen. Es lässt sich nicht leugnen, dass durch den Jameson-Putsch alle diejenigen, welche zu Gunsten der Britischen Unterthanen ein energisches Vorgehen verlangten, sehr an Einfluss verloren hatten. Man hatte vielfach das Gefühl, dass vielleicht die Capitalisten die Sachlage für ihre Sonderzwecke auszubeuten suchten. Aber wie ist das denkbar? Kann ein Zustand allgemeiner Unruhe und Unsicherheit oder gar ein Kriegszustand für Capitalisten von besonderem Vortheil sein? Und gesetzt, es fände sich so ein Erz-Schlaukopf, der die Uebelstände, unter denen die Uitlanders litten, für seine eigne werthe Person ausnutze, so brauchte man ja nur die Uebelstände zu entfernen, um ihm das Handwerk zu legen. Der Verdacht indessen war bei denjenigen vorhanden, die gerne das Naheliegende ignorieren und das Fernliegende aufbauschen. Während der ganzen Zeit der Verhandlungen wurde die Regierung von Grossbritannien durch eine ernste, aber kleinlich nörgelnde Minorität gelähmt – eine Erscheinung, womit ihr Gegner zweifelsohne gerechnet hatte.

Es war im April 1899, als die Britischen Uitlanders ihre um

Schutz bittende Petition an ihr Mutterland sandten. Bereits seit einem Jahre war zwischen Dr. Leyds, dem Staatssecretär für die Südafrikanische Republik, und Herrn Chamberlain, dem Colonialsecretär, eine Correspondenz im Gange über die Frage, ob eine Suzeränität vorhanden oder nicht vorhanden sei. Auf der einen Seite wurde behauptet, dass an die Stelle des ersten Vertrages ein zweiter getreten, und damit der erste vollständig annulliert sei; auf der andern Seite, dass der Eingang des ersten sich auch auf den zweiten bezöge. Wenn die Behauptung Transvaals richtig war, so ist klar, dass Grossbritannien nur durch Kniffe und Taschenspielerkünste in eine solche Lage gebracht worden war, da es im zweiten Vertrage kein quid pro quo erhalten hatte. Man darf aber wohl selbst von dem sorglosesten Staatssecretär erwarten, dass er etwas sehr Wesentliches nicht einfach verschenkt. Der Streit führt uns wieder zu der academischen Frage, was Suzeränität zu bedeuten hat. Dass die Macht eines Veto über seine auswärtige Politik vorhanden sei, gab Transvaal zu, ein Zugeständnis, das ihm an sich schon die Stellung eines souveränen Staates nehmen musste, es sei denn, dass es den Vertrag coram publico zerriss.

Jetzt aber kam zu dieser Debatte, welche so wenig Dringliches gehabt hatte, dass zwischen Bericht und Antwort sieben Monate lagen, die bittere, tief in das Leben einschneidende Frage über die Unbilden und die Appellation der Uitlanders.

Der Britische Geschäftsträger in Südafrika, Sir Alfred Milner, ein in politischer Beziehung liberaler Mann, der von einer conservativen Regierung angestellt worden, genoss die Achtung und das Vertrauen aller Parteien. Man sagte allgemein von ihm, dass er ein fähiger und klarer Kopf sei, viel zu gerecht, um Ungerechtigkeiten zu dulden oder gar sich ihrer schuldig zu machen. Ihm wurde die Sache übertragen, und zwischen Präsident Krüger und ihm wurde eine Zusammenkunft verabredet, die in Bloemfontein, der Hauptstadt des Orange-Freistaats, stattfinden sollte. Am 31. Mai 1899 kamen sie zusammen.

Es waren bei dieser Conferenz drei verschiedene Puncte zu verhandeln. Der erste Punct betraf alle jene angeblichen Vertragsbrüche der Convention von London, welche so viele Reibungen zwischen den beiden Regierungen hervorgerufen und die beiden Staaten innerhalb achtzehn Jahre dreimal an die Grenze des Krieges gebracht hatten. Hierher gehörten die Annexionen von Territorien der Eingeborenen seitens der Buren, ihre Beeinträchtigung des Verkehrs, wie z. B. die Behinderung der Drifts, ferner die Suzeränitäts-Frage und die Möglichkeit eines Schiedsgerichts. Beim zweiten Punkt handelte es sich um die Unbilden der Uitlanders – ein Problem, das beim Abschluss der Verträge gar nicht in Betracht gekommen war. Der dritte Punct betraf die schlechte Behandlung Britischer Indier und andere dergleichen Zwistigkeiten. Sir Alfred Milner sah sich vor die Alternative gestellt, entweder über jede dieser Fragen der Reihe nach zu verhandeln – eine langwierige und nutzlose Beschäftigung – oder mit einer Frage hervorzutreten, welche der Sache unmittelbar auf den Grund ging und zeigen musste, ob es der Burischen Regierung wirklich darum zu thun war, das gespannte Verhältnis zu mildern. Er wählte die Frage der Stimmberechtigung für die Uitlanders: denn es war einleuchtend, dass, falls man ihnen nur irgend eine fühlbare und werthvolle Betheiligung, nicht etwa eine gerechte – ein solches Verlangen wurde gar nicht gestellt – an der Landesregierung gestatten würde, sie nach und nach im Stande sein würden, sich selbst zu helfen, und dann war die Britische Regierung der schweren Aufgabe, als ihr Vorkämpfer aufzutreten, überhoben Aber an dieser Frage scheiterten die Verhandlungen bald. Milner verlangte ein Gesetz, und zwar ein Gesetz mit rückwirkender Kraft, welches die Stimmberechtigung nach Ablauf von fünf Jahren ertheilte und, zwecks Zusicherung einer hinlänglichen Vertretung der Minen-Districte, besondere Bestimmungen enthielt. Krüger war für einen Zeitraum von sieben Jahren, knüpfte aber so vielerlei Bedingungen daran, dass sein Anerbieten ziemlich werthlos wurde: Zur Vertretung der Hälfte der männlichen erwachsenen Bevölkerung wollte er von einunddreissig Mitgliedern fünf zulassen und die Bestimmung treffen, dass alle etwa entstehenden Zwistigkeiten dem Schiedsgericht auswärtiger Mächte unterworfen werden sollten – eine Bedingung, die sich mit dem geringsten Anspruch auf Suzeränität nicht vertrug. Die Zeit der Verleihung des Stimmrechts wurde hierdurch zwar von vierzehn auf sieben Jahre herabgesetzt, aber unter dem Vorbehalt einer Reihe von Bedingungen, welche das Stimmrecht völlig illusorisch machen konnte, während von der Britischen Regierung eine Concession verlangt wurde, die von grösster Bedeutung war. Die beiderseitigen Vorschläge waren beiderseits unannehmbar, und Anfang Juni befand sich Sir Alfred Milner wieder in Capstadt und Präsident Krüger in Pretoria. Nichts war erreicht worden, es sei denn etwa die Ueberzeugung, dass es sehr schwierig sei, überhaupt etwas zu erreichen.

Am 12. Juni empfing Sir Alfred Milner eine Deputation in Capstadt und sprach über die Sachlage. „Das Princip der Rassen-Gleichheit“, sagte er, „war für Südafrika von wesentlicher Bedeutung. Der eine Staat, worin Ungleichheit herrschte, hielt alle anderen Staaten in fieberhafter Aufregung. Unsere Politik war keine aggressive, sondern eine Politik der Langmuth und Geduld, sie darf jedoch nicht in den Fehler der Gleichgültigkeit verfallen.“ Zwei Tage später hielt Krüger eine Ansprache an den Raad. „Auf der anderen Seite wurde nicht das Geringste zugestanden, und ich konnte nicht mehr geben, als ich gab. Gott hat uns immer beigestanden. Ich wünsche keinen Krieg, aber mehr will ich nicht fortgeben. Obgleich uns unsere Unabhängigkeit schon einmal genommen worden, hat Gott sie uns wiedergegeben.“ Er meinte es ohne Zweifel aufrichtig, aber es ist ein starkes Stück, Gott mit solcher Zuversicht anrufen zu hören bei einem Regierungssystem, das den Branntwein-Verkauf an die Eingeborenen begünstigt und eine Beamtenwirthschaft erzeugt, deren Corruption in der modernen Welt ihres Gleichen sucht.

Eine Depesche von Sir Alfred Milner, worin er seine Ansichten über die Situation darlegte, liess das Britische Volk besser als alles Andere erkennen, wie ernst die Sache stand und wie nothwendig es sei, dass von nationaler Seite ernste Anstrengungen gemacht würden, um sie zu ordnen. Er sagte darin:

> Eine Intervention lässt sich gar nicht mehr abweisen. Das einzige bisher übliche Verfahren bestand darin, dass man meinte, die Dinge würden sich selbst regeln, wenn man sich nicht um sie kümmere. Aber wahrlich, die Politik, die Dinge gehen zu lassen, wie sie wollen, ist seit Jahren versucht worden, die Zustände wurden aber nicht besser, sondern schlechter. Es ist nicht wahr, dass der Putsch Schuld daran ist. Schon vor dem Putsch war es so. Schon vor dem Putsch standen wir vor dem Ausbruch eines Krieges, und Transvaal vor dem Ausbruch einer Revolution. Der Putsch hat nur bewirkt, dass die Politik des laisser aller eine neue Lebensfrist erhalten hat, aber die Folgen sind dieselben geblieben.
>
> Zu sehen, wie Tausende von Britischen Unterthanen fortwährend als Heloten behandelt werden und, in beständiger Entrüstung über offenbare Unbilden, Ihrer Majestät Regierung vergebens um Hülfe anrufen, ist ein Schauspiel, das den Einfluss und guten Ruf Grossbritanniens in allen Staaten der Königin nothwendig untergraben muss. Ein gewisser Theil der Presse, und zwar nicht bloss in Transvaal, redet ganz offen und beharrlich von einer ganz Südafrika umfassenden Republik und unterstützt diese

Idee durch drohende Hinweisungen auf die Kriegsrüstungen Transvaals, auf dessen Bündnis mit dem Orange-Freistaat und auf die thätige Sympathie, welche sie bei einem Theil Ihrer Majestät Unterthanen finden würde. Leider übt diese Idee, unterstützt, wie sie wird, von einem unaufhörlichen Strom böswilliger Lügen in Betreff der Absichten Ihrer Majestät Regierung, bei einem grossen Theil unserer hiesigen Holländischen Colonisten eine bedeutende Wirkung. Man redet oft eine Sprache, wonach man meinen sollte, die Holländer hätten, selbst hier zu Lande, ein Vorrecht vor ihren Mitbürgern Britischer Abkunft. Tausende von friedlich gesinnten Männern, welche mit ihrer Lage als Britische Unterthanen vollständig zufrieden wären, lassen sich zur Abneigung gegen uns verleiten, und auf der Seite der Briten findet sich naturgemäss eine entsprechende Erbitterung.

Ich weiss in der That nicht, was dieser unheilvollen Propaganda Einhalt gebieten könnte, wenn nicht Ihrer Majestät Regierung in unmissverständlicher Weise zu erkennen gibt, dass sie keineswegs die Absicht hat, sich aus ihrer Stellung in Südafrika verdrängen zu lassen.

Das waren die ernsten und massvollen Worte, womit der Britische Pro-Consul seine Landsleute warnte vor dem, was kommen würde. Er sah die Gewitterwolken sich zusammenziehen im Norden, aber selbst seine Augen hatten noch nicht erkannt, wie nahe und wie furchtbar der Sturm war.

In der Zeit von Ende Juni bis Mitte Juli hoffte man durch die Vermittlung der Führer des Afrikander-Bundes, dieses politischen Vereins der Holländischen Cap-Colonisten, Vieles zu erreichen, da sie einerseits Stammesgenossen der Buren waren, andererseits Britische Unterthanen und als solche im Genuss jener segensreichen, liberalen Institutionen, welche wir auch in Transvaal eingeführt zu sehen wünschten. „Behandelt doch unsere Leute, wie wir Eure Leute behandeln.“ In dieser Bitte lag in Kürze alles ausgesprochen, was wir verlangten. Aber die Verhandlungen blieben erfolglos, obgleich ein von den Herren Hofmeyr und Herholdt, die dem Bunde angehörten, und von Herrn Fischer aus dem Freistaat unterstützter Plan im Raad zur Sprache kam und von Herrn Schreiner, dem hervorragendsten Afrikander in der Capcolonie, mit Beifall begrüsst wurde.

In ihrer ursprünglichen Form waren die Bestimmungen dieses Planes dunkel und verwickelt. Bald waren's neun, bald sieben Jahre, die je nach den Verhältnissen zur Erwerbung des Stimmrechts gefordert wurden. Bei der Debatte indessen wurde dies geändert, und die Zeit auf sieben Jahre herabgesetzt. Die Vertretung der Goldfelder wurde auf fünf Mitglieder festgesetzt. Dies war keine bedeutende Concession, und eine Vertretung der Hälfte der gesamten männlichen erwachsenen Bevölkerung durch fünf von einunddreissig erschien nicht gerade edelmüthig; aber die Verkürzung der Aufenthaltszeit im Lande wurde als ein Zeichen dafür, dass ein Compromiss zu Stande kommen könnte, in England lebhaft begrüsst. Ein Seufzer der Erleichterung ging durch das Land. „Wenn dies Gerücht sich bestätigt", sagte der Colonialsecretär, „so berechtigen die Vorschläge des Präsidenten Krüger in ihrer jetzigen, bedeutend veränderten Gestalt, sowie die vorausgegangenen Amendements zu der Hoffnung, dass sich das neue Gesetz als die Basis eines Uebereinkommens erweisen wird und zwar nach der Richtung hin, welche von Sir Alfred Milner in der Conferenz zu Bloemfontein angegeben worden ist." Er fügte hinzu, dass sich einige ärgerliche Bedingungen daran knüpften, aber schloss mit den Worten: „Ihrer Majestät Regierung ist überzeugt, dass der Präsident, nachdem er das Prinzip, um das gestritten worden, anerkannt hat, alle Einzelheiten seines Planes, soweit sich dieselben als ein Hindernis auf dem Wege zu dem erstrebten Ziele erweisen sollten, daraufhin gern nochmals prüfen wird und sie nicht etwa aufheben oder durch spätere Aenderungen des Gesetzes oder der Verwaltungsacten im Werte herabsetzen wird." Gleichzeitig erklärten die „Times" die Krisis als beendet: „Wenn die Holländischen Staatsmänner am Cap ihre Brüder in Transvaal zur Erlangung einer solchen Bill veranlasst haben, so verdienen sie für alle Zeiten nicht bloss den Dank ihrer eignen Landsleute und der Englischen Colonisten in Südafrika, sondern auch des Britischen Reiches und der civilisierten Welt." Die Art und Weise, wie der Gedanke, dass die Crisis zu Ende sei, aufgenommen wurde, gibt den sicheren Beweis dafür, dass man in England durchaus nicht den Wunsch hatte, die Crisis möge zum Kriege führen. Aber diese schöne Aussicht wurde bald getrübt. Es erhoben sich Einzelfragen, welche, bei genauerer Prüfung, sehr wichtige Dinge enthielten. Die Uitlanders und Britischen Südafrikaner, welche schon früher die Erfahrung gemacht hatten, wie illusorisch die Versprechungen des Präsidenten sein konnten, verlangten Garantien. Sieben Jahre waren offeriert worden. Das waren zwei Jahre mehr, als die Zeit, die Sir Alfred Milner als in Minimum gefordert hatte. Der Unterschied von zwei Jahren würde indessen deren Annahme nicht verhindert haben, wenn auch auf Kosten einer gewissen Demüthigung für unseren Vertreter; aber da gab es Bedingungen, welche in der Form, wie ein so verschmitzter Diplomat sie aufgestellt hatte, Misstrauen erregten. Eine derselben bestand darin, dass jeder Ausländer, der das Bürgerrecht erlangen wollte, documentarisch nachweisen solle, dass er – zum Beweise dauernder Ansässigkeit – sich während einer gewissen Zeit bei der Polizei hatte einschreiben lassen. Aber dies Einschreibungsgesetz war in Transvaal ganz ausser Gebrauch gekommen, und folglich konnte diese Bedingung die ganze Bill werthlos machen. Man hätte sie nicht so sorgfältig sich vorbehalten, hätte man sie nicht geltend machen wollen. Die Thür war geöffnet, aber man legte einen Stein davor, damit keiner hereinkäme. Ferner sollte das Bürgerrecht neuer Einwanderer nur so lange gelten, als der erste Raad es für gut hielte, so dass die Bergbau treibenden Mitglieder, falls sie irgend eine Reform-Massregel vorschlagen sollten, samt ihrer Bill durch eine Buren-Majorität erdrückt und aus dem gesetzgebenden Hause gewiesen werden konnten. Was vermochte aber eine Opposition auszurichten, die durch einen Beschluss der Regierung jeden Augenblick aller Sitze beraubt werden konnte? Es war klar, dass eine Massregel, die solche Bestimmungen enthielt, sorgfältig gesichtet werden musste, ehe eine Britische Regierung sie als eine endgültige Abmachung und völlig gerechte Concession an ihre Unterthanen acceptieren konnte. Andererseits wollte sie auch jene Klauseln, welche eine gewisse Aussicht auf Verbesserung ihrer Lage boten, nicht gern fahren lassen. Sie machte daher den Vorschlag, dass jede Regierung behufs Bildung einer gemeinsamen Commission Delegierte wähle, deren Aufgabe es sein solle, die vorliegende Bill auf ihre practische Verwerthung hin zu prüfen, ehe sie eine abschliessende Gestalt erhalte. Dieser Vorschlag wurde am 7. August dem Raad mit der Bemerkung unterbreitet, dass Sir Alfred Milner nach Erledigung dieser Angelegenheit bereit sei, über andere Dinge zu verhandeln, auch über ein Schiedsgericht, unter Ausschluss fremder Mächte.

Die Idee solcher gemeinsamen Commission ist als eine unverantwortliche Einmischung in die inneren Angelegenheiten eines fremden Landes angesehen worden. Aber es handelte sich ja von Anfang an um die inneren Angelegenheiten eines anderen Landes, da Südafrika nicht zur Ruhe kommen konnte, so lange die eine Race die andere zu beherrschen versuchte. Es ist Thorheit, auf Analogien hinzuweisen und sich etwa zu fragen, was Frankreich thun würde, wenn Deutschland sich einfallen liesse, sich um französische Stimmberechtigungen zu kümmern. Angenommen, in Frankreich befänden sich beinahe ebenso viele Deutsche wie Franzosen, und die Deutschen würden von den Franzosen schlecht behandelt, so würde sich Deutschland bald genug ins Mittel legen und nicht eher ruhen, als bis ein anständiger Modus vivendi gefunden wäre. Thatsache ist, dass solch ein Fall wie der in Transvaal einzig in seiner Art ist und dass kein früherer Präcedenzfall darauf Bezug hat, abgesehen von der allgemeinen Regel, dass die Weissen, wenn sie hoch besteuert werden, eine gewisse Vertretung haben müssen. Die Sympathie mag sich zu der kleineren Nation hinneigen, aber Vernunft und Gerechtigkeit sind ganz auf Seiten Britanniens.

Auf den Vorschlag des Colonialsecretärs folgte ein langer Verzug. Keine Antwort kam aus Pretoria. Dagegen trat überall zu Tage, dass Vorbereitungen zum Kriege, die man sogar schon vor dem Jameson- Putsch in aller Stille getroffen hatte, jetzt eiligst vollendet wurden. Für einen so kleinen Staat waren die Summen, die man für militärische Rüstungen verausgabte, ganz ungeheuer. Ganze Kisten und Kasten voll Gewehre und Patronen flossen ins Arsenal, nicht bloss von der Delagoa-Bay aus, sondern sogar, zum grossen Aerger der Englischen Colonisten, auch über Capstadt und Port Elisabeth. Ungeheure Colli kamen, unter der Bezeichnung „Landwirtschaftliche Instrumente“ und .„Bergbau-Maschinen“ aus Deutschland und Frankreich, um in den Forts von Johannesburg und Pretoria untergebracht zu werden. Schon im Mai schrieb der Präsident des Orange-Freistaates, der von den harmlosen und vertrauensvollen Briten als ehrlicher Friedensmakler angesehen wurde, an Grobler, den Transvaaler Beamten, dass er seinen Antheil an den fünfundzwanzig Millionen Patronen, welche zu der Zeit importiert worden seien, in Ansprach nehme. Dies war derselbe Mann, der vierzehn Tage darauf in Bloemfontein sich als Vermittler zwischen den beiden Parteien gerierte.

Drei Jahre lang hatte sich Transvaal bis auf die Zähne bewaffnet. Es waren so viele moderne Magazin-Gewehre importiert worden, dass jeder männliche Burgher im Lande deren fünf Stück bekommen konnte. Die Einführung von Munition war ebenso riesenhaft.

Wozu diese furchtbaren Vorbereitungen? Offenbar zu einem Kriege mit Grossbritannien, und zwar nicht zu einem Verteidigungskriege. Für einen Verteidigungskrieg versieht sich ein Staat nicht mit einer Anzahl von Gewehren, die genügt, um jeden Mann holländischen Blutes in ganz Südafrika zu bewaffnen. Während der Jahre, wo Transvaal sich offenbar auf einen Kampf vorbereitete, waren britischerseits keine Verstärkungen ausgeschickt worden. Diese eine

Thatsache zeigt und beweist deutlich, genug, auf welcher Seite man den Krieg wollte und auf welcher man ihn zu vermeiden suchte. Mehr als drei Wochen lang verhielt Herr Krüger sich schweigend, und während dieser Zeit worden die Vorbereitungen zum Kriege noch unverhohlener und mit aller Energie betrieben. Aber noch eine andere Thatsache bestand, die von unendlich grösserer Bedeutung war; sie beherrschte die Situation und verzögerte die Krisis. Ein Burgherr geht ohne sein Pferd nicht in den Krieg, sein Pferd kann aber ohne Gras nicht vorwärts kommen, Gras aber kommt erst nach dem Regen, und der Regen durfte erst nach Ablauf einiger Wochen erwartet werden. Die Verhandlungen durften also nicht in ungeziemender Weise beschleunigt werden, so lange das „Veldt" noch eine öde, rotbraune, staubige Ebene war. Herr Chamberlain und das Britische Volk warteten von Woche zu Woche auf Antwort. Aber ihre Geduld hatte ihr Ende erreicht, als am 26. August der Colonialsecretär mit einer Offenheit, die in der Diplomatie ebenso ungewöhnlich wie willkommen ist, erklärte, dass die Frage nicht für immer in der Schwebe bleiben könne. „Der Sand im Glase läuft abwärts", sagte er. „Wenn er abgelaufen ist, werden wir uns nicht mehr an das, was wir schon geboten haben, gebunden halten, sondern die Sache in die Hand nehmen und nicht eher loslassen, bis wir Bedingungen erhalten haben, die ein für alle mal sichern, welche Macht in Südafrika vorherrschen soll, und bis wir ausserdem unseren Mit-Unterthanen drüben jene gleichen Rechte und gleichen Freiheiten errungen haben, die ihnen von Präsident Krüger versprochen wurden, als die Königin dem Transvaal Unabhängigkeit gewährte, das geringste Mass von Zugeständnissen, die ihnen von Rechtswegen zukommen." Kurz vorher hatte sich Lord Salisbury ebenso deutlich ausgesprochen: „Niemand hier zu Lande wünscht die Verträge anzutasten, so lange anerkannt wird, dass, während sie einerseits die Unabhängigkeit Transvaals garantieren, andererseits den Ansiedlern aller Nationalitäten gleiche politische und bürgerliche Rechte zusichern. Aber diese Verträge sind nicht wie die Gesetze der Meder und Perser. Sie sind vergänglich, sie können vernichtet werden ... und wenn sie einmal vernichtet sind, können sie nie in derselben Gestalt wiederhergestellt werden." Die viel ertragende Geduld Grossbritanniens gab Zeichen, dass sie erschöpft war.

Inzwischen, wurde auf den alten Präsidenten und seine Rathgeber – wenn überhaupt von solchen die Rede sein kann – ein Druck ausgeübt, um ihn zur Annahme des Britischen Anerbietens einer gemeinsamen Untersuchungscommission zu veranlassen. Sir Henry de Villiers, der thatsächlich die öffentliche Meinung des einflussreichsten Theiles der Afrikander-Bevölkerung am Cap vertrat, sprach sich ganz entschieden für den Frieden aus und richtete an Herrn Fischer im Freistaat die dringende Bitte, er möge doch dafür sorgen, dass die Verhandlungen in einem freundlicheren Tone geführt würden. „Versuchen Sie, den Präsidenten Krüger dahin zu bringen, dass er Herrn Chamberlain freundlicher entgegenkommt und alle Ursachen, wodurch dies unglückliche Land nun schon seit so vielen Jahren in Aufregung gehalten wird, entfernt.“ Aehnliche Rathschläge kamen aus Europa. Der Holländische Minister telegraphierte wie folgt:

> 4. Aug. 1899. Theilen Sie dem Präsidenten vertraulich mit, dass ich, nachdem der Minister Transvaals mich von dem Englischen Vorschlag, eine internationale Commission betreffend, in Kenntnis gesetzt habe, dem Präsidenten, im Interesse des Landes, empfehle, jenen Vorschlag nicht ohne Weiteres von der Hand zu weisen.
>
> 15. Aug.1899. Theilen Sie, bitte, dem Präsidenten vertraulich mit, dass die Deutsche Regierung ganz derselben Ansicht ist, wie ich sie in meiner Depesche vom 4. Aug. ausgesprochen habe, nämlich, dass man den Englischen Vorschlag nicht von der Hand weisen soll. Die Deutsche Regierung ist, ebenso wie ich, davon überzeugt, dass in diesem kritischen Augenblicke jegliche Annäherung an eine der Grossmächte gänzlich resultatlos sein würde und für die Republik sehr gefahrbringend.

Aber weder seine Afrikander-Brüder, noch seine Freunde im Auslande konnten den alten Präsidenten auch nur einen Zoll breit von dem Wege abbringen, den er eingeschlagen hatte. Er wusste nämlich recht gut, dass seine Stimmrechts-Vorschläge keine nähere Untersuchung vertragen würden, dass, um mit den Worten eines hervorragenden Rechtsanwalts zu reden, „sie ebenso gut siebzig, als sieben Jahre hätten bewilligen können“, so verwickelt und unausführbar waren sie. Lange Zeit blieb er stumm, und als er schliesslich sprach, wollte er die Verhandlungen in eine neue Phase bringen. Seine Munition war noch nicht alle zur Hand, seine Gewehre waren noch nicht alle vertheilt, das Gras auf dem „Veldt“ war noch nicht erschienen. Das Spiel musste noch einige Monate lang so weiter getrieben werden. „Ihr seid solche Meister in der Kunst, Zeit zu gewinnen!“ sagte Herr Labouchere zu Herrn Montague White. Der Präsident schickte sich an, das zu beweisen.

Am 12. August kam er mit neuen Vorschlägen. Die gemeinsame Commission wurde beiseite gelassen und der Vorschlag gemacht, dass die Burische Regierung den das Stimmrecht betreffenden Vorschlägen Sir Alfred Milners zustimmen wolle, unter der Bedingung, dass die Britische Regierung ihren Anspruch auf Suzeränität fallen lasse, sich einverstanden erkläre, den Fall einem Britischen und Südafrikanischen Schiedsgericht zu unterbreiten und verspreche, sich niemals wieder in die inneren Angelegenheiten der Republik einzumischen. Hierauf antwortete die Britische Regierung, dass sie einem solchen Schiedsgerichte zustimme, dass sie hoffentlich nie wieder Veranlassung haben würde, sich zum Schutz ihrer Unterthanen einzumischen, dass vielmehr mit der Gewährung des Stimmrechts jede Veranlassung für eine solche Einmischung schwinden würde, und zum Schluss, dass sie niemals die Rechte ihrer Suzeränität aufgeben werde. Herr Chamberlain's Depesche erinnerte am Schlusse die Regierung von Transvaal auch noch daran, dass, abgesehen vom Stimmrecht, noch andere Differenzen zwischen den beiden Regierungen vorlägen und dass es sich empfehlen würde, dieselben gleichzeitig zu erledigen. Hiermit meinte er solche Fragen, wie die Lage der Eingeborenen und die Behandlung der Anglo-Inder.

Eine Zeit lang schien es, als ob jetzt eine gute Aussicht auf Frieden vorhanden sei. Die Kluft zwischen den beiden Parteien war nicht sehr gross, und wären die Verhandlungen wirklich bona fide betrieben worden, hätte dieselbe sicherlich überbrückt werden können. Aber Transvaal hatte sich jetzt des Bündnisses mit dem Orange-Freistaat versichert, glaubte auch, dass die Capcolonie rebellieren würde und wusste sehr wohl, dass, im Besitze von 60.000 Mann Cavallerie und 100 Kanonen, es die bei Weitem stärkste militärische Macht in Südafrika sei. Man kann die Verhandlungen nicht lesen, ohne zu der Ueberzeugung zu kommen, dass ein Erfolg derselben gar nicht beabsichtigt war, und dass die Partei, welche den Erfolg nicht beabsichtigte, diejenige war, welche sich während der ganzen Zeit auf den Krieg vorbereitete. De Villiers, ein freundlich gesinnter Kritiker, sagt von der Transvaal-Regierung: „Während der ganzen Verhandlungen suchte sie beständig einer klaren und bestimmten Entscheidung aus dem Wege zu gehen. Es stellte sich auch bald klar genug heraus, weshalb dies geschah, ihre militärische Hand war stärker, als ihre politische, und mit der ersteren wünschte sie das Spiel zu spielen. Es war daher nicht gerathen, die Verhandlungen so weit kommen zu lassen, dass eine friedliche Lösung unvermeidlich wurde. Was nützten alle jene Gewehre und Kanonen, wenn die Feder schliesslich doch einen Compromiss zu Stande brächte?"

„Das Einzige, was wir befürchten", schrieb der junge Blignant, „ist, dass Chamberlain mit seinem bekannten unbeständigen und wetterwendischen Charakter uns um unsern Krieg beschummeln könnte und folglich auch um die gute Gelegenheit, die Capcolonie und Natal zu annectieren und eine Republik der Vereinigten Staaten von Südafrika zu bilden" – vielleicht ein berechtigter, nationaler Ehrgeiz, aber mit bona fiede friedlichen Verhandlungen nicht verträglich.

Es war deshalb an der Zeit, der Situation eine weniger aussichtsvolle Wendung zu geben. Am 2. September ertheilte die Transvaal-Regierung ihre Antwort. Sie war kurz und ohne Umschweif. Sie zog ihr Anerbieten in Betreff des Stimmrechts zurück. Sie behauptete aufs Neue, dass eine Suzeränität nicht bestehe. Die Verhandlungen kamen zum absoluten Stillstand. Man sah nicht, wie sie wieder eröffnet werden konnten. Im Angesichte der sich bewaffnenden Burghers hatte die kleine Garnison von Natal an der Grenze Stellung genommen, um sie zu schützen. Transvaal verlangte Aufklärung darüber. Sir Alfred Milner antwortete, dass es geschehen sei, um Britische Interessen zu wahren und auf etwaige Vorkommnisse gefasst zu sein. Der Fall des Flusses brüllte aus unmittelbarer Nähe.

Am 8. September fand ein Cabinetsrath statt – seit vielen Jahren einer der bedeutungsvollsten. Die militärische Lage war drängend. Die wenigen Truppen, welche sich in Afrika befanden, durfte man doch nicht der Gnade der grossen und furchtbaren Macht überlassen, die die Buren ihnen jederzeit entgegenwerfen konnten. Andererseits war es auch durchaus nothwendig, jeden Schein von Drohung und Gewaltsamkeit zu vermeiden. Aus diesem Grunde wurden Verstärkungen hingeschickt, aber nicht mehr, als nöthig waren, um zu zeigen, dass sie nur zum Zweck der Verteidigung ausgeschickt worden und nicht etwa, um anzugreifen. Fünftausend Mann wurden von Indien aus nach Natal geschickt, und die Cap-Garnisonen erhielten von England aus Verstärkung.

Zu derselben Zeit, wo diese Vertheidigungsmassregeln ergriffen wurden, schickte man eine Botschaft nach Pretoria, von der sogar die Gegner der Regierung sagen, dass sie massvoll gewesen und für eine friedliche Beilegung der Sache jeden Anhalt geboten. Sie beginnt damit, dass sie die Behauptung Transvaals, in demselben Sinne, wie der Orange-Freistaat, ein souveräner, internationaler Staat zu sein, entschieden zurückweist. Jeder Vorschlag, der von einer solchen Anerkennung abhängig gemacht werde, sei undiscutierbar. Die Stellung Transvaals sei durch gewisse Verträge, über die beide Regierungen sich geeinigt hätten, geordnet, und es läge kein Grund vor, weshalb wir uns eine radicale Aenderung darin gefallen lassen sollen.

Die Britische Regierung war indessen bereit, das Fünf-Jahre-Stimmrecht, wie es in der Note vom 19. August angegeben war, zu acceptieren, unter der Voraussetzung, dass jedes Mitglied sich im Raad seiner eignen Sprache bedienen dürfte.

„Wenn die Südafrikanische Republik diese Bedingungen annähme, so würde sich das gespannte Verhältnis zwischen den beiden Regierungen sofort verlieren und höchstwahrscheinlich jede künftige Intervention unnöthig werden, da die Uitlanders ja ihre Beschwerden im Executiv-Rath und im Volksraad, behufs Abstellung derselben, zur Kenntnis bringen könnten.

Ihrer Majestät Regierung fühlt immer mehr, wie gefährlich eine Verzögerung ist, den Druck zu erleichtern, der auf Süd-Afrika lastet und die Interessen des Landes schon so schwer geschädigt hat. Sie ersucht deshalb dringend um eine unmittelbare und bestimmte Antwort auf den gegenwärtigen Vorschlag. Wenn er angenommen wird, so sollen sofort Schritte geschehen …, um alle Einzelheiten in Betreff des einzusetzenden Schiedsgerichtes zu erledigen … Wenn jedoch – was unserer aufrichtigen Hoffnung nach nicht der Fall sein wird – die Antwort der Südafrikanischen Republik ablehnend oder unklar ausfallen sollte, so muss ich melden, dass Ihrer Majestät Regierung sich das Recht vorbehält, die Sachlage de novo in Erwägung zu ziehen und, behufs endgültiger Entscheidung, ihre Vorschläge nach ihrem eigenen Ermessen zu formulieren.“

Diese Depesche war so gemässigt in der Form und so höflich im Ton, dass die Presse und die politischen Parteirichtungen aller Art sie einstimmig billigten und eine entsprechende Antwort erwarteten, welche die herrschende Spannung zwischen den. beiden Nationen mildern würde. Herr Morley, Herr Leonard Courtney, „Daily Chronicle“ – sämtlich die eifrigsten Opponenten der Regierungs-Politik – waren der Ansicht, dass es eine Friedensbotschaft war. Aber zu jener Zeit hätte, ausser einer völligen und kläglichen Unterwerfung seitens der Briten, die Buren nichts befriedigen können; sie hatten von ihrer eigenen militärischen Leistungsfähigkeit höchst übertriebene Vorstellungen und keine sehr hohe Meinung von der unsrigen. Die continentale Vorstellung von dem Britischen Woft und dem Transvaaler Lamm würde in Pretoria, wo das Resultat des Krieges als eine beschlossene Sache angesehen wurde, allgemeines Gelächter erregt haben. Die Burghers waren zu Concessionen nicht sonderlich geneigt. Sie kannten ihre Macht, sie hielten sich, und nicht mit Unrecht, für die zur Zeit stärkste Militärmacht in Südafrika. „Wir haben England schon früher einmal geschlagen, aber das ist nichts im Vergleich zu der Keile, die es jetzt erhalten wird!“ sagte ein gewisser hervorragender Bürger. „Reitz schien die ganze Sache wie einen grossen Spass zu behandeln“, bemerkte de Villiers. „Es wird für Sie wirklich nöthig sein zu gehen“, sagte der oberste Richter (Chief Justice) Transvaals zu einem Englischen Geistlichen. „Der Krieg wird in vierzehn Tagen vorüber sein. Wir werden Kimberley und Mafeking einnehmen und in Natal die Engländer dermassen aufs Haupt schlagen, dass sie um Frieden bitten werden.“ Das waren die excentrischen Ideen, wodurch sie verleitet wurden, den Olivenzweig des Friedens bei Seite zu schieben.

Am 18. September wurde die officielle Antwort der Burischen Regierung auf die ihr vom Cabinetsrath zugesandte Botschaft in London veröffentlicht. Sie war fest und unversöhnlich in der Form; dem Inhalte nach war sie eine vollständige Zurückweisung aller Britischen Forderungen. Sie weigerte sich, dem Raad das Fünf-Jahr-Stimmrecht zu empfehlen und vorzuschlagen, ebenso auch die anderen Bestimmungen, welche von der Englischen Regierung als ein Minimum der den Uitlanders zu gewährenden Gerechtigkeit bezeichnet wurde. Der Vorschlag, dass die Debatten im Raad zweisprachig sein sollten, wie in der Capcolonie und in Canada, wurde vollständig unbeachtet gelassen. Die Britische Regierung hatte in ihrer letzten Depesche zu erkennen gegeben, dass, wenn die Antwort ablehnend und unklar ausfiele, sie sich das Recht vorbehalte, die Situation de novo zu erwägen und, behufs endgültiger Entscheidung, ihre Vorschläge nach ihrem eigenen Ermessen zu formulieren. Die Antwort war sowohl ablehnend als unklar gewesen, und am 22. September wurde eine Sitzung abgehalten, um über die nächste Botschaft Beschluss zu fassen. Sie fiel kurz und bündig aus, aber war doch so geplant, dass dem Frieden immer noch die Thür geöffnet blieb. Die Britische Regierung sprach darin ihr tiefes Bedauern aus, dass die bescheidenen Forderungen, welche sie in ihrer letzten Depesche kundgegeben, zurückgewiesen worden seien, und dass sie jetzt, ihrem Versprechen gemäss, behufs Erledigung der Sache, sehr bald ihre eigenen Pläne vorlegen würde. Die Botschaft war kein Ultimatum, aber bereits der einem kommenden Ultimatum vorausgehende Schatten.

Inzwischen hatte sich am 21. September der Raad des Orange-Freistaates versammelt, und es trat immer deutlicher hervor, dass diese Republik, mit der wir durchaus keine Differenzen hatten, für die wir im Gegentheil viel Freundschaft und Bewunderung hegten, die Absicht hatte, ihr Gewicht zu Ungunsten Gross-Britanniens in die Waagschale zu werfen. Einige Zeit vorher war zwischen den beiden Staaten ein Schutz- und Trutzbündnis geschlossen worden, welches, solange die geheime Geschichte dieser Ereignisse noch nicht geschrieben ist, als ein merkwürdig übereilter und uneinträglicher Handel für den kleineren Staat erscheinen muss, denn von Seiten Grossbritanniens hatte er nichts zu fürchten. Er war durch Grossbritannien aus freien Stücken in eine unabhängige Republik verwandelt worden und hatte seit vierzig Jahren mit ihm im Frieden gelebt. Seine Gesetze waren ebenso liberal, wie die unsrigen. Aber durch diesen selbstmörderischen Vertrag theilte er freiwillig die Schicksale eines Staates, der durch seine fortwährend unfreundliche Haltung den Krieg geflissentlich heraufbeschwor, und dessen reactionäre und engherzige Gesetzgebung, sollte man denken, die Sympathie seines fortschrittlich gesinnten Nachbarn nicht hätte gewinnen können. Welche Richtung die Ereignisse nahmen, tritt schon in den Tagen, wo Brand, ein verständiger und erfahrener Politiker, Präsident war, klar hervor. „Präsident Brand", sagt Paul Botha (selbst ein „voortrekker" und Erz-Bure), „sah ganz deutlich, welche Politik wir hätten treiben sollen. Er vermied es stets, Transvaal zu beleidigen, aber er liebte den Orange-Freistaat und dessen Unabhängigkeit um des Staates selbst willen, nicht aber als ein Anhängsel von Transvaal, und, um ihm diesen Charakter zu wahren, trachtete er stets nach der Freundschaft Englands. Präsident Brand erkannte sehr wohl, dass eine engere Verbindung mit dem ruhelosen und missleiteten Transvaal unter der Führung von Krügers herausfordernder Politik unvermeidlich einen unheilvollen Krieg mit England heraufbeschwören würde. Ich (Paul Botha) fühlte dies ebenso deutlich und hörte nie auf, gegen eine engere Verbindung zu kämpfen. Ich erinnere mich, wie ich diese Ansichten einmal im Volksraad vortrug und mit den Worten schloss: ‚Mag der Himmel geben, dass ich Unrecht habe mit meinen Befürchtungen; habe ich aber Recht, dann wehe, wehe dem Orange-Freistaat.'"

Es ist klar, dass, wenn der Freistaat kopfüber ins Verderben stürzte, es nicht geschah, weil es an verständigen Männern fehlte, die ihn auf einen besseren und gefahrloseren Weg zu führen suchten.

Aber es scheint dort in Bezug auf die verhältnismässige Stärke der beiden Gegner und die etwaige Zukunft Südafrikas eine vollständige Wahnvorstellung obgewaltet zu haben. Es war gar nicht denkbar, dass der Freistaat jemals in eine bessere Lage kommen konnte, als worin er sich bereits befand – eine vollkommen freie und unabhängige Republik, und doch liess das Land sich hinreissen, Dank dem Racen-Vorurtheil, für dessen Verbreitung eine gekaufte Presse und eine unchristliche Kanzel überall sorgten. „Wenn ich daran denke, welchen Missbrauch die Kanzel von ihrem Einfluss machte“, sagt Paul Botha, „dann ist mir, als könnte ich keine Worte finden, die stark genug wären, um meinen Unwillen auszudrücken. Das Wort Gottes wurde geschändet. Eines religiösen Volkes Religion wurde dazu benutzt, um es auf den Pfad des Verderbens zu drängen. Ein Geistlicher sagte mir selber mit einem schlauen Seitenblicke, dass er Anti-Englisch zu predigen habe, weil er sonst die Gunst der herrschenden Partei verlieren würde.“ Der Art waren die Umstände und die Einflüsse, welche den Freistaat verleiteten, einen wahnsinnigen Vertrag zu schliessen, und ihn zwangen, muthwillig die Waffen zu ergreifen gegen einen Staat, der ihm niemals etwas zu Leide gethan hatte und nichts als Wohlwollen für ihn hegte.

Der Ton des Präsidenten Steyn in der Versammlung des Raad und die Unterstützung, welche er von der Majorität seiner Burghers erhielt, zeigten ganz unverkennbar, dass die beiden Republiken gemeinsam handeln wollten. In seiner Eröffnungsrede sprach sich Steyn ganz offenkundig gegen Britannien aus und erklärte, dass sein Staat durch alles, was ihm lieb und theuer sei, sich an Transvaal gebunden fühle. Zu den erforderlichen militärischen Vorsichtsmassregeln, welche seitens der Britischen Regierung nicht länger verschoben werden durften, gehörte die Aussendung einer kleinen Truppenmacht, um die lange und exponierte Eisenbahnlinie zu schützen, welche unmittelbar an der Grenze von Transvaal von Kimberley nach Rhodesia führt. Sir Alfred Milner machte dem Präsidenten Steyn Mittheilung über diese Truppenbewegung und wies darauf hin, dass sie durchaus nicht gegen den Freistaat gerichtet sei. Sir Alfred Milner fügte hinzu, dass die Reichsregierung immer noch auf eine freundliche Beilegung des Streites mit Transvaal hoffe; sollte sie sich aber in dieser Hoffnung getäuscht sehen, so erwarte sie vom Orange-Freistaat, dass er eine strikte Neutralität bewahren und eine militärische Einmischung irgend eines seiner Bürger nicht dulden würde. In diesem Falle würde Grossbritannien dafür aufkommen, dass die Grenzen des Freistaates völlig unberührt blieben. Am Schluss bemerkte er, dass durchaus kein Grund vorläge, die guten Beziehungen zwischen dem Freistaat und Grossbritannien zu stören, da wir von den freundlichsten Absichten ihm gegenüber beseelt seien. Hierauf ertheilte der Präsident eine ziemlich ungnädige Antwort, dahin lautend, dass er unser Verfahren gegen Transvaal missbillige und dass er die Bewegung der Truppen, die von den Burghers als eine Drohung angesehen werden würde, bedaure. Ein späterer Beschluss des Freistaates, der mit den Worten endete : „Mag kommen was will, der Freistaat wird, kraft des zwischen den beiden Republiken bestehenden Bündnisses, seine Verpflichtungen gegen Transvaal treu und ehrlich erfüllen", zeigte, wie unmöglich es war, dass dieser Staat, der von uns selbst gebildet worden, und über den auch nicht der Schatten eines Streitfalles mit uns lag, vor dem Strudel bewahrt werden konnte, in den er hinabgezogen wurde. Inzwischen wurden auf beiden Seiten militärische Vorbereitungen getroffen; unbedeutend auf Seiten der Briten, aber beträchtlich auf Seiten der Buren.

Am 15. August, zu einer Zeit, wo die Verhandlungen bereits eine sehr ernste Gestalt angenommen hatten, nämlich nach der misslungenen Conferenz in Bloemfontein und der Depesche von Sir Alfred Milner, war die in Südafrika vorhandene Britische Streitmacht für eine Verteidigung unserer eigenen Grenze lächerlich klein und absolut unzureichend. Sicherlich, diese Thatsache allein sollte denen, die trotz aller Beweise vom Gegentheil darauf bestehen, dass der Krieg von den Briten erzwungen wurde, die Augen öffnen. Ein Staatsmann, der auf einen Krieg ausgeht, bereitet sich doch gewöhnlich auf einen Krieg vor, und das gerade ist es, was Herr Krüger that und die Britischen Behörden nicht thaten. Die „hochfahrende", suzeräne Macht hatte in jenen Tagen, an der ganzen ungeheuren Grenze entlang, nicht mehr als zwei Cavallerie-Regimenter, drei Feldbatterien und sechs und ein halb Infanterie-Bataillone stehen – sage sechstausend Mann. Die unschuldigen Hirten-Staaten dagegen konnten über fünfzigtausend berittene Schützen ins Feld stellen, deren Beweglichkeit ihre Zahl so gut wie verdoppelte, dazu eine ganz ausgezeichnete Artillerie, bei der sich die schwersten Geschütze fanden, die je auf einem Schlachtfelde erschienen sind. Um diese Zeit hätten die Buren sicherlich mit Leichtigkeit entweder nach Durban oder nach Capstadt vordringen können. Die britische Streitmacht, welche nothgedrungen zur Defensive verurtheilt war, hätte leicht umgangen und hernach zerstört werden können, während das Hauptheer der Feinde, ausser einem ungeordneten, noch dazu durch die Apathie und Feindseligkeit der Holländischen Colonisten neutralisierten Widerstande, nichts vorgefunden hätte. Merkwürdigerweise scheinen unsere Behörden gar nicht daran gedacht zu haben, dass die Buren ihrerseits die Initiative ergreifen könnten, und dass in diesem Falle die zu spät kommenden Verstärkungen unter dem Feuer der republikanischen Kanonen hätten landen müssen.

Durch ihre Unthätigkeit begaben sie sich in eine grosse militärische Gefahr, aber sie zeigten dadurch, wenigstens für Jedermann, der nicht absichtlich seine Augen dagegen verschliesst, wie fern ihnen der Gedanke lag oder der Wunsch, die Sache auf dem Wege der Gewalt zu entscheiden. In Folge der Remonstrationen des Premier - Ministers der Colonie wurde die Garnison von Natal allmählig verstärkt, theils durch Truppen aus Europa, theils durch eine Absendung von 5.000 Mann Britischer Truppen aus Indien. Durch ihre Ankunft – es war gegen Ende September – wurde die Zahl der Truppen in Südafrika auf 22.000 erhöht, eine Streitmacht, die einem Kampfe mit dem zahlreichen, beweglichen und tapferen Feinde, dem sie entgegengestellt werden sollte, auf offenem Felde nicht gewachsen war, sich aber als hinreichend erwies, um jenes schreckliche Unheil abzuwehren, das uns, wie wir jetzt einsehen, bedrohte.

In den Wochen, welche auf die Absendung der Cabinettsbotschaft vom 8. September folgten, war die militärische Lage nicht mehr verzweifelt, aber immerhin noch prekär. Zweiundzwanzigtausend Mann reguläre Truppen waren an Ort und Stelle und durften auf eine Verstärkung von zehntausend Mann aus den Colonien hoffen, aber diese Streitmacht hatte eine lang ausgedehnte Grenze zu schützen. Die Haltung der Capcolonie war keineswegs ausgesprochen freundlich und konnte sogar feindselig werden, während die schwarze Bevölkerung vielleicht ebenfalls ihr Gewicht gegen uns in die Waagschale warf. Nur die Hälfte der regulären Truppen konnte entbehrt werden, um Natal zu vertheidigen, und Verstärkungen konnten erst einen Monat nach dem Ausbruch der Feindseligkeiten eintreffen. Wenn Herr Chamberlain sich wirklich gern breitmachen wollte und den Renommisten spielen, so muss man gestehen, dass dieser Versuch auf einer recht schwachen Basis ruhte.

Um Vergleiche anstellen zu können, wollen wir die Streitkräfte, die von den Herren Krüger und Steyn ins Feld geführt werden konnten, ein wenig näher ins Auge fassen. Die Presse schätzte die Streitkräfte der beiden Republiken allgemein auf 25.000 bis 35.000 Mann. Herr J. B. Robinson, ein persönlicher Freund des Präsidenten Krüger, ein Mann, der einen grossen Theil seines Lebens unter den Buren zugebracht hatte, erachtete die letztere Schätzung als zu hoch gegriffen. Es fehlte der Berechnung ein sicherer Ausgangspunkt. Eine überall hin zerstreute und isolierte Bevölkerung, in der Regel aus kinderreichen Familien bestehend, lässt sich sehr schwer abschätzen. Einige berechneten die muthmassliche, natürliche Vermehrung während der letzten achtzehn Jahre, aber die Zahl, die ihnen dabei als Ausgangspunkt diente, war auch nur eine Muthmassung. Andere richteten sich bei ihrer Berechnung nach den Stimmen, welche bei der letzten Präsidenten-Wahl abgegeben worden, aber Niemand konnte wissen, wie Viele sich der Stimmenabgabe enthalten hatten, überdies beginnt in den Republiken das kampfesfähige Alter fünf Jahre früher, als das stimmfähige. Wir wissen jetzt sehr wohl, dass alle Berechnungen weit hinter der wirklichen Anzahl zurückblieben. Es ist indessen wahrscheinlich, dass man im Britischen Nachrichten-Departement ziemlich gut Bescheid wusste. Keine Abtheilung im Britischen Ministerium hat sich bei der sehr strengen Probe, die sie zu bestehen hatte, besser bewährt, als diese. Der Bericht, den sie vor Beginn des Krieges erstattete, ist, sowohl hinsichtlich der Thatsachen wie der Pläne, so genau, dass er den Eindruck einer Voraussagung macht.

Hiernach belief sich die Kriegsstärke von Transvaal allein auf 32.000 Mann und die des Orange-Freistaats auf 22.000. Söldlinge und Rebellen aus den Colonien eingerechnet, betrug sie etwa 60.000 und, falls eine beträchtliche Anzahl von Cap-Holländern sich erheben sollte, 100.000 Mann. Wir haben jetzt thatsächlich 42.000 Mann Kriegsgefangene männlichen Geschlechts; die sonstige Verlustliste darf auf 10.000 und die Zahl der noch in Freiheit lebenden Burghers ebenfalls auf 10.000 veranschlagt werden, so dass die Kriegsstärke der Buren, mit Ausschluss einer grossen Anzahl Cap-Rebellen, die Höhe von 62.000 Mann erreicht. Ueber die Beschaffenheit dieser grossen Kriegsmacht brauchen wir kein Wort zu verlieren. Es waren tapfere, abgehärtete Leute, erfüllt von einer seltsamen, religiösen Begeisterung. Sie gehörten, mit Ausnahme ihrer Gewehre, alle dem siebenzehnten Jahrhundert an. Auf ihren kräftigen, kleinen Ponies sitzend, besassen sie eine Beweglichkeit, welche ihre Anzahl verdoppelte und eine Umzingelung unmöglich machte. Als Schützen sind sie unübertrefflich. Man nehme hinzu, dass sie, unter Benutzung inländischer Verkehrslinien, weit kürzere und gefahrlosere Verkehrsmittel besassen, und man wird sich eine Vorstellung machen können von der furchtbaren Aufgabe, die unseren Soldaten gestellt war. Wenn wir nach einer solchen Aufzählung ihrer Streitkräfte an unsere 12.000 Mann denken, die, in zwei Abtheilungen getheilt, Natal vertheidigen sollten, so haben wir weit mehr Ursache, uns zu gratulieren, dass jene grosse Provinz uns nicht verloren gegangen ist, als unser Unglück zu beklagen; denn Natal liegt zwischen Britannien, Indien und Australien und darf als der eigentliche Schlussstein des Bogens angesehen werden, der das Gebiet unserer Herrschaft umfasst.

Angesichts jener Zahlen müssen wir wiederum fragen, ob es

noch möglich ist, zu behaupten, dass Grossbritannien von vornherein darauf ausging, die Republiken gewaltsamer Weise ihrer Unabhängigkeit zu berauben.

Nach Empfang der Transvaaler Depesche vom 16. September, welche die Britischen Vorschläge vom 8. September verwarf, gerieth der politische Meinungsaustausch ins Stocken. In Afrika war alle Hoffnung auf Frieden oder alle Furcht vor demselben geschwunden. Die Raads waren aufgelöst, der alte Präsident hatte in seinen letzten Worten erklärt, dass der Krieg sicher sei, und dabei nicht unterlassen, den Herrn als letzten Schiedsrichter anzurufen. Britannien war ebenso herzlich gern, wenn auch weniger aufdringlich, bereit, die Entscheidung des Kampfes demselben furchtbaren Richter anheimzustellen.

Am 2. October machte Präsident Steyn dem Sir Alfred Milner die Mittheilung, dass er es für nothwendig gehalten habe, die Burghers des Freistaates einzuberufen – d. h. mobil zu machen. Sir Alfred Milner erwiderte, dass er diese Kriegsvorbereitungen bedauere, und erklärte, dass er seinerseits noch nicht alle Hoffnung auf Erhaltung des Friedens aufgegeben habe, er wäre überzeugt, dass jeder irgend annehmbare Vorschlag von Ihrer Majestät Regierung bereitwilligst in Erwägung gezogen werden würde. Steyns Antwort lautete, dass Unterhandlungen nichts nützen könnten, so lange noch Britische Verstärkungen nach Südafrika strömten. Da nun unsere Streitkräfte sich immer noch in grosser Minderzahl befanden, so war es unmöglich, die Verstärkungen fern zu halten, und die Correspondenz führte daher zu nichts. Am 7. October wurden in Grossbritannien die Reserven des Ersten Armeecorps einberufen, und auch andere Zeichen bekundeten, dass eine beträchtliche Anzahl Truppen nach Südafrika geschickt werden sollte. Das Parlament wurde ebenfalls einberufen, damit die formelle Zustimmung der Nation zu den ernsten Massregeln, um die es sich handelte, nicht fehle.

Man hat behauptet, dass die Briten durch Einberufung der Reserven das Ultimatum der Buren veranlasst und den Krieg auf diese Weise beschleunigt hätten. Eine solche Behauptung ist absurd. Man darf nicht den Wagen vors Pferd spannen. Transvaal hatte am 27. September mobil gemacht und der Freistaat am 2. October. Die Eisenbahnen waren übernommen worden, der Exodus von Johannesburg hatte begonnen, und eine offenbare kriegsrechtliche Handlung war dadurch begangen worden, dass man einen Eisenbahnzug angehalten und das Gold, das er enthielt, confisciert hatte. Was die Briten thaten, geschah erst später und konnte daher nicht die Ursache sein von dem, was die Buren bereits gethan hatten. Aber keine Regierung konnte oder durfte solchen Erscheinungen und Verzögerungen gegenüber noch länger ruhig zusehen, ohne die durch die kritische Situation erforderlich gewordenen militärischen Vorbereitungen zu treffen. Das Ultimatum der Buren war thatsächlich längst beschlossen, ehe unsere Reserven einberufen wurden, und wurde nur deshalb noch nicht abgegeben, weil man in einzelnen Dingen noch nicht ganz fertig war für den Krieg.

Es war am 9. October, als die etwas säumig betriebenen Massregeln des Britischen Colonial-Amtes zu einem raschen Fortgang getrieben wurden. Es geschah das durch die Ankunft eines unerwarteten und waghalsigen Ultimatums seitens der Buren. Man muss gestehen, dass auf dem Gebiete der Klugheit wie der Waffenthaten sich die Lacher bisher meistens auf der Seite unserer einfachen, Viehzucht treibenden Südafrikanischen Nachbarn befunden haben. Der vorliegende Fall bildet keine Ausnahme. Das Dokument war sehr deutlich und entschieden, aber die Art und Weise seiner Abfassung war eine so unmögliche, dass es offenbar mit der überlegten Absicht verfasst worden, den sofortigen Krieg zu erzwingen. Es verlangte, dass die an den Grenzen befindlichen Truppen sofort zurückgezogen würden, dass alle Verstärkungen, welche innerhalb des letzten Jahres angekommen, Südafrika verlassen und dass diejenigen, welche sich jetzt noch auf der See befänden, zurückgeschickt werden sollten, ohne zu landen. Falls innerhalb achtundvierzig Stunden keine zufriedenstellende Antwort erfolge, „wird die Regierung zu Transvaal zu ihrem grossen Bedauern genöthigt sein, das Verhalten Ihrer Majestät Regierung als eine förmliche Kriegserklärung anzusehen, für deren Folgen sie sich nicht verantwortlich halten wird.“ Diese tollkühne Botschaft wurde im ganzen Reiche mit einer Mischung von Spott und Zorn aufgenommen. Die Antwort darauf wurde am nächstfolgenden Tage durch Sir Alfred Milner übersandt.

> 10. October. Ihrer Majestät Regierung hat zu ihrem grossen Bedauern die peremptorischen Forderungen der Regierung der Südafrikanischen Republik erhalten und bestätigt hiermit den Empfang Ihres Telegramms vom 9. October. Als Antwort darauf wollen Sie die Regierung der Südafrikanischen Republik davon in Kenntnis setzen, dass die von der Südafrikanischen Republik gestellten Bedingungen der Art sind, dass Ihrer Majestät Regierung eine Discussion derselben für unmöglich erachtet.

CAPITEL 4.
BELEUCHTUNG GEWISSER PUNKTE

Im Vorstehenden ist die Richtung der Verhandlungen und Ereignisse, die zum Kriege führten, im Allgemeinen angegeben. Ich werde jetzt die Kritiken, welche die Britische Regierung erfahren hat, möglichst kurz und, unter jedesmaliger Vorausschickung der betreffenden Behauptungen, prüfen. Verschiedene schädliche Theorien und Vorschläge darüber, wie man hätte anders handeln sollen, mögen hier der Reihe nach besprochen und erörtert werden.
Es wurde behauptet:

I. Dass Herr Chamberlain persönliches Interesse an dem Putsch hatte und dass er aus Rache für das Misslingen desselben, oder weil er sich in Händen des Herrn Rhodes befand, zum Kriege drängte.

Die Theorie, dass Herr Chamberlain mit den Führern des Putsches heimlich in Verbindung stand, ist bereits untersucht und völlig unhaltbar befunden. Dass indessen die Uitlanders, in Folge ihrer verzweifelten Lage, zu einer Insurrection getrieben werden könnten, dies wusste er wahrscheinlich. Es war seine Pflicht und Schuldigkeit, so weit wie möglich über die Vorgänge unterrichtet zu sein, und es liegt kein Grund vor, weshalb seine persönliche Sympathie nicht ebenso wie die aller anderen Engländer, seinen eignen schlecht behandelten Landsleuten gehören sollte. Aber dass er eine Invasion Transvaals mit einer Handvoll Polizisten hätte planen können, ist ein zu thörichter Gedanke. Wenn es der Fall war, warum that er dann sofort die ernstesten Schritte, um die Invasion zu vereiteln? Was hätte er denn noch anders thun sollen, um einen Misserfolg dieses Unternehmens herbeizuführen? Wenn er sich dessen bewusst war, dass Herr Rhodes ihn in seiner Gewalt hatte, wie durfte er dann den Lieblingsplan dieses Herrn mit solcher Energie zu bekämpfen wagen? Genau dieselben Thatsachen und Telegramme, worauf die Kritiker sich berufen, um Herrn Chamberlains Mitschuld zu beweisen, werden, sobald man sie mit vorurtheilslosen Augen ansieht, seine völlig gewahrte Unabhängigkeit aufs Klarste erkennen lassen. So z. B., wenn Herr Rhodes oder Harris in Rhodes' Namen telegraphiert: „Sagen Sie dem Herrn Chamberlain, dass ich ganz gut durchkomme, wenn er mich unterstützt und nicht wieder solch ein Telegramm an den Geschäftsträger sendet, wie er es gethan hat", und weiter: „Wenn Sie Herrn Chamberlain nicht veranlassen können, den Geschäftsträger zu instruieren, damit er sich sofort nach Johannesburg begibt, so ist die ganze Sache verloren." Beweist dies nicht klar und deutlich, dass hier an ein Einverständnis gar nicht zu denken ist, und dass die Verschworenen den Versuch machten, den Colonialsecretär für ihre Zwecke in bestimmte Wege hineinzuzwingen? Ferner, die Kritiker machen viel Wesens daraus, dass Herr Chamberlain, in seiner Eigenschaft als Beamter, kurze Zeit vor dem Putsch der „Chartered Company" den Streifen Land verkaufte, von wo aus der Putsch unternommen wurde, und dass er sich die hohe Summe von £ 200.000 dafür bezahlen liess. Fürwahr, man kann bei einer Beweisführung nicht verkehrter zu Werke gehen, denn falls zwischen Herrn Chamberlain und den Verschworenen wirklich ein geheimes Einverständnis obwaltete und er ihren Plan billigte, so hätte er ihnen ohne Frage den Ankauf des Landes leicht gemacht, anstatt solch hohe Forderungen zu stellen. Und die Annahme, dass Herr Chamberlain nur ein Werkzeug in der Hand des Herrn Rhodes gewesen, als er den Krieg erklärte, beruht auf der falschen Voraussetzung, dass Herr Chamberlain seinen Willen dem Cabinet ohne Weiteres aufzwingen konnte, wenn's ihm beliebte, einem Cabinet, worin sich Männer wie Lord Salisbury, Lord Landsdowne, Arthur Balfour, Hicks-Beach und andere Minister befanden. Solch eine Annahme ist zu ungeheuerlich, um weiter darüber zu reden.

II. Dass es ein Capitalisten-Krieg ist, der von speculierenden Unternehmern und Juden ins Werk gesetzt worden.

Nach dem Jameson-Putsch war in der That ein grosser Theil der öffentlichen Meinung dieser Ansicht. Gerade dieser Umstand war es, der mehr als alles andere die Hände der Regierung fesselte und die leitenden Staatsmänner verhinderte, sofort die kräftigen Massregeln zu ergreifen, die erforderlich waren, um jene, offenbar nur gegen uns gerichtete, ungeheure Ansammlung von Waffen zu verhindern. Es gingen Jahre darüber hin, ehe diese falsche Vorstellung sich allmählich verlor, aber wie gründlich sie sich jetzt verloren hat, beweist die Geduld und die Tapferkeit, womit unser Volk den langen und mühseligen Krieg erträgt, der schon die meisten Familien unseres Landes eines Freundes oder Verwandten beraubt hat. Das Britische Publikum zeigt sich Capitalisten gegenüber nicht über Gebühr gefällig; es gewährt ihnen die ihnen gesetzlich zustehenden Rechte, aber nicht mehr, denkt jedenfalls nicht daran, ihretwegen in Blut zu waten. Es ist absurd, so etwas anzunehmen, etwa zu glauben, dass die so hochgebildeten und ehrenhaften Männer, aus denen das Britische Cabinet besteht, ihr Vaterland opfern sollten, um einer Anzahl kosmopolitischer Finanzleute, zum grössten Theil deutscher Juden, einen Dienst zu erweisen. Die Steuer, welche etwa der Transvaal-Bergbau-Industrie auferlegt werden wird, um mit ihrer Hülfe die Kriegskosten zu bezahlen, wird an sich schon beweisen, dass die Capitalisten im Rathe der Nation keine gewaltige Stimme haben. Wir wissen jetzt, dass gerade die hervorragendsten Capitalisten in Johannesburg sich am lebhaftesten einer Agitation widersetzten, die möglicherweise zum Kriege führen konnte, und dies erscheint ausserordentlich natürlich, wenn man bedenkt, wie viel bei einem Kriege für Capitalisten auf dem Spiele steht, wie viel sie dabei verlieren können. Die Agitation wegen Stimmberechtigung und anderer Rechte war eine bona fide liberale Agitation, die von armen Leuten, Angestellten und Bergleuten betrieben wurde, von Leuten, die auf dem Lande, nicht in Park Lane, zu wohnen beabsichtigten. Die Capitalisten waren gerade diejenigen, welche am schwersten in den Strudel hineinzuziehen waren. Wenn ich Capitalisten sage, so denke ich dabei an Capitalisten mit englischen Sympathien, denn insofern der Krieg durch die Anti-Britische Haltung der Südafrikanischen Niederländischen Gesellschaft und deren Rathschläge, durch das Dynamit-Monopol und andere Blutegel, die das Land aussogen, verursacht wurde, lässt sich für die Behauptung, dass derselbe ein Capitalisten-Krieg sei, allerdings manches anführen. Für diese Leute nämlich bedeutete eine freisinnige und ehrliche Regierung so viel wie Ruin, und sie machten die grössten Anstrengungen, bezahlten sogar Agitatoren, angeblich Englischer Nationalität, um jede Reform zu hintertreiben. Ihre Haltung hatte zweifellos dazu beigetragen, die Buren in ihrer Halsstarrigkeit zu bestärken und Concessionen zu verhindern.

III. Dass Britannien die Goldminen für sich haben wollte.

Keine Anklage ist auf dem Continent so populär und keine findet so viel Glauben, als diese, und doch ist sie, bei Lichte besehen, die lächerlichste von allen. Die Goldminen sind im Besitz einer Privatgesellschaft, deren Actien in den Händen von Actionären sind, Deutschen, Franzosen wie auch Engländern. Ob die Britische oder Burische Fahne über dem Lande weht, würde den Actionär nicht um eine einzige Actie berauben und würde auch den Reichthum Britanniens in keiner Weise erhöhen. Im Gegentheil, Britannien wird durch die ungeheuren Kriegskosten nur um so ärmer sein, und es ist nicht wahrscheinlich, dass mehr als ein Drittel dieser Kosten durch Besteuerung des Ertrages wird gedeckt werden können, den die Goldminen abwerfen. Und abgesehen von dieser beschränkten Beisteuer zu den Kriegskosten, wie kann Britannien möglicherweise dabei an Reichthum gewinnen, wenn die Britische Fahne über dem Rand weht? Transvaal wird als Colonie Selbstverwaltung haben, ebenso wie alle anderen Colonien, wird seinen eignen Finanzminister, sein eignes Budget, seine eignen Steuern, sogar die Ermächtigung haben, Britische Waren zu besteuern. Das an einen Britischen Gouverneur zu zahlende jährliche Gehalt wird £ 10.000 betragen, und man wird von ihm erwarten, dass er £ 15.000 verbraucht. Wir unsererseits wissen das alles ganz gut, weil es zum Britischen System gehört, aber es gibt Nationen, die das nicht wissen, und von denen die Colonien als directe Einnahmequellen für das Mutterland angesehen werden. Alles, was man auf dem Continent über den Krieg sagt oder schreibt, beruht meistens auf dieser ebenso allgemeinen, wie unhaltbaren Anschauung. Der zweite Transvaal-Krieg war eine logische Folge des ersten, und der erste wurde ausgefochten, ehe Gold überhaupt im Lande entdeckt worden.

IV. Dass es sich um den Kampf einer Monarchie gegen eine Republik handele.

Dies Argument war ohne Frage von Gewicht für jene wirklichen Republiken, wie die Vereinigten Staaten, Frankreich und die Schweiz, wo das Volk, aus Unbekanntschaft mit den Thatsachen, sich durch blosse Namen irreleiten liess. In Wirklichkeit gehören Grossbritannien und die Britischen Colonien zu den demokratischsten Staatswesen in der ganzen Welt. Sie haben, theils aus Pietät, theils aus politischer Convenienz, ein erbliches Oberhaupt beibehalten, aber bei allen Fragen entscheidet der Wille des Volkes, und Jedermann hat durch seine Stimme einen gewissen Antheil an der Gestaltung und dem Geschick des Staates. Vom practischen Standpunkte aus betrachtet, besitzen wir das allgemeine Wahlrecht, und die höchsten Aemter sind erreichbar für jeden Bürger, der sich dazu eignet. Transvaal dagegen ist eine Oligarchie und keine Demokratie, denn hier macht die eine Hälfte der Einwohner Anspruch auf eine gesellschaftliche Stellung, die sie der anderen Hälfte durchaus nicht gestatten will; daher das Uebergewicht der einen Race über die andere, ein Uebergewicht, wie es in Irland im achtzehnten Jahrhundert existierte. In äusserer Beziehung ist das eine Land eine Republik, das andere eine Monarchie, aber in Wirklichkeit trat das Britische Reich für die Freiheit ein, die Republik für Tyrannei, Rassen-Vorrechte, Corruption, Besteuerung ohne Vertretung und für alles, was sich mit einem weiten und höheren Begriff von Freiheit nicht verträgt.

V. Dass eine starke Nation über eine schwache herfalle.

Dieser Appell an die sentimentalen und Billigkeit anstrebenden Instincte der menschlichen Race wird seinen mächtigen Einfluss nie verlieren; aber im vorliegenden Falle war er übel angebracht. Die Vorbereitung zum Kriege, das Ultimatum, die Invasion, das erste Blutvergiessen, alles dies ging von der Nation aus, welche sich schliesslich als die schwächere erwiesen hat. Der Grund, weshalb diese kleine Nation so kühn darauf losging, lag darin, dass sie ganz genau wusste, dass sie zu jener Zeit die bei Weitem stärkere Macht in Südafrika war und, soweit ihre Kenntnisse reichten, mussten sie auch glauben, dass sie es bleiben würde, selbst wenn Britannien alles, was es an Streitkräften besass, in Bewegung setzte. Und in der That, dieser Glaube schien ganz berechtigt zu sein. Auf dem Continent hatten die hauptsächlichsten militärischen Kritiker erklärt, dass Britannien allerhöchstens 100.000 Mann ins Feld schicken könnte, und diesen gegenüber konnten die Buren, wie sie wussten, fünfzig- bis sechzigtausend aufbieten, auch wenn ihre Stammesgenossen am Cap sich nicht erheben sollten, und ihre militärische Vergangenheit hatte sie unglücklicherweise zu dem Glauben verleitet, dass solch eine aus Buren bestehende Macht, unter geschickter Benutzung ihrer besonderen Lage und Verhältnisse, ihrer eigenen Pferde im eigenen Lande, sicher dieser Anzahl Britischer Truppen weit überlegen sein würde. Sie wussten, wie ausgezeichnet ihre Artillerie war und wie vollständig ihre Rüstung. Ausser Blignants Brief mit seiner Befürchtung, Chamberlain könnte die Buren um ihren Krieg bringen, und Esselens Prahlerei, dass er sich nicht eher waschen würde, bis er die See erreicht, könnte noch eine ganze Menge Auszüge aus Briefen gegeben werden, um zu zeigen, wie zuversichtlich sie auf Erfolg hofften. Was sie nicht voraussahen und was ihre Pläne vereitelte, war jener mächtige Ausbruch des Zornes und Unwillens in der öffentlichen Meinung und zwar im ganzen Britischen Reiche, wodurch die Stärke der Armee verdreifacht wurde und erforderlichen Falles verzehnfacht worden wäre, um den Widerstand der Buren niederzuwerfen. Nachdem der Krieg erklärt worden, und lange nachher noch, waren die Buren die starke Nation und die Briten die schwache, und jede Sympathie, die unter der entgegengesetzten Voraussetzung gehegt wurde, war eine verkehrt angebrachte Sympathie. Von der Zeit an musste der Krieg seinen Verlauf nehmen, und den Briten blieb weiter keine Wahl, als ihn möglichst bald zu Ende zu bringen.

VI. Dass die Briten ein Schiedsgericht ablehnten.

Diese Behauptung hat man bis zum Ueberdruss (ad nauseam) wiederholt, aber eine nähere Untersuchung verträgt sie nicht. Es lagen gewisse Punkte vor, die durch ein Schiedsgericht erledigt werden konnten, und Grossbritannien war durchaus Willens, sie auf diesem Wege zu erledigen, d. h. sie vor ein Tribunal zu bringen, woran nur Grossbritannien und Südafrika Theil hatten. Natürlich sollte ein solches Tribunal keineswegs aus Richtern bestehen, die der einen oder anderen Partei gegenüber Verpflichtungen hatten. Es gab Männer genug, deren gemässigte und besonnene Haltung von beiden Parteien anerkannt werden würde. Solch ein Mann war z. B. Rose Innes unter den Briten und de Villiers unter denen, welche mit den Afrikandern sympathisierten. Die Regierung von Transvaal sowohl wie die Britische Regierung waren sich einig darüber, dass solch ein Tribunal competent sei, aber sie konnten sich nicht einigen über den Punkt, dass die Britische Regierung gewisse Gegenstände von diesen Schiedsgerichtsverhandlungen ausgeschlossen wissen wollte.

Wenn Grossbritannien die Vertretung fremder Nationen vom Schiedsgericht auszuschliessen wünschte, so hatte das seinen guten Grund. Hätte es sie zugelassen, so hätte es damit seine Sache von vornherein aus der Hand gegeben. Transvaal behauptete nämlich, ein internationaler Staat zu sein, was Grossbritannien in Abrede stellte. Durfte also Transvaal als par inter pares an ein Schiedsgericht der Völker appellieren, so wurde es damit ipso facto ein internationaler Staat. Das ist der Grund, weshalb Grossbritannien einen solchen Gerichtshof ablehnte.

Aber warum nicht alle Streitpunkte vor solch einen Südafrikanischen Gerichtshof bringen, wie er zuletzt von beiden Seiten acceptiert wurde? Die Antwort darauf lautet, dass es eine ungeheuere Heuchelei ist, Sachen vor ein Schiedsgericht zu bringen, von denen man im Voraus weiss, dass sie, ihrer Natur nach, unmöglich von einem solchen Gericht erledigt werden können. Milner sagte einmal: „Es ist natürlich absurd, zu denken, dass die Frage, ob die Südafrikanische

Republik die in ihrem Lande ansässigen Briten gerecht behandele oder nicht, ferner, ob die Südafrikanische Republik der Britischen Regierung mit der Rücksicht und Hochachtung begegne oder nicht, die jeder freundlich gesinnten, um so mehr einer suzeränen Macht gegenüber schicklich ist – dass dies Fragen seien, die vor ein Schiedsgericht gehören. Man kann allgemeine Fragen der Politik ebenso wenig schiedsgerichtlich verhandeln, als Fragen, wobei es sich um nationale Ehre handelt." Ueber diesen Punkt, Beschränkung des Schiedsgerichts betreffend, scheinen die leitenden Männer Transvaals ebenso im Klaren gewesen zu sein, wie die Briten, und man thut daher Unrecht, wenn man letztere allein deshalb tadeln zu dürfen glaubt. Herr Reitz hat in seinem von ihm selbst aufgestellten Programm, betreffend Schiedsgericht, folgende Klausel: „Dass jeder Partei das Recht gewahrt bleiben soll, Fragen, welche ihr zu wichtig erscheinen, um sie vor ein Schiedsgericht zu bringen, für sich zu behalten und von den Verhandlungen auszuschliessen." Die Britische Regierung war hiermit einverstanden und machte ausserdem die sehr bedeutende Concession, dass der Orange-Freistaat nicht als eine fremde Macht betrachtet werden sollte. So lagen die Dinge, als Transvaal sein Ultimatum abschickte. Immer noch bis zu der Zeit, wo der erste Schuss fiel, war die Britische Regierung zur Einsetzung eines Schiedsgerichts in der allein möglichen Form bereit, die nicht von vornherein die Hauptfrage aus den Händen gab. Transvaal aber, nachdem es der Bildung eines solchen Gerichtshofs zugestimmt hatte, liess plötzlich die Mauser- und Creusot-Gewehre als Schiedsrichter sprechen.

VII. Dass der Krieg Rache für Majuba nehmen sollte.

Unsere Niederlage in diesem Scharmützel liess ohne Zweifel eine starke Erbitterung zurück, und die Buren thaten ihrerseits nichts, um sie zu mildern. Sie nahmen ohne Weiteres an – Bryce und andere freundlich gesinnte Beobachter können es bezeugen –, dass unsere Handlungsweise nach der Schlacht nicht dem hochherzigen Wunsche entsprossen war, ein begangenes Unrecht wieder gut zu machen, sondern einer jämmerlichen Furcht. Gleich beim Beginn des Krieges waren allerdings unsere Soldaten von dem Wunsche beseelt, Rache zu nehmen für Majuba, und dieser Wunsch wurde voll und ganz befriedigt, als an dem Jahrestage jenes Ereignisses Cronje mit seinen tapferen 4.000 Begleitern die weisse Fahne zeigen musste. Das aber die Politik unseres Landes von einem solchen Wunsche, Majuba zu rächen, geleitet worden, ist eine Behauptung, die sofort hinfällig wird, wenn man bedenkt, dass seit jenem Ereignis achtzehn Jahre verflossen waren, dass während dieser Zeit die Buren durch fortwährende Erweiterung ihrer Grenzen die Verträge stets und ständig gebrochen hatten, dass schon dreimal vorher die Dinge so lagen, dass Krieg daraus entstehen konnte und der Friede dennoch aufrecht erhalten wurde. Den Buren hätte während der Jahre, wo sie ihr Land noch nicht in ein Arsenal umgewandelt hatten, der Krieg leicht aufgenöthigt werden können, und dann wäre es ihnen völlig unmöglich gewesen, einen langen Feldzug auszuhalten. Dass es nicht geschah, dass die Britische Regierung Geduld übte, bis das unerhörte Ultimatum kam, beweist zur Genüge, dass Majuba, wenn auch ein wunder Punkt in unserer Erinnerung, auf unsere Politik keinen Einfluss hatte, auch nicht haben durfte.

VIII. Welchen Beweis hat man dafür, dass die Buren sich jemals mit Angriffsplänen befassten, die gegen die Briten gerichtet waren?

Wollte man die allgemein gegen die Briten gerichteten Pläne der Buren eine Verschwörung nennen, so wäre das eine falsche Bezeichnung, denn dass den Holländern in Südafrika die Oberherrschaft zustehe, und dass derjenige Theil dieses Landes, welcher sich noch unter der Britischen Fahne befände, von dem anderen, ausserhalb derselben befindlichen Theile absorbiert werden müsse, war eine Ansicht, die in der Presse verfochten, auf der Kanzel gepredigt und auf der Rednerbühne verkündigt wurde. Diese ehrgeizige Hoffnung war so allgemein verbreitet und hatte sich der Gemüther so tief bemächtigt, dass Grossbritannien, früher oder später, vor ihr hätte das Feld räumen müssen oder, wenn es dies nicht wollte, seine Stellung mit Waffengewalt aufrecht erhalten. Grossbritannien war bereit, innerhalb seiner Grenzen den Holländischen Bürgern das Stimmrecht zu geben und die Machtbefugnis zu ertheilen, ihre Gesetze selbst zu machen, es wollte ihnen in der Religion und Politik vollständige Freiheit gewähren und ihnen ohne irgend welchen Unterschied alles geben, was ihre Britischen Genossen haben könnten. Als es aber soweit kam, dass man die Fahne herunterholen wollte, war es allerdings Zeit, sich zu wehren.

Wie dies zuging, lässt sich nicht deutlicher sagen, als mit den Worten Paul Bothas. Dieser Mann, wie ich bereits mitgetheilt, war ein „voortrekker", ebenso wie Krüger, und ein Erz-Bure, nur dass er weiter blickte und liberalere Ansichten hatte, als seine Landsleute. Er war im Freistaat-Raad Abgeordneter für Kroonstadt.

„Ich bin überzeugt“, sagte er, „dass Krügers Einfluss den Character des Afrikander-Bundes vollständig veränderte. Dieser Bund wurde, so viel ich weiss, von Hofmeyr am Cap organisiert und hatte die Tendenz, auf gesetzmässigem Wege gewisse politische Berechtigungen zu erlangen. Durch Krügers Helfershelfer aber – Sauer, Merriman, Te Water und andere – begann er, Unruhe zu stiften in der Capcolonie. Diese erfolgreiche Anti-Britische Politik Krügers hatte zur Folge, dass eine Anzahl Nachahmer – Steyn, Fischer, Esselen, Smuts und viele andere junge, gebildete Afrikander Transvaals, des Orange-Freistaats und der Capcolonie – sich zu der ehrgeizigen Hoffnung verleiten liessen, auf demselben Wege und durch dieselben Mittel sich eine ebenso hervorragende Stellung zu verschaffen.

Das Krügerthum wurde durch sie zu einer Schreckensherrschaft. Warst Du ein Anti-Krüger, so wurdest Du als ‚Engelschgezind‘ gebrandmarkt, und als ein Verräther an Deinem Volke, als ein Mensch, der es nicht werth war, gehört zu werden. Ich habe unter diesem Hohne bitter zu leiden gehabt, hauptsächlich unter Steyns Regime. Je feindlicher Du Dich England gegenüber gebahrtest, für einen desto grösseren Patrioten wurdest Du gehalten.

Diese Sippe war, wie man wohl beachten muss, über ganz Südafrika verbreitet – den Transvaal-, Orange-Freistaat und die Cap-Colonie. Sie bediente sich zur Förderung ihrer Pläne des Bonds, der Presse und der Kanzel.

Reitz, der, wie ich glaube, ein ehrlicher Schwärmer war, warf sich zum zweiten Paten des Bond auf, und er war es, der die Parole ausgab: ‚Afrika für die Afrikander. Jagt die Engländer in die See.‘ Mit diesem verführerischen Geschrei war es begreiflicher Weise nicht schwer, die Einbildungskraft unwissender und ungebildeter Buren zu entflammen und auf ihre Eitelkeit und Vorurtheile einzuwirken. Jener verderbliche Waschzettel, Carl Borckeshagens ‚Bloemfontein Express‘, hat ungeheuer viel dazu beigetragen, jene Parole im ganzen Orange-Freistaat zu verbreiten. Ich, für meine Person, glaube ganz bestimmt, dass der ‚Express' von Krüger subsidiert wurde. Für mich war es kein Geheimnis, aus welcher Quelle Borckeshagen, ein Vollblut-Deutscher, seinen glühenden Freistaat-Patriotismus bezog.

In Transvaal geschah die Agitation durch den ‚Volksstem', dessen Herausgeber, ein Holländer, von Krüger Unterstützungsgelder erhielt, ferner durch die ‚Rand Post', deren Redacteur. ein Holländer, gleichfalls von Krüger subsidiert wurde; in der Capcolonie durch den ‚Patriot', der von Intriguanten und Rebellen am Paarl, einem wahren Brutherde für falsches Afrikanderthum, gegründet worden. ‚Ons Land' mag ein ehrliches Blatt sein, aber durch die Art und Weise, wie es unausführbare Ideen nährte, hat es uns unberechenbaren Schaden zugefügt. Es schmerzt mich tief, wenn ich daran denke, dass mein armes Volk, aus Mangel an Bildung, dies Gift unverdünnt hinunterschlucken musste.

Kann man sich vorstellen, dass Steyn, Fischer und die anderen gebildeten Männer des Freistaates nicht wussten, was Krügers, gegen die vorwiegende Macht in Südafrika gerichtete, feindselige Politik bedeutete? Konnte sie etwas anderes bedeuten, als diese Macht zu zwingen, entweder mit Schimpf und Schande aus dem Lande zu ziehen oder um ihre Selbsterhaltung zu kämpfen? Denn ich behaupte, dass England als Antwort auf Krügers herausfordernde Politik nur zwischen zwei Dingen zu wählen hatte, entweder sich aus Südafrika zu entfernen oder Krieg zu führen. Nur Menschen von so erstaunlicher Aufgeblasenheit wie unsere Führer vermochten das zu übersehen und an dem schliesslichen Ausgang zu zweifeln."

So weit eines Buren offenherziger Bericht über die treibenden Kräfte und über die Einflüsse, wodurch sie unterstützt wurden. Er schildert die Situation klar und bündig; sie war ja auch deutlich genug und beherrschte die Cap-Politik. Die Bestrebungen des Afrikanderthums wurden in öffentlichen Blättern, öffentlichen Reden und in Predigten ganz ohne Scheu besprochen, obgleich die einzelnen Mittel, wodurch sie zur Ausführung kommen sollten, nur in holländischen Kreisen flüsternd besprochen wurden.

Hier gebe ich Reitz's Ansichten wieder, des Mannes, der, mit Ausnahme Krügers, seines Herrn, mehr als alle Anderen das Blut der Gefallenen auf seinem Gewissen hat. Sie finden sich in den Erinnerungen des Herrn Theophilus Schreiner, des Bruders des Ex-Premier-Ministers am Cap:

> Ich traf Herrn Reitz, den damaligen Richter im Orange-Freistaat, in Bloemfontein vor etwa siebzehn oder achtzehn Jahren, kurz nach der Abtretung von Transvaal. Er war mit der Gründung des Afrikander-Bundes eifrig beschäftigt. Es muss Jedermann einleuchten, dass zu jener Zeit England und dessen Regierung jedenfalls gar nicht daran dachten, Transvaal seiner Unabhängigkeit zu berauben, denn diese war ihm soeben in grossmüthiger Weise gewährt worden; gar nicht daran dachte, mit den Republiken Krieg anzufangen, denn es hatte soeben Frieden geschlossen; gar nicht daran dachte, die Rand-Goldfelder in Beschlag zu nehmen, denn diese waren noch gar nicht entdeckt. Also zu jener Zeit traf ich Herrn Reitz, und er that sein Möglichstes, um mich zum Anschluss an den Afrikander-Bund zu bewegen, aber nachdem ich dessen Verfassung und Programm durchstudiert hatte, lehnte ich ab, worauf im Wesentlichen folgendes Gespräch zwischen uns stattfand, das auf mich einen unauslöschlichen Eindruck gemacht hat.
>
> Reitz: Warum lehnen Sie ab? Ist nicht der Zweck, nämlich das Volk zur Theilnahme an der Politik zu veranlassen, ein guter ?
>
> Ich: Jawohl; aber ich lese hier deutlich zwischen den Zeilen dieses Programms etwas, was schliesslich auf viel mehr hinweist.
>
> Reitz: Worauf denn?
>
> Ich: Ich sehe ganz deutlich, dass man es auf die Britische Macht und deren Umsturz abgesehen hat und auf die Vertreibung der Britischen Fahne aus Südafrika.
>
> Reitz (angenehm und selbstbewusst lächelnd, wie Jemand, der seine geheimen Gedanken und Absichten entdeckt sieht und keineswegs ungehalten darüber ist): Nun, wenn dem so wäre?

Ich: Sie glauben doch nicht etwa, dass jene Fahne aus Südafrika jemals verschwinden wird ohne ein furchtbares Ringen und Kämpfen?

Reitz (mit demselben angenehmen, selbstbewussten, selbstzufriedenen und doch halb verlegenen Lächeln): Das glaube ich freilich nicht; aber selbst angenommen – was liegt daran?

Ich: Nur dieses, dass, wenn der Kampf seinen Anfang nimmt, Sie und ich uns als Feinde gegenüberstehen werden; ausserdem, der Gott, der auf Seiten Transvaals war im letzten Kriege, weil das Recht sich auf Seiten dieses Staates befand, wird dann auf der Seite Englands sein, weil Gott jedes Ränkeschmieden behufs Umsturzes der Britischen Machtstellung in Südafrika verabscheuen muss, da Er sie selbst angeordnet hat.

Reitz: Wir werden sehen.

Damit war die Unterhaltung zu Ende, aber während der siebenzehn Jahre, die seitdem verflossen sind, habe ich beobachtet, wie die Propaganda behufs Umsturz der Britischen Macht in Südafrika unaufhörlich zunahm. Jedes Mittel dazu war recht – Presse, Kanzel, Rednerbühne, Schulen, Hochschulen, die Legislatur – bis sie in dem gegenwärtigen Kriege ihren Höhepunkt erreichte, einem Kriege, den Herr Reitz und seine Mitarbeiter verursacht haben. Man darf glauben, dass der Tag, an welchem F. W. Reitz sein Ultimatum an Grossbritannien formulierte, der stolzeste und glücklichste Augenblick seines Lebens war, ein Tag, nach dem er Jahre lang ausgeschaut und den er sehnsüchtig und voll Erwartung herbeigewünscht hatte.

Mit diesen Aeusserungen eines Holländischen Politikers am Cap und eines Holländischen Politikers im Orange-Freistaat vergleiche man die folgende Stelle, die einer von Krüger im Jahre 1887, lange vor der Zeit des Jameson-Putsches und der Stimmrechtsagitationen, in Bloemfontein gehaltenen Rede entnommen ist.

Ich halte es für verfrüht, jetzt schon von einem unter einer Fahne vereinigten Südafrika zu reden. Welche Fahne sollte das sein? Die Königin von England

> würde sich weigern, die ihrige herunterzunehmen, und wir, die Burghers von Transvaal, würden uns weigern, die unsrige herunterzuholen. Was lässt sich machen? Wir sind jetzt noch klein und ohne grosse Bedeutung, aber wir wachsen fortwährend, und wir bereiten die Mittel vor, um unter den grossen Nationen der Welt unsern Platz einzunehmen.
>
> Der Traum unseres Lebens (sagte ein Anderer) ist eine Vereinigung der Staaten von Südafrika, aber dies muss von innen heraus kommen, nicht von aussen. Wenn dies geschehen, wird Südafrika gross sein.

Immer ein und dieselbe Theorie, dieselben Holländischen Gedanken überall im Lande, begleitet von vielen Anzeichen, dass man auf dem Wege war, solche Ideen zu verwirklichen. Ich sage nochmals, dass kein Historiker, mag er so gerecht und unparteiisch verfahren, wie er will, diese Bewegung wie eine Mythe von der Hand weisen kann.

Und warum auch nicht? Warum sollte man nicht so denken? Warum sollten die Leute in Bezug auf die Zukunft Südafrikas nicht ihre eigenen Ansichten haben? Warum sollten sie nicht danach trachten, eine einzige, allgemeine Fahne, eine einzige, gemeinsame Sprache zu besitzen? Warum sollten sie nicht unsere Colonisten zu sich herüberziehen, wenn sie können, und uns in die See treiben? Ich sehe keinen Grund, weshalb sie es nicht thun sollten. Mögen sie's versuchen, wenn sie's wollen. Und wir unsererseits wollen versuchen, sie zu hindern. Reden wir doch nicht länger von Britischer Eroberungssucht, kapitalistischen Absichten auf die Goldfelder, von ungerechter Behandlung eines Hirtenvolks und all den anderen Dingen, die dazu dienen sollen, den wirklichen Hergang zu verhüllen. Mögen doch diejenigen, welche von Britischen Absichten auf die Republiken reden, für einen Augenblick ihre Aufmerksamkeit der Thatsache zuwenden, dass die Republiken offenbar Absichten auf unsere Colonien hatten. Mögen sie in Betracht ziehen, dass nach Britischem System alle Weissen gleichberechtigt sind, bei den Buren aber die eine Race die andere verfolgte, und mögen sie sich fragen, auf welcher Seite die eigentlich wahre Freiheit liegt, welches System für die allgemeine Freiheit eintritt und auf welcher Seite die Reaction und der Racenhass ihr Spiel treiben. Mögen sie dies alles wohl erwägen und diese Fragen beantworten, ehe sie erklären, auf welcher Seite ihre Sympathien sich befinden.

Schon lange vor dem Kriege, als das Britische Volk und die Britische Regierung noch auf eine friedliche Beilegung der Streitfrage hofften, war jeder Burgher mit seinem Gewehr, seiner Munition und seinen Instructionen versehen. Er wusste bereits, welche Rolle er in dem Kriege, den man als ganz sicher annahm, zu spielen hatte. In Bezug auf das, was kommen sollte, scheint unter den Farmern eine ungeheure Verschwörung obgewaltet zu haben, über die man wohl mündlich sich aussprechen durfte, aber nicht schriftlich. Ein merkwürdiger Beweis dafür gelangte auf folgende Weise in meine eignen Hände: Nach einem kleinen Gefecht, bei dem ich gegenwärtig war, ging ich in ein verlassenes Buren-Farmhaus, welches der Feind inne gehabt hatte, und da ich ein kleines Andenken, das sonst keinen Werth hatte, mitzunehmen wünschte, nahm ich einige Papiere, welche mir wie Schreibübungen aussahen, die von Kindern herrührten. Das waren sie auch, darunter aber befanden sich ein Paar Briefe, von denen ich einen mittheilen will, der an Offenheit und Arglosigkeit nichts zu wünschen übrig lässt. Das Datum beweist, dass er etwa vierzehn Wochen vor der Kriegserklärung geschrieben wurde, als die Briten sich noch vertrauensvoll um eine friedliche Lösung bemühten:

> Paradys, 25. Juni 1899
>
> Mein lieber Heinrich, – ich ergreife die Feder, um Dir ein Paar Zeilen zu schreiben. Wir befinden uns alle wohl und hoffen dasselbe von Euch zu hören. Und den Brief vom 18. habe ich empfangen. Und ich bin sehr dankbar, weil ich höre, dass Ihr Euch alle wohl befindet … Hier bei uns sind die Felder sehr trocken, und die Deiche in der Nähe ebenfalls. Lieber Heinrich, bei uns ist sehr viel Krieg. Wie ist es bei Euch? Nachrichten darf man wenig schreiben, aber wir sprechen viel darüber unter uns. Ich muss jetzt meinen Brief schliessen, weil ich sehe, dass Du es müde bist, ihn zu lesen. Mit bestem Gruss für Dich und Deine Familie verbleibe ich
>
> Dein treuer Freund Peter Wiese.

Hier haben wir, meine ich, einen Beweis für jene grosse Verschwörung, nicht für blosse ehrgeizige Bestrebungen (denn es lag kein Grund vor, warum sie nicht offen besprochen werden sollte), sondern für eine wirkliche Verschwörung, wobei es sich um Waffen handelte und die Zeit, wo man sie gebrauchen wollte. Und alles dieses ging während der ganzen Zeit vor sich, wo die Regierungen der Buren ihren Entschluss, die Briten anzugreifen, hinter einer Wolke von verdächtigen Verhandlungen verbargen. Nur ein winziges Zeichen, wird man sagen; gewiss, aber wie tief und gefährlich die Strömung war, welche es kennzeichnet, hat sich deutlich genug gezeigt. Hier ist ein Brief von einem der Snymans an seinen Bruder. Er gehört einer späteren Zeit an, aber immerhin noch vier Wochen vor dem Kriege. Es heisst darin mit Bezug auf Krüger:

> Der alte Bursche war beinahe rasend darüber geworden und behauptete, die Burghers wollten ihm die Hände binden. Also, lieber Bruder, jetzt heisst es Krieg und weiter nichts. Er sagte, wir wären zu weit gegangen, und Hülfe von jenseits der See wäre thatsächlich versprochen, nur müsste Einmüthigkeit unter uns herrschen, sonst dürften wir keinen Beistand erwarten. Bruder, der alte Mann und seine Holländischen Hunde sprechen sehr leichtfertig über die Sache, aber was sollen wir machen? Wenn Jemand dagegen spricht, ist er einfach ein Rebell. Also halte ich den Mund.
>
> Drinnen im Hause heisst es Krieg und nichts als Krieg, aber im Raad ist alles Friede und Königin. Das ist die Politik, die man treibt. Ich habe weiter nichts mitzutheilen, aber erzählen könnte ich Dir sehr viel. Bruder, der alte Reitz sagt, Chamberlain wird eines schönen Tages eine grosse Ueberraschung erleben, und die Burghers dürfen nur ein Auge zumachen, wenn sie schlafen.
>
> Es geht hier das Gerücht, dass unsere Officiere und Militärbeamten Tag und Nacht arbeiten, um der alten Victoria ein Ultimatum zu senden; ehe sie fertig ist.

Ja! ja! „Drinnen im Hause heisst es Krieg und nichts als Krieg, aber im Raad ist alles Friede." Kein Wunder, dass die Britischen Vorschläge vergeblich waren.

CAPITEL 5.
DIE FRIEDENSVERHANDLUNGEN

Dies ist kein Versuch, eine Geschichte des Krieges zu schreiben – ich habe das bereits an anderer Stelle gethan – sondern nur die verschiedenen Punkte möchte ich berühren, auf Grund deren man bemüht gewesen ist, auf dem Continent und in Amerika die allgemeine Meinung irre zu leiten. Ich will jeden dieser Punkte der Reihe nach zu behandeln versuchen, nicht nach Weise eines Rechtsanwalts, der sich auf einen Streitfall vorbereitet, sondern mit dem ehrlichen Bemühen, die Sache so darzustellen, wie sie wirklich ist, selbst wenn ich Gefahr laufen sollte, von der Handlungsweise der Britischen Regierung, oder der im Felde stehenden Generäle in meinen Ansichten abzuweichen. In diesem Capitel werde ich mich mit der Friedensfrage beschäftigen und untersuchen, in wie weit die Briten Schuld daran sind, dass die Verhandlungen, nachdem sie zweimal eröffnet worden, nicht zu einem erfolgreichen Abschluss gelangten.

Im Anfange des Krieges machten die Buren siegreiche Angriffe. Sie strömten auf Britisches Gebiet, trieben die ihnen entgegengestellten geringen Streitkräfte in feste Stellungen und hielten sie dort, in Ladysmith, Kimberley und Mafeking, eingeschlossen. Gleichzeitig trieben sie die Truppen, die zum Entsatz jener Plätze ausgeschickt waren, bei Colenso und Magersfontein zurück. Während dieser langen Zeit, wo die Buren die Oberhand hatten, von October 1899 bis Februar 1900, war von Frieden keine Rede. Im Gegentheil, jeder Zoll Britischen Gebiets, der besetzt worden, wurde auch sofort annectiert, sei es von Transvaal oder dem Orange-Freistaat. Kein Mensch stellt dies in Abrede. Wo bleibt dann aber die Theorie von einem defensiven Krieg? Und was können die Buren gegen die Gerechtigkeit einzuwenden haben, welche ihr Land zu demselben Schicksal verurtheilte, nachdem sich das Blatt gewendet und wir unsererseits ihr Land besetzt hatten. Die Buren benutzten ihre zeitweiligen Siege keineswegs in massvoller Weise. Gegen Ende Januar 1900 sagte Dr. Leyds, bei Gelegenheit eines Besuchs in Berlin:

„Ich glaube, England wird uns einen guten Theil des uns früher entrissenen Gebiets zurückzugeben haben. ... Die Buren werden wahrscheinlich die Abtretung des Küstenstrichs zwischen Durban und der Delagoa-Bay mit den Häfen von Lucia und Kosi fordern. Der Orange-Freistaat und Transvaal müssen sich zu einem Staate vereinigen, zusammen mit Theilen von Natal und den nördlichen Districten der Capcolonie.“ (Daily News’ Berliner Correspondent, Febr. 1, März 16, 1900.)

Sie wollten bis an die See, und nur die Erreichung der See sollte sie zufriedenstellen. Der Krieg sollte ein Ende haben, sobald ihre Fahne über Capstadt wehte. Aber die Geschichte kam anders. Der Widerstand der Garnisonen, die Zähigkeit der Entsatztruppen, das Genie des Lord Roberts veränderte die ganze Sachlage. Die Buren wurden auf die erste ihrer Hauptstädte zurückgetrieben, und da kamen zum ersten Male Friedensvorschläge von ihrer Seite, von denen man nichts gehört hatte, so lange das Glück sie begünstigte. Hier ist Präsident Krüger’s Telegramm:

Die Präsidenten des Orange-Freistaats
und der Südafrikanischen Republik
an den Marquis von Salisbury.

Bloemfontein, 5. März 1900.

Das Blut und die Thränen der vielen Tausende, die durch diesen Krieg gelitten haben, und der Ausblick auf all das moralische und wirthschaftliche Elend, womit Südafrika jetzt bedroht ist, lassen es nothwendig erscheinen, dass beide kriegführenden Theile sich leidenschaftslos und der Gegenwart des dreieinigen Gottes bewusst, die Frage vorlegen, warum sie eigentlich Krieg führen, und ob das Ziel, das jeder im Auge hat, all dieses schreckliche Elend und diese Verwüstung rechtfertigt.

Zu diesem Zwecke und angesichts der Behauptungen verschiedener Britischer Staatsmänner, dieser Krieg sei begonnen worden und werde fortgesetzt mit der bestimmten Absicht, Ihrer Majestät Ansehen in Südafrika zu untergraben und eine, von Ihrer Majestät Regierung ganz unabhängige Verwaltung in ganz Südafrika einzusetzen, halten wir es für unsere Pflicht, feierlichst zu erklären, dass dieser Krieg einzig und allein unternommen wurde, um die bedrohte Unabhängigkeit der Südafrikanischen Republik zu vertheidigen und zu schützen, und dass er nur noch fortgesetzt wird, um die unbestreitbare Unabhängigkeit beider Republiken als souveräner internationaler Staaten zu sichern und zu schirmen, wie auch um die Zusicherung zu erlangen, dass diejenigen von Ihrer Majestät Unterthanen, welche mit uns an diesem Kriege Theil genommen, kein Leid irgend welcher Art erfahren sollen, weder an ihrer Person, noch an ihrem Eigenthum.

Unter diesen Bedingungen, und zwar nur unter diesen Bedingungen, sind wir jetzt, ebenso wie früher, von dem Wunsche beseelt, dass der Friede in Südafrika wiederhergestellt und den vielen Leiden, die jetzt in Südafrika herrschen, ein Ende gemacht werde. Wenn indessen Ihrer Majestät Regierung es darauf abgesehen hat, die Unabhängigkeit der Republiken zu zerstören, so bleibt uns und unserem Volke weiter nichts übrig, als auf dem bereits eingeschlagenen Wege bis zum Ende zu beharren, trotz der überwältigenden Uebermacht des Britischen Reichs, im Vertrauen darauf, dass der Gott, der das unauslöschliche Feuer der Freiheitsliebe in unseren Herzen und in den Herzen unserer Vorfahren angezündet, uns nicht verlassen, sondern Sein Werk an uns und unseren Nachkommen vollführen wird.

Wir hätten vor Ew. Excellenz diese Erklärung schon gern früher abgegeben, aber solange wir im Vortheil waren und unsere Truppen in Ihrer Majestät Colonien befindliche, defensive Stellungen inne hatten, befürchteten wir, dass eine solche Erklärung das Ehrgefühl des Britischen Volkes verletzen könnte; jetzt aber, nachdem das Prestige des Britischen Reichs durch die Gefangennahme einer unserer Streitmächte seitens Ihrer Majestät Truppen als gewahrt angesehen werden darf, und wir jetzt genöthigt sind, feste Stellungen, die unsere Truppen eingenommen hatten, zu räumen, ist jene Schwierigkeit gehoben, und wir dürfen daher nicht länger zögern, Ihrer Regierung und Ihrem Volke, im Angesichte der ganzen civilisierten Welt. Klarheit darüber zu verschaffen, weshalb wir kämpfen und unter welchen Bedingungen wir bereit sind, den Frieden wieder herzustellen.

Hier ist Lord Salisburys Antwort.

Auswärtiges Amt, 11. März 1900.

Ich habe die Ehre, Ew. Gnaden den Empfang des Telegramms, datiert Bloemfontein, den 5. März, zu bestätigen. Der Inhalt desselben besteht hauptsächlich in dem Verlangen, dass Ihrer Majestät Regierung die „unbestreitbare Unabhängigkeit" der Südafrikanischen Republik und des Orange-Freistaats „als souveräne, internationale Staaten" anerkenne, und in der Bereitwilligkeit, unter diesen Bedingungen den Krieg zu beendigen.

Im Anfang des vergangenen Oktobers war, auf Grund der damals geltenden Verträge, zwischen Ihrer Majestät Regierung und den beiden Republiken der Friede thatsächlich vorhanden. Einige Monate lang hatte zwischen Ihrer Majestät Regierung und der Südafrikanischen Republik eine Discussion stattgefunden, welche den Zweck hatte, gewisse, sehr ernste Unbillen, unter denen Britische Ansiedler zu leiden hatten, abzustellen. Im Verlaufe dieser Verhandlungen hatte die Südafrikanische Republik, wie Ihrer Majestät Regierung in Erfahrung brachte, bedeutende Rüstungen vorgenommen, welche zur Folge hatten, dass nun auch die Britischen Garnisonen in Capstadt und Natal in entsprechender Weise verstärkt wurden. Britischerseits hatten bis zu dem Zeitpunkte die durch die Verträge garantierten Rechte keine Beeinträchtigung erlitten. Plötzlich, unter Gewährung einer Bedenkzeit von achtundvierzig Stunden, und nach Einsendung eines beleidigenden Ultimatums, erklärte die Südafrikanische Republik Ihrer Majestät den Krieg, und der Orange-Freistaat, mit dem nicht einmal eine Discussion stattgehabt hatte, verfuhr in ähnlicher Weise. Die beiden Republiken fielen sofort in das Ländergebiet Ihrer Majestät ein, belagerten drei Städte innerhalb der Britischen Grenze, überwältigten einen grossen Theil der beiden Colonien unter grossen Verlusten an Eigenthum und Leben und glaubten, die Einwohner ausgedehnter Landestheile, welche Ihrer Majestät gehörten, behandeln zu dürfen, als ob diese Gebiete von der einen oder der anderen Republik annectiert worden wären. Die Südafrikanische Republik hatte, behufs Vornahme dieser Operationen, viele Jahre hindurch eine ungeheure Menge Kriegsvorräthe im Voraus angesammelt, offenbar mit der Absicht, sie gegen Grossbritannien in Gebrauch zu nehmen.

Ew. Gnaden machen über den Zweck dieser Vorbereitungen einige Bemerkungen negativer Art. Ich erachte es nicht für nöthig, auf die von Ihnen erhobene Frage weiter einzugehen. Das Resultat dieser Vorbereitungen, die sehr geheim gehalten wurden, war, dass das Britische Reich gezwungen ward, einer Invasion entgegenzutreten, welche dem Reiche einen kostspieligen Krieg auferlegte und Tausenden von Menschen das Leben kostete. Dies grosse Unglück ist die Strafe dafür, dass Grossbritannien in den letzteren Jahren die Existenz der beiden Republiken gestattet hat.

Angesichts des Gebrauchs, den die beiden Republiken von der ihnen gewährten Stellung gemacht haben, sowie des Unheils, das ihr unprovocierter Angriff auf Ihrer Majestät Länder hervorgerufen, kann Ihrer Majestät Regierung das Telegramm von Ew. Gnaden nur dahin beantworten, dass sie nicht in der Lage ist, sei es der Südafrikanischen Republik oder dem Orange-Freistaat, die verlangte Unabhängigkeit zuzubilligen.

Vermag irgend ein vernünftiger Mensch, einerlei, welcher Nation er angehört, zu behaupten, dass ein Britischer Staatsmann die Lage der Dinge hätte irgendwie anders beurtheilen können? Sobald der erste Schuss gefallen, zeigte die unwiderstehliche Logik der Ereignisse, dass entweder die Republiken in Afrika die Oberherrschaft erhalten oder aufhören mussten zu existieren. Für die Schonung des Oranje-Freistaats lässt sich, denke ich, manches vorbringen, aber dadurch, dass dieser Staat jeden Fussbreit Britischen Territoriums, den er in seine Gewalt bekommen konnte, annektierte, hat er sich ausserhalb streng gesetzlicher Erwägungen gestellt. Für die Schonung Transvaals liegt nicht der geringste Grund vor. Wäre dieser Staat wiederhergestellt worden, so hätten wir sofort wieder denselben Schwierigkeiten gegenüber gestanden: Die Stimmrechts-Frage, die Uitlander-

Frage, die corrupte Oligarchie, die Anti-Britische Verschwörung und alles Andere, für dessen Regelung und Ordnung wir so viel Blut und Geld geopfert haben. Die verzweifelte Lage, aus der die Britische Macht eben erst wieder emportauchte, war noch so frisch in unserem Gedächtnis, dass wir uns nicht für berechtigt halten konnten, die Möglichkeit – nein, die Gewissheit – ihrer Wiederkehr unsern Kindern zu hinterlassen. Du, der Du über uns richten willst, bedenke wohl, dass wir alles dieses schon einmal durchgemacht haben. Schon einmal, zu unseren Lebzeiten, hatten wir einen faulen Frieden zusammengeflickt und diesem Volke die Macht gelassen, uns zu schädigen. Und was war die Folge davon? Endlose Unruhen und schliesslich ein Krieg, der die Hülfsquellen des Reiches schwer auf die Probe stellte. Kann man verlangen, dass wir uns derartigem noch einmal aussetzen? Würde irgend eine Nation auf Gottes Erdboden sich dazu verstehen? Von dem Tage an, wo wir solchen Frieden unterzeichnen würden, müssten wir uns sagen, dass wir nördlich von uns einen unversöhnlichen und furchtbaren Feind haben, der sich voll Ingrimm auf den Tag vorbereitet, wo die Gelegenheit günstig ist, uns aufs Haupt zu schlagen. Kann man es uns verargen, dass wir entschlossen sind, die Angelegenheit jetzt so gründlich zu erledigen, dass sie, soviel an uns liegt, nie wieder auf der Bildfläche erscheint?

Das also war das Ende der ersten Friedensverhandlungen! Der Krieg begann von Neuem, und im Laufe der Zeit wurde auch die zweite Hauptstadt der Buren eingenommen. Präsident Krüger zog sich nach Europa zurück, Südafrika in dem Sumpfe zurücklassend, in den er es hineingeritten hatte. Auf Antrieb des Generals Botha wurden dann zum zweiten Male Friedensunterhandlungen eröffnet, die am 28. Febr. 1901 zu einer Zusammenkunft zwischen Kitchener und Botha führten. Kitchener hatte bereits erklärt, dass aus oben angegebenen Gründen eine Wiederherstellung der Unabhängigkeit unmöglich sei, und die Verhandlungen geschahen auf Grund dieser Erklärung. Hier ist Lord Kitchener's eigener Bericht über die Unterredung und über die Punkte, die in Frage kamen.

(Telegramm.)

Pretoria 1. März 1901, 14.20 Uhr.

> 28. Februar. – Ich habe eine lange Unterredung mit Botha gehabt. Er war sehr verständig, und es schien ihm sehr daran zu liegen, dass der Friede zu Stande käme. Er bat über eine ganze Reihe von Gegenständen um Information, die er, wie er sagte, seiner Regierung und seinem Volke unterbreiten würde,

und falls sie zustimmten, würde er die Oranje-Fluss-Colonie besuchen und sie veranlassen, ebenfalls sich einverstanden zu erklären. Sie sollten dann alle ihre Waffen aushändigen und dem Krieg ein Ende machen. Er sagte mir, dass sie es noch eine Zeitlang aushalten könnten, und dass er nicht sicher wüsste, ob er ohne die verlangte Unabhängigkeit den Frieden zu Stande bringen könnte. Er gab sich viel Mühe, um eine gewisse Art von Unabhängigkeit zu retten, aber ich lehnte es ab, über eine solche Möglichkeit zu verhandeln und sagte, dass eine Unabhängigkeit in beschränkter Form höchst gefährlich sei und in Zukunft wahrscheinlich wieder zum Kriege führen werde. Der Gegenstand wurde dann fallen gelassen, und –

Erstens. – Es wurde gefragt, welcher Art die künftige Regierung der Colonien sein würde. Er wollte über einzelne Punkte gern mehr erfahren, als der Colonial-Secretär mitgetheilt hatte, und ich sagte ihm, dass meiner Ansicht nach – vorbehaltlich natürlich der Zustimmung meiner Regierung – sobald die Feindseligkeiten aufgehört hätten, an die Stelle einer Militär-Wache eine Kron-Colonie-Verwaltung treten würde, bestehend aus einer ernannten Executiv-Behörde und einer erwählten Versammlung, die über Verwaltungsangelegenheiten ihren Rath geben solle. Später würde dann, nach Ablauf einer gewissen Zeit, eine repräsentative Regierung eingesetzt werden. Er hätte die repräsentative Regierung gern sofort gehabt. schien aber zufrieden mit dem Gesagten.

Zweitens. – Ob ein Bure ein Gewehr haben dürfe, um sich gegen Eingeborene zu schützen. Ich sagte, dass ihm dies wohl gestattet sein würde, nach Einholung der obrigkeitlichen Erlaubnis und nach Eintragung seines Namens bei der Polizei.

Drittens. – Er fragte, ob die Holländische Sprache geduldet werden würde. Ich sagte, dass ich glaubte, Englisch und Holländisch würden gleichberechtigt sein. Er sprach die Hoffnung aus, dass die Beamten im Verkehr mit den Farmern Holländisch verstehen würden.

Viertens. – Die Kaffern-Frage. Hierbei kam sofort das Stimmrecht der Kaffern zur Sprache. Eine Lösung der Frage schien zu sein, dass den Kaffern das Stimmrecht nicht eher gegeben werden sollte, als bis den Colonien eine repräsentative Regierung gewährt werde. Die Oranje-Freistaat-Gesetze für Kaffern wurden für gut gehalten.

Fünftens. – Das Holländische Kirchen-Eigenthum solle unberührt bleiben.

Sechstens. – Oeffentliche Gelder und Waisenfonds sollten nicht angetastet werden. Er fragte, ob die Regierung bei Uebernahme des Vermögensbestandes der Republiken auch ihre gesetzlichen Schulden übernehmen würde. Hierauf legte er ziemlich viel Gewicht und meinte, dass zu diesen auch die seit Beginn des Krieges gesetzlich contrahierten Schulden zu rechnen seien. Er sprach von Scheinen, die im Werthe von nicht ganz einer Million ausgegeben worden seien.

Siebentens.– Er fragte, ob den Farmern eine Kriegssteuer auferlegt werden würde. Ich sagte, soviel ich wüsste, würde dies nicht der Fall sein.

Achtens. – Wann die Kriegsgefangenen zurückkehren würden?

Neuntens. – Er sprach von Geldunterstützungen, um die niedergebrannten Farmen in Stand zu setzen und den Farmern eine neue Existenz zu ermöglichen. Ich sagte, dass ich dächte, eine gewisse Hülfe würde gewährt werden.

Zehntens. – Amnestie für Alle, wenn der Krieg vorbei sei. Wir sprachen von Cap-Colonisten, die sich den Republiken angeschlossen hatten, und er schien nichts dagegen einzuwenden zu haben, dass diesen das Stimmrecht versagt würde.

Ich verabredete mit ihm, dass ich schreiben und ihm die Ansicht der Regierung über diese Punkte mittheilen würde. Alles, was ich während der Unterredung äusserte, sagte ich unter dem Vorbehalt der Bestätigung seitens meiner Regierung. Es lag ihm sehr daran, bald eine Antwort zu bekommen.

Hierauf erfolgte eine (Korrespondenz zwischen Lord Kitchener, Sir Alfred Milner und Herrn Chamberlain, wobei es sich um eine genaue Bestimmung der Bedingungen handelte, welche Botha gestellt werden könnten. Das Resultat war folgendes Anerbieten, das ihm am 7. März überreicht wurde. Unter Voraussetzung einer vollständigen Ergebung seitens aller Truppen sollte:

1. Eine völlige Amnestie für alle Burghers der Republiken eintreten, soweit es sich um bona fide Kriegsthaten handele. Rebellen aus unseren Colonien würden, falls sie dahin zurückkehrten, sich einer Untersuchung wegen ihres Verhaltens zu unterwerfen haben.
2. Alle Gefangenen sollten sofort nach Hause geschickt werden.
3. Die Kron-Colonie-Regierung solle so schnell wie möglich eingesetzt werden und diese allmählich in eine repräsentative Regierung übergehen, wie sie sich in allen anderen freien Britischen Besitzungen vorfinde. Die Gerichtshöfe sollten von der Regierung unabhängig sein.
4. Die Holländische und Englische Sprache erhalten gleiche Berechtigung.
5. Die Regierung würde den Farmern bei Instandsetzung ihrer Farmen und Bauten hülfreiche Hand leisten; würde sich verpflichten, ihnen keine besondere Steuer aufzuerlegen und würde als eine Gnadenerweisung eine Million Pfund Sterling bezahlen, um die von den Republikanischen Regierungen bei ihrem eigenen Volke während des Krieges gemachten Schulden zu decken.
6. Den Burghers sollte für die Jagd der Besitz von Schiesswaffen gestattet sein.
7. Die Kaffern sollten den Schutz des Gesetzes gemessen, aber keine Stimmberechtigung haben.

> „Zum Schluss“, sagt Lord Kitchener, „muss ich Ew. Gnaden noch mittheilen, dass, wenn die Bedingungen nach Ablauf einer vernünftigen Bedenkzeit nicht angenommen werden, dieselben als annulliert angesehen werden müssen.“

Aber der verständige und ritterliche Botha konnte gegen seine Umgebung nicht aufkommen, gegen Männer, die zum grossen Theile bei einer Fortsetzung des Kampfes nichts zu verlieren hatten. Es war klar, dass er persönlich die Gewährung der Unabhängigkeit nicht für unbedingt nothwendig ansah, da er ja allen Ernstes über

Bedingungen verhandelt hatte, die auf dem Verluste der Unabhängigkeit basierten. Aber allerlei fremde Einflüsse waren gegen ihn geltend gemacht, und hier ist seine Antwort – eine Antwort, die auf beiden Seiten bereits so vielen Menschen das Leben gekostet hat:

> Ich habe die Ehre, den Empfang von Ew. Excellenz Brief zu bestätigen, in dem Sie mittheilen, welche Schritte Ew. Excellenz Regierung, im Falle einer allgemeinen und völligen Einstellung der Feindseligkeiten, zu thun bereit ist. Ich habe meine Regierung von dem Briefe Ew. Excellenz in Kenntnis gesetzt, aber, nach dem gegenseitigen Meinungsaustausch bei unserer Unterredung in Middelburg am 28. Februar d. J., werden Ew. Excellenz sicherlich nicht überrascht sein, zu erfahren, dass ich keine Neigung verspüre, die in besagtem Briefe enthaltenen Bedingungen meiner Regierung zu empfehlen und sie um eine ernste Erwägung derselben zu bitten. Ich darf noch hinzufügen, dass meine Regierung und meine ersten Offiziere durchaus meiner Ansicht sind.

Man sieht, dass Botha sich bei diesem abschlägigen Bescheid auf seine eigenen Ansichten beruft, wie er sie bei der Unterredung mit Kitchener ausgesprochen, und er selbst bezeugt dadurch, dass er sich in seinen Ansichten nicht durch irgend welche Aenderungen, die Chamberlain in den Bedingungen vorgenommen haben mochte, bestimmen liess, und doch ist dies ein Punkt, den die Feinde Chamberlains ihm mit Vorliebe zum Vorwurf machen.

Es lässt sich unmöglich sagen, in wie weit Grossbritannien, wollte es nicht die Unabhängigkeit gewähren, günstigere Bedingungen hätte anbieten können; wir haben aber schon gezeigt, dass die Gewährung der Unabhängigkeit gleichbedeutend, gewesen wäre mit der Nothwendigkeit, den Krieg nochmals durchzukämpfen. Man hat gemeint, dass Grossbritannien einen bestimmten Zeitpunkt hätte angeben können, an welchem repräsentative Institutionen in Kraft treten sollten, aber ein solches Versprechen wäre unredlich gewesen, da dessen Erfüllung nicht von einem Zeitpunkte, sondern nur von dem Zustande im Lande selbst abhängig gemacht werden durfte. Das Anerbieten von Darlehen für die Farmer, damit sie ihre Farmen wieder aufbauen und mit dem nöthigen Inventar versehen könnten, zeugte sicherlich von Edelmuth gegen unsere besiegten Feinde, und es ist in der That jetzt klar, dass wir in mancher Hinsicht zu edelmüthig waren und dass die Reichsinteressen ernstlich darunter gelitten haben würden, hätten die Bedingungen Annahme gefunden. Würden wir noch mehr gewährt haben, so hätten wir damit den Frieden sicherlich nicht angeboten, sondern ihn erfleht.

Welcher Art auch die Friedensbedingungen schliesslich sein mögen, so darf man doch hoffen, dass 40.000[1] männliche Kriegsgefangene nicht in ihre Heimath zurückkehren werden, als hätten sie ein Anrecht darauf, sondern nur dann, wenn sie für ihr künftiges Verhalten eine gewisse Garantie leisten. Es ist ebenfalls sehr zu wünschen, dass die verfälschte Taal-Sprache, welche keine Literatur besitzt und fast ebenso unverständlich für einen Holländer ist, wie für einen Engländer, nicht länger officiell anerkannt werden wird. Diese beiden Unterlassungen können vielleicht im Laufe der Zeit einen gewissen Ersatz bieten für die langwierigen und mühseligen Monate des Extra-Krieges, seitdem, nach Bothas Ablehnung, die Britische Regierung ihre Bedingungen zurückzog und der Zeiger auf dem Zifferblatt des Schicksals weiter vorrückte, um niemals wieder zurückzukehren. De Wet hatte mit Bezug auf Kitcheners Friedensbedingungen gesagt: „Was kann es nützen, all die Punkte zu prüfen, da der einzige Zweck, weshalb wir Krieg führen, unsere Unabhängigkeit und unsere nationale Existenz ist?“ Es ist indessen klar, dass Botha hierin kein unbedingtes Hindernis für eine Erneuerung der Verhandlungen sah, denn am 10. Mai, zwei Monate später, schrieb er au Lord Kitchener nachstehenden Brief:

> Lager des commandierenden Generals,
> 10. Mai 1901.
>
> Excellenz, – Wie ich Ew. Excellenz schon versichert habe, hege ich den lebhaften Wunsch, dem Kriege und dessen traurigen Folgen ein Ende zu machen. Nach dem „Grondwet“ und anderen Gesetzen dieser Republik ist es indessen erforderlich, dass, ehe irgend welche Schritte in dieser Richtung geschehen, Seine Gnaden, der Staats-Präsident Krüger, der sich in Europa befindet, von der Lage unseres Landes und unserer eignen Lage in Kenntnis gesetzt werde. Ich wünsche daher zwei Personen zu ihm zu schicken, um ihm über die gegenwärtige Sachlage volle Aufklärung zu geben.

1 Hierunter befinden sich auch die erwachsenen, männlichen Insassen der Flüchtlingslager. Die Zahl der eigentlichen Kriegsgefangenen belief sich am 14. Februar 1902 auf 29.000.

Da es für die beiden streitenden Parteien von grosser Wichtigkeit ist, dass diese Angelegenheit keinen Aufschub erleide, und eine solche Deputation, ohne Hülfe seitens Ew. Excellenz, viel Zeit in Anspruch nehmen würde, so sollte es mich freuen. von Ew. Excellenz zu erfahren, ob Ew. Excellenz geneigt ist, mir bei der Beschleunigung der Sache behülflich zu sein und einem oder mehreren solcher Boten zu erlauben, dass sie ungehindert hin- und zurückreisen und erforderlichen Falls die unter Ew. Excellenz Controlle stehenden Handelsverbindungen zu benutzen. Ich habe u.s.w.

Louis Botha
Commandierender General.

Hierauf antwortete Kitchener:

Hauptquartier der Armee. Südafrika,
Pretoria, 16. Mai 1901.

Ew. Gnaden, – Ich habe die Ehre, den Empfang des mir von Ew. Gnaden unter dem 10. d. M. zugesandten Briefes zu bestätigen und, in Beantwortung desselben, erlaube ich mir zu bemerken, dass ich, in Betreff Einstellung der Feindseligkeiten, nur mit Ihnen und Ihren im Felde befindlichen Vorgesetzten verhandeln kann und dass ich den amtlichen Character irgend welcher anderer Personen in den vormaligen Republiken des Orange-Flusses und Transvaals nicht anerkenne.

Wenn indessen Ew. Gnaden den Wunsch hegt, behufs Beendigung der Feindseligkeiten, irgend eine Person in Europa zu Rathe zu ziehen, so werde ich jedes Telegramm, das Ew. Gnaden über diesen Gegenstand abzusenden wünscht, befördern und Ihnen die Antwort zuschicken. Sollte indessen Ew. Gnaden dennoch lieber Boten absenden, so bitte ich um gefällige Mittheilung ihrer Namen und ihres amtlichen Characters. Ich werde dann Ihrer Majestät Regierung die Sache zur Entscheidung vorlegen. Ich habe u.s.w.

Kitchener
General
Commandant der Britischen Truppen in Südafrika.

Um diese Zeit – es war die zweite Woche des Monats Mai – stand es um die Sache der Buren sehr misslich, da an demselben Tage, an welchem Botha wieder Verhandlungen anknüpfte, die er bereits für endgültig abgeschlossen erklärt hatte, auch Reitz (der Mann, der die ganze Sache als einen Hauptspass anzusehen pflegte) einen verzweiflungsvollen Brief an Steyn schrieb, in dem er sagte, das Spiel sei vorüber, und es sei an der Zeit, den letzten, entscheidenden Schritt zu thun. Von Krüger kam eine Antwort, in der er die Buren ermuthigte. ihren hoffnungslosen und verhängnisvollen Widerstand nicht aufzugeben. Er sagte, dass noch grosse Hoffnung auf einen glücklichen Ausgang des Krieges vorhanden sei, und dass er geeignete Schritte gethan habe, um den Burischen Gefangenen und geflüchteten Frauen die nöthige Fürsorge zu erwirken. Diese Schritte – und es waren sehr wirksame Schritte – bestanden darin, dass er sie dem Edelmuth jener Regierung überliess. die er immer so gern geschmäht hatte. Es sind Anzeichen vorhanden, aus denen man schliessen muss, dass sich etwas ereignet hatte, wodurch sie neue Hoffnung und neue materielle Hülfsmittel erhalten hatten. Es sieht ganz so aus, als wenn um jene Zeit eine grosse Menge Gewehre und Munition, möglicherweise auch Rekruten von irgendwoher zu ihnen gelangten, sei es vom Deutschen Damaraland oder von der Portugiesischen Küste. Jedenfalls ist seitdem so viel Munition verbraucht worden, dass entweder Reitz sie toll verschwendete, oder die Buren aus einer unbekannten Quelle bedeutende Zufuhr erhielten.

So viel über die officiellen Friedensversuche.

Ich habe sie ziemlich ausführlich mitgetheilt, um zu beweisen, wie falsch es ist, zu behaupten, die Britische Regierung habe auf einer bedingungslosen Uebergabe bestanden. Im Gegentheil, die von der Britischen Regierung gestellten Bedingungen waren so grossmüthig, dass sie hier zu Lande grosses Misstrauen und eine heftige Kritik hervorriefen, da es schien, als hätte die Regierung alles, was mit dem Schwert gewonnen worden war, mit der Feder wieder fortgegeben. Man hat dem Feinde alles gewährt, nur nicht die Unabhängigkeit, und diese kann nie gewährt werden, sollte der Krieg auch so lange dauern, bis der letzte Bure aus Afrika deportiert worden ist.

Ueber die nicht officiellen Friedensbemühungen der Buren können wir kurz hinweggehen. Eine beträchtliche Anzahl Buren, unter denen sich viele einflussreiche und intelligente Männer befanden, waren nicht abgeneigt, die Britische Fahne anzuerkennen und sich im Lande ruhig niederzulassen. Die Führer dieser Partei waren der brave Piet de Wet, Christians Bruder, Paul Botha. aus Kronstadt, Fraser aus Bloemfontein und Andere. Piet de Wet, der ebenso tapfer wie nur irgend ein Anderer gegen uns gefochten hatte, schrieb an seinen Bruder: „Ist es besser, dass die Republiken ihren Kampf fortsetzen und die Gefahr laufen, als Nation vollständig vernichtet zu werden, oder dass sie sich unterwerfen? Dürfen wir auch nur für einen Augenblick daran denken, das Land, falls es uns angeboten würde, samt den Tausenden von Menschen zurückzunehmen, die der Unterstützung der Regierung bedürfen, einer Regierung, die keinen Pfennig im Besitz hat? Lass alle Leidenschaft für einen Augenblick beiseite und gebrauche Deinen gesunden Menschenverstand, Du wirst dann mit mir der Ansicht sein, dass es fürs Volk und fürs Land am Besten ist, nachzugeben, der neuen Regierung treu zu sein und eine verantwortungsfähige Regierung zu erhalten." Solcher Art waren die Empfindungen vieler der Besten unter den Burghers, und sie bemühten sich, ihre Gefährten zu überreden. Sowohl in Transvaal wie im Freistaat bildeten sich Friedenscomitees unter den Burghers, und es wurden von ihnen Deputierte abgesandt, die ihren Brüdern unter Commando die thatsächliche Lage der Dinge vor Augen stellen sollten. Der Erfolg war tragisch. Zwei der Abgesandten, Morgendaal und de Koch, wurden kaltblütig erschossen, nachdem der erstere zuvor durchgepeitscht worden war. Verschiedene andere wurden gleichfalls gepeitscht, und alle wurden misshandelt.

Diese Grausamkeit hielt indessen die Bewegung nicht auf, sondern machte ihren Charakter nur trotziger. Da die Burghers, die für den Frieden waren, es für nutzlos erachten mussten, mit ihren Landsleuten zu verhandeln, und da sie einsahen, dass durch deren wahnsinnigen Widerstand ihr Land hoffnungslos zu Grunde gehen würde, nahmen sie zum letzten Mittel Zuflucht und ergriffen die Waffen gegen ihre eigenen Leute. Zur Zeit kämpfen drei starke Burgher-Commandos auf Britischer Seite, befehligt von drei Buren-Generälen – Marais, Celliers und dem jüngeren Cronje, die sich alle im Kampfe gegen uns einen Namen gemacht hatten.

Diese Thatsache ist an und für sich von grosser Bedeutung, um die Mythen über Britische Barbarei zu widerlegen, mit denen ich mich sogleich beschäftigen werde. Politische Fanatiker in England und irre geführte Leute im Ausland glauben an diese Märchen, aber die Antwort, welche viele Buren auf dieselben geben, ist die, dass sie zur Britischen Fahne schwören und unter derselben kämpfen. Sie befinden sich doch an Ort und Stelle am besten in der Lage, die Wahrheit zu kennen. Und wie können sie besser zum Ausdruck bringen, was sie für Wahrheit halten?

CAPITEL 6.
DAS NIEDERBRENNEN DER FARMEN

Aus der veröffentlichten, officiellen Correspondenz, die zwischen den Burischen und Britischen Führern stattfand, ist sehr klar zu ersehen, woher es kam, dass diese Massregel einen Umfang annahm, der bei der öffentlichen Meinung allgemeines Entsetzen erregte. Auch muss man gestehen, dass, abgesehen von moralischen Rücksichten, die Resultate die Massregel nicht rechtfertigten, denn eine Familie, deren Besitzthum niedergebrannt worden ist, wird am wenigsten geneigt sein, sich schliesslich ruhig niederzulassen, und doch müssen wir wünschen, dass die Buren sich schliesslich als zufriedene Britische Bürger ansiedeln werden. Andererseits darf man nicht übersehen, dass eine Nation, die sich auf den Guerilla-Krieg einlässt, das ganze Land all den Leiden, die eine solche Taktik stets mit sich bringt, geflissentlich aussetzt. In allen Kriegen und zu allen Zeiten war dies der Fall. Eine Armee, die durch Guerillas gereizt wird, schlägt wüthend um sich und gelegentlich ohne alle Rücksicht. Eine Armee, die fortwährend von Buschkämpfern belästigt wird, wird ungeduldig und schlägt auch manchmal über die Stränge. Dann kann auch ein General in die Lage kommen, jene härteren Massregeln zu ergreifen, auf die Beispiele aus früheren Zeiten und die eigne Erfahrung ihn hinweisen. Dass indessen diese Massregeln nicht bis zum Aeussersten getrieben wurden, beweist der Umstand, dass der erwischte Guerilla-Kämpfer als Kriegsgefangener behandelt wurde und nicht wie sein Prototyp, der Franctireur. Die allgemeine Frage, betreffend Guerillas, soll später behandelt werden. Vorläufig wollen wir nur unsere Aufmerksamkeit auf das Niederbrennen der Farmen richten.

Der erste Protest seitens der Buren datiert vom 3. Februar 1900. Die beiden Präsidenten erheben darin gegen die Britischen Truppen die Anklage auf „Niederbrennen und Sprengen mittelst Dynamit von Farmhäusern und auf Verwüstung der Farmen“. Das Dokument enthält auch die Beschuldigung, dass bewaffnete Eingeborene gegen die Buren ins Feld geschickt seien.

Lord Roberts antwortete am 5. Februar, dass die Britischen Truppen strenge angewiesen seien, Privateigenthum zu schonen.

„Jede muthwillige Zerstörung und jede Schädigung friedlicher Einwohner befindet sich im Widerspruch mit Britischer Praxis und Tradition und wird erforderlichen Falls von mir streng geahndet werden.“ Er fügte hinzu, dass die Behauptung, Eingeborene wären von Britischen Offizieren zum Plündern aufgefordert worden, auf Unwahrheit beruhe. Diese Anklage, welche auf dem Continent zum Gegenstand vieler wirksamer Zeichnungen gemacht worden, ist ebenso absurd, wie die meisten anderen Werke derselben Künstler. Warum sollte der Staat. der die Hülfe seiner eigenen wohl disciplinierten Indischen Armee von 150.000 Mann von der Hand wies, die Hülfe der Wilden in Anspruch nehmen? Lord Roberts trat dieser Behauptung mit gebührender Wärme entgegen, und seitdem ist in dem Austausch von Depeschen keine Rede mehr davon gewesen.

Lord Roberts begnügte sich nicht mit dieser schriftlichen Zurückweisung Burischer Behauptungen, sondern drehte den Spiess um:

„Ich bedaure sagen zu müssen, dass die Republikanischen Truppen es sind, welche den Krieg nicht immer in Uebereinstimmung mit dem Brauch civilisierter Nationen geführt haben. Ich erinnere dabei in Sonderheit an den Umstand, dass treue Unterthanen Ihrer Majestät in den vom Feinde besetzten Districten aus ihren Heimstätten vertrieben wurden, nur weil sie sich von den Eindringlingen nicht „commandieren“ lassen wollten. Wenn man, unter Androhung von Beraubung und Vertreibung, Jemand zu zwingen sucht, gegen seinen eignen Souverän und sein eignes Land Partei zu nehmen, so ist das Barbarei. Männer, Frauen und Kinder mussten in Folge solcher Gewaltmassregeln ihre Heimath verlassen, und Viele von ihnen, die früher in guten Verhältnissen lebten, sind jetzt auf Mildthätigkeit angewiesen.“

Er fügt hinzu: „Ich erlaube mir. Ew. Gnaden auf die muthwillige Zerstörung von Eigenthum seitens der Burischen Truppen in Natal aufmerksam zu machen. Dieselben begnügten sich nicht nur damit, das Vieh und anderes Besitzthum der Farmer nach Belieben und ohne Zahlung an sich zu nehmen, sondern haben sogar in vielen Fällen Alles zerstört, was sich in den Farmhäusern befand. Als ein Beispiel dafür möge Herrn Theodor Wood's Farm ‚Longwood‘ nahe Springfield, hier genannt werden. Wie ganz anders benehmen sich dagegen die Britischen Truppen. Man hat mir vom Modder Fluss aus berichtet, dass Farmen, die sich thatsächlich innerhalb des Britischen Lagers befanden, nie betreten wurden, vielmehr blieben die Inhaber derselben unbelästigt und ihre Häuser, Gärten und ihre Kornfelder gänzlich unberührt.“

Am 26. März erliess Lord Roberts eine Proclamation, worin er sich in unmissverständlicher Weise über den Gegenstand „Privateigentum“ aussprach. Es heisst darin:

„Die nachstehende Proclamation, die im Namen Ihrer Majestät Regierung am 26. März erlassen wurde, beginnt: Es wird hiermit zur Kenntnis gebracht, dass alle Personen, die innerhalb der Territorien der Südafrikanischen Republik oder des Orange-Freistaates zu muthwilliger Zerstörung oder Schädigung Vollmacht ertheilen oder sich derselben schuldig machen, oder muthwillige Zerstörung und Beschädigung von Staats- oder Privat-Eigenthum anrathen, unterstützen oder dabei helfen, soweit eine solche Zerstörung durch die Bräuche und Massregeln civilisierter Kriegsführung nicht gerechtfertigt ist, mit ihrer Person und ihrem Eigenthum für jede solche muthwillige Zerstörung oder Schädigung aufzukommen haben.“

Dies geschah während der Zeit, wo die Truppen in Bloemfontein Halt machten. Ich erinnere mich noch sehr wohl, dass die Rücksicht, die in dieser Beziehung verlangt wurde, damals und noch lange nachher allen denjenigen, welche sich an Ort und Stelle befanden, übertrieben und absurd erschien. Ich erinnere mich, dass, als wir um Erlaubnis baten, verlassene Villen zur Unterbringung erkrankter Soldaten zu benützen – die Hospitäler waren bereits voll – man uns sagte, dies könne nur auf Grund eines mit den Eigenthümern abzuschliessenden Privatvertrages geschehen, mit Eigenthümern also, die zu jener Zeit gegen uns im Felde standen. Auch erinnere ich mich, dass der Vorschlag, man solle die eisernen Einfassungen des Cricket-Platzes zur Herstellung von Baracken verwenden, von der Hand gewiesen wurde, weil das Privateigenthum sei.

Dieselbe übertriebene Rücksichtnahme auf persönliches Eigenthum zeigte sich auf dem ferneren Marsche Lord Roberts’. Das Land, durch welches er marschierte, schwärmte von Rinder- und Schafherden, aber mit derselben skrupelhaften Achtung vor den Eigentumsrechten, wie Wellington sie in Südfrankreich gezeigt hat. wurde keinem hungrigen Soldaten gestattet, sich so viel wie ein kleines Huhn anzueignen. Jede Plünderung wurde auf der Stelle und streng bestraft. Es ist wahr, dass hie und da Farmen niedergebrannt wurden und das Inventar confisciert wurde, aber dies geschah immer nur als eine Strafe für ein besonderes Vergehen und aus keinem anderen Grunde. Der wegemüde Tommy schielte nach den fetten Gänsen, die auf dem Deich an der Landstrasse grasten, aber wenn ihm sein Leben lieb war, so wagte er es nicht, jene verführerischen, weissen Hälse mit seinen Fingern zu umschliessen. Von schmutzigem Wasser und zähem Fleisch lebend, zog er durch ein Land der Fülle und des Ueberflusses.

Ein schlagendes Beispiel von Britischer Disciplin und Schonung in unserer Armee lieferte um jene Zeit, als der Krieg auf Seiten der Buren noch als regulär bezeichnet werden konnte. Rundle's Division, die „Hungrige Achte" getauft. Die Division hatte das Unglück, mehrere Monate lang in einiger Entfernung von der Eisenbahn stationiert zu werden, und hatte in Folge dessen viele Mühe, Nachschub zu erlangen. Sie wurde eine geraume Zeit hindurch auf halbe Rationen gesetzt, und ihre Kräfte nahmen in solchem Grade ab, dass ihre militärische Brauchbarkeit schwer darunter litt. Und doch lebten sie in einem Land des Ueberflusses – einem Lande mit grossen Farmen, wo Nahrung aller Art sich vorfand. Warum es nicht möglich war, diese Nahrungsmittel für diese Leute zu erlangen, weiss ich nicht, aber ich weiss, dass die Preise für Brot, Eier und andere solche Dinge von den Frauen der Farmer sehr hoch gehalten wurden, während die Farmer selbst sich im Felde befanden, und dass die hungrigen Soldaten ganz ausser Stande waren, diese Preise zu zahlen und nicht die Erlaubnis erhielten, sich die ihnen so nothwendige Nahrung anzueignen.

Am 19. Mai, als Lord Roberts' Truppen auf Pretoria losmarschierten, sandte De Wet ein Schreiben an ihn, worin er sich über die Zerstörung von zwei Farmen, Paarde Kraal und Leeuw Kop, beschwerte. Lord Roberts erwiderte, dass diese beiden Farmen deshalb zerstört wären, weil von dort aus auf seine Truppen gefeuert worden waren, obwohl dass die weisse Fahne über den Gebäuden geweht hätte. „Ich habe in der Nähe von Kronstad zwei Farmen aus gleichen Gründen zerstört", fügte er hinzu, „und werde in Zukunft alle solche Fälle von Verrath mit Zerstörung derjenigen Farmen bestrafen, wo sie vorkommen." Diese Politik ist doch klar und bestimmt genug und hat mit muthwilliger Zerstörung von Farmen nichts zu schaffen. Wie konnte irgend ein General anders verfahren, ohne ungerecht gegen seine eigenen Leute zu werden? Jene Farmen und alle anderen, die zu dieser Categorie gehörten, wurden mit Fug und Recht zerstört – die Familien erhielten, ohne jegliche Gewalt, einen Platz angewiesen, wo sie in Sicherheit waren.

In den nachstehenden Worten nehmen die Vorstellungen des Buren-Commandanten eine bestimmtere Wendung: „Es gelangen häufig Klagen an mich", schreibt er, „dass Privatwohnungen geplündert und zuweilen gänzlich zerstört werden, dass man den Frauen und Kindern alle ihre Vorräthe wegnimmt, so dass sie gezwungen sind, ohne Nahrung und Behausung umherzuwandern. Um einige Beispiele zu geben: Es ist mir soeben, unter Beifügung eines eidlichen Zeugnisses, kundgegeben, dass das Haus des Feld-Cornets S.

Buys auf der Farm Leeuwspruit-District, Middelburg, in Brand gesteckt und am 20. Juni d. J. zerstört wurde. Seiner Frau, die zu Hause war, gab man fünf Minuten Zeit, um ihr Bettzeug und ihre Kleidung herauszuschaffen und selbst das, was sie herausbrachte, wurde ihr wieder abgenommen. Ihre Nahrungsmittel, Zucker u. dergl., alles wurde ihr genommen, so dass sie samt ihren Kindern für die folgende Nacht weder Nahrung noch Unterkunft hatte. Der Schlüssel zu ihrem Geldschrank wurde ihr abgefordert, und als sie ihn abgegeben, bedrohte man sie mit einem Schwerte und verlangte Geld. Alles Geld, das im Hause war, wurde weggenommen, alle unter Verschluss befindlichen Papiere wurden zerrissen, und alles, was sich nicht wegbringen liess von der Heimstätte, wurde zerstört. Das Haus des Sohnes des Feld-Cornets Buys wurde ebenfalls zerstört, die Thüren zerbrochen, die Fenster eingeschlagen u.s.w.

„Man hat mir auch berichtet, dass meine eignen Gebäude auf der Farm Varkenspruit, District Standerton, sowie das Haus des Feld-Cornets Badenhorst auf der benachbarten Farm, völlig zerstört wurden und dass alles Vieh, das man nicht mitnehmen konnte, auf der Farm niedergeschossen wurde. Ausserdem liegt eine eidliche Aussage der Frau Hendrik Badenhorst vor, die für sich selbst spricht. Ich kann mir nicht denken, dass solche gottlosen Handlungen mit Ew. Excellenz Zustimmung geschehen, und erachte es deshalb für meine heilige Pflicht, gegen solche Zerstörungswuth und Rachsucht aufs Schärfste zu protestieren, da sich dergleichen mit civilisierter Kriegsführung vollständig im Widerspruch befindet."

Der grössere Theil dieser Gewalttätigkeiten war in General Bullers Distrikt von Transvaal vorgekommen. Ihm wurde deshalb die Sache überwiesen. Er bekannte, dass er sechs Farmhäuser habe zerstören lassen:

„Folgende Umstände veranlassten mich dazu. Beim Einmarsch in Transvaal liess ich die beigefügte Proklamation (A) überall auf meiner Marschroute vertheilen. Wir marschierten von Volksrast nach Standerton ohne nennenswerthen Widerstand. Kurz nach unserer Ankunft in Standerton wurde unser Telegraphendraht mehrere Nächte hintereinander zerschnitten, und man machte Versuche, den Militärzug durch Legung von Dynamitpatronen, an denen sich Zündschnüre befanden, zu beschädigen. Diese Versuche wurden alle auf den obengenannten Gütern oder in deren nächster Nachbarschaft gemacht. Wir stellten Wachen aus und fanden, dass dieselben nicht von einer geordneten, feindlichen Truppenabtheilung ausgingen, sondern von einigen wenigen zerstreuten Banditen, die zur Nachtzeit in den später von mir zerstörten Häusern Unterkommen fanden, und die von da aus unsere Patrouillen, wenn sie konnten, zu ermorden versuchten und des Nachts hervorkamen, um den Zug zu beschädigen. Es wurde ferner festgestellt, dass diese Leute durch Varkenspruit kamen und meistens auch dahin zurückkehrten. Ich liess nun Exemplare der Proclamation (A) in jedem Hause abgeben und den Bewohnern jedesmal dabei die Warnung ertheilen, dass diese Räubereien nicht vorkommen dürften und dass Menschen, die unter unserem Schutze lebten und trotzdem jener Art von Leuten in ihren Häusern Schutz gewährten, ohne uns davon Anzeige zu machen, die Folgen zu tragen hätten, und ihre Häuser zerstört werden würden. Diese Warnung blieb für einige Tage nicht ohne Wirkung, aber am 1. und 2. Juli fing die Geschichte von Neuem an, und am 7. Juli liess ich die Häuser zerstören, nachdem ich zuvor den deutlichsten Beweis erhalten hatte, dass dieselben regelmässig als Zufluchtsstätten dienten für Leute, die uns feindlich gesinnt waren, ohne unter irgend einem Commando zu stehen, kurzum für Leute, die sich nicht anders benahmen, als Banditen. Die Frauen und Kinder auf den Farmen wurden mit so wenig Unbequemlichkeit für sie, als möglich, anderswo untergebracht.“

Hier kann man wiederum unmöglich daran zweifeln, dass die Britischen Commandanten in ihrem vollen Rechte waren. Es ist ja wahr, dass nach Artikel XXIII der Haager Verträge es ungesetzlich ist, das Eigenthum des Feindes zu zerstören, aber es heisst dabei: „Es sei denn, dass die Noth des Krieges solche Zerstörung unbedingt erheischt.“ Nun, ich denke, nichts ist im Kriege so dringend erforderlich, als die Erhaltung der Communicationsmittel einer Armee. Eine vorausgehende Klausel desselben Artikels erklärt es für ungesetzlich, „Individuen, die der feindlichen Armee angehören, in verrätherischer Weise zu töten oder zu verwunden“. Es lässt sich nicht bestreiten, dass es „in verräterischer Weise töten und verwunden“ heisst, wenn man unter dem Schutz eines Farmhauses, das die weisse Fahne zeigt, Angriffe macht, und die Handlungsweise der Briten wird also aus doppeltem Grunde gesetzlich, ja sogar unvermeidlich. Die Botschaft Lord Roberts’ an De Wet vom 3. August 1900 wiederholt noch einmal seine Absichten und seine Gründe dafür:

> In letzterer Zeit sind viele meiner Soldaten von Farmhäusern aus, über denen die weisse Fahne wehte, erschossen worden, die Eisenbahn- und Telegraphenlinien hat man zerstört und Züge zum Entgleisen gebracht. Nachdem ich deshalb Ew. Gnaden gewarnt hatte, fand ich für nöthig, Schritte zu thun,

welche gegen den Kriegsbrauch nicht Verstössen, die Wiederkehr solcher Thaten aber verhindern, d. h. ich habe die Farmhäuser, wo und. in deren Nähe sie geschahen, niedergebrannt. Dies werde ich auch in Zukunft thun. wenn die Noth mich dazu zwingt.

Das Heilmittel liegt in Ew. Gnaden Händen. Die Zerstörung von Eigenthum ist mir im höchsten Grade zuwider, und ich werde mich ausserordentlich freuen, wenn durch Ew. Gnaden Mitwirkung in der Sache sie in Zukunft unnöthig wird.

Hier entsteht die Frage, ob es gesetzlich ist, Farmhäuser niederzubrennen, welche sich in der Nähe des Platzes befinden, wo die Eisenbahn zerstört worden. Diese Frage drängte sich mir unwillkürlich auf, als ich die langen Rauchwolken von sechs Farmhäusern aufsteigen sah, unter denen sich auch De Wet's Haus befand, in der Nachbarschaft von Roodeval. Es herrscht nicht der geringste Zweifel darüber, dass in dem Krieg von 1870 – dem klassischen Typus moderner Kriegsführung – die Dörfer und Bewohner, in deren Nähe eine Eisenbahnzerstörung vorkam, streng bestraft wurden. Aber die Haager Verträge waren damals noch nicht unterzeichnet. Auf der einen Seite kann man geltend machen, dass ohne solche disciplinarische Massregeln es unmöglich ist, eine 1.000 Englische Meilen lange Eisenbahn, die ganz durch feindliches oder halbfeindliches Gebiet läuft, in Stand zu halten. Und ebenso, dass „die Noth des Krieges es unbedingt erheischt“. Andererseits heisst es in Artikel L: „Für Thaten, die von Einzelnen begangen wurden, kann die Bewohnerschaft als solche nicht verantwortlich gemacht und darum auch nicht dafür bestraft werden.“ Beides ist richtig, aber dasjenige, was im einzelnen Falle die stärkste Beweiskraft haben wird, ist der Trieb der Selbsterhaltung. Eine Armee, die sich in einer Lage befindet, wie die, worin die Britische Armee sich befand, d.h. abhängig ist von ihren Communicationsmitteln, um Nachschub zu erhalten, ist gezwungen, dieselben frei zu halten, selbst wenn sie dabei dem Wortlaut der Verträge einen Zwang anthut. In Wirklichkeit hielt das Niederbrennen der Farmen die Zerstörung der Eisenbahn nicht auf. trug – aber sehr dazu bei, die Bevölkerung zu erbittern.

Ein General jedoch, der innerhalb eines Monats dreissig Mal von seiner Operationsbasis abgeschnitten war, sah sich genöthigt, die Frage der Gesetzlichkeit den Juristen zu überlassen und Mittel zu ergreifen, welche dem Aergernis ein Ende zu machen versprachen. Einzelne mussten diese Strafe ohne Zweifel als eine grausame Ungerechtigkeit empfinden. Andere mögen sie aber wohl thatsächlich verdient haben.

Am 2. Sept. machte Lord Roberts General Botha mit seinen Absichten bekannt:

> Mein Herr – Ich habe die Ehre, mich an Ew. Gnaden zu wenden. Es handelt sich um die Operationen jener verhältnismässig kleinen Banden von bewaffneten Buren, die sich in der Nähe unserer Communicationslinien auf den Farmen verstecken, um von da aus die Eisenbahn zu beschädigen; sie bringen dadurch natürlich die mit dem Zuge kommenden Reisenden, seien es Combattanten oder nicht, in die grösste Lebensgefahr.
>
> 2. Der Grund, weshalb ich auf diesen Gegenstand von Neuem zurückkomme, liegt in dem Umstände, dass, ausser den Districten, die von der unter Ew. Gnaden persönlichem Befehl stehenden Armee besetzt sind, sich nirgends mehr eine geordnete Abtheilung von Burischen Truppen vorfindet, weder in Transvaal, noch in der Orange-Fluss-Colonie. Der Krieg artet dadurch in Operationen aus, die von irregulären und unverantwortlichen Guerillas ausgeführt werden. Dies würde in jeder Beziehung für das Land so verderblich und beklagenswerth sein, dass ich mich verpflichtet fühle, alles aufzubieten, um es zu verhindern.
>
> 3. Die Befehle, die ich zur Zeit ertheilt habe, um diesen meinen Ansichten Nachdruck zu verleihen, sind: Diejenige Farm, die dem Orte, wo eine Eisenbahnbeschädigung oder Zugentgleisung versucht worden, am nächsten liegt, soll niedergebrannt werden; von allen innerhalb eines Radius von zehn Englischen Meilen befindlichen Farmen sollen alle Lebensmittel, alles Vieh u.s.w. genommen werden.

Falls diese Strafe überhaupt als gesetzlich anzusehen ist, muss man eingestehen, dass sie sich auf ein Minimum beschränkt, da bei jedem vorkommenden Falle nur eine Farm zerstört werden soll, und was die Entfernung von Viehbestand u.s.w. aus den anderen Farmen anbetrifft, so ist sie zweifellos gerechtfertigt, insofern die Bewegungsfähigkeit der Burischen Streifschaaren, bei ihrer Annäherung an eine Bahn, wesentlich dadurch gelähmt werden müsste. Aber eine Farm für jeden Angriff wird zu einer furchtbaren Summe, wenn durchschnittlich täglich ein Angriff gemacht wird.

Wir haben bislang von zwei Ursachen gesprochen, weshalb Farmen niedergebrannt wurden: 1. weil sie Gelegenheits-Kämpfern Schutz gewährten; 2. als Strafe für Eisenbahnbeschädigungen. Jetzt kommt eine dritte Ursache in Betracht: Eine grosse Anzahl von Burghers hatte geschworen, neutral zu bleiben, und hatte daher die Erlaubnis erhalten, auf ihre Farmen zurückzukehren. Diese Leute wurden durch Ueberredung und Einschüchterung seitens der im Felde befindlichen Commandos dazu verleitet, ihr Wort zu brechen und die Farmen, auf denen sie zu bleiben geschworen hatten, zu verlassen. Die Farmhäuser waren ihre Bürgschaft, und Lord Roberts erklärte dieselben für verwirkt. Am 23. August meldete er dem General Botha seinen Beschluss.

> Ew. Gnaden macht mir die Mittheilung, dass wohlgesinnte, auf ihren Farmen lebende Familien aus ihren Häusern vertrieben worden seien, und dass ihr Eigenthum fortgenommen oder zerstört worden. Dies ist ohne Zweifel richtig, aber nicht in dem Sinne, den Ihr Brief unterstellt. Burghers, die sich der Britischen Regierung gegenüber wohlgesinnt zeigten, mussten sich von den Burischen Commandos ihr Eigenthum wegnehmen und mit dem Tode bedrohen lassen, falls sie sich weigerten, gegen die Briten die Waffen zu ergreifen. Ew. Gnaden Behauptung, dass ein feierlicher Neutralitätseid, den die Burghers freiwillig leisteten, um auf ihren Farmen unbehelligt ihrer Arbeit nachgehen zu können, null und nichtig sei. weil Sie Ihre Zustimmung dazu nicht ertheilt hätten, verdient kaum in Erwägung gezogen zu werden. Ich werde diejenigen, die ihren Eid brechen, bestrafen und ihr Eigenthum confiscieren, da kein einziger Burgher gezwungen worden, den Eid gegen seinen Willen zu leisten.

Es ist ganz sicher, dass die Regierung der Buren sich eines Bruches der Haager Bestimmungen schuldig machte, als sie diese Männer zwang, wieder Kriegsdienste zu nehmen, nicht einmal die Erlaubnis dazu durfte sie ihnen ertheilen. „In solchen Fällen“, heisst es in Artikel X, „soll ihre eigene Regierung von ihnen keinerlei Dienste verlangen, die mit dem gegebenen Worte in Widerspruch stehen, sie auch nicht von ihnen annehmen." Dies ist klar genug, soweit es sich um die Regierung handelt. Aber der Fall, worin sich jene Männer befanden, liegt anders. Ihr Versprechen hatten sie gewissermassen unter der Bedingung gegeben, dass unsere Truppen sie in wirksamer Weise beschützen würden. Wir hatten nicht das Recht, Jemand in eine so schauderhafte Lage zu bringen, dass ihm keine andere Wahl blieb, als entweder sein Wort zu brechen oder durch die Hand seiner eignen Landsleute den Tod zu erleiden. Wenn wir nicht sicher waren, dass wir sie beschützen konnten, so konnten wir sie wenigstens in wohlbewachten Lagern unterbringen, was später auch geschah. Hätten wir sie aber auf dem weiten „Veldt" ihrem Schicksal überlassen, so würde der Feind sie von Neuem gegen ihren Willen zu Kriegsdiensten gezwungen haben, und das wäre dann unsere Schuld gewesen, nicht die ihrige. Man muss zu ihrer Ehre bekennen, dass Viele von ihnen, selbst unter einem solchen Druck, ihrem Eide treu bleiben.

Aber wenn ihre Schuld nicht grösser ist, als unsere eigne, welches Recht haben wir dann, ihre Häuser niederzubrennen? Mir scheint, als ob diese Fälle sehr verschieden sind von denen, die den beiden anderen Kategorien angehören, und dass die Frage, ob diesen Leuten nicht eine Entschädigung zusteht, wenigstens erwogen werden sollte. Nach meiner Ansicht bedeutet in zahlreichen Fällen, wo in der offiziellen Liste bei einer der niedergebrannten Farmen sich die Bemerkung „im Commando" findet, dies bedeutet, dass der Mann zum Commando zurückgekehrt sei, nachdem er sein Wort gegeben, es nicht zu thun. Die Zerstörung seines Hauses ist unter den besonders bewandten Umständen dann eine harte Massregel; wenn aber „im Commando" einfach bedeuten soll, dass der Mann vom Hause fort war, um, ohne vorher durch sein Wort sich irgendwie verbindlich gemacht zu haben, seinem .Lande gegenüber seine Pflicht zu erfüllen, dann wäre es gewissenlos, den Mann unentschädigt zu lassen.

Aus dem schriftlichen Verkehr der Führer miteinander lässt sich die allmähliche Entstehung jener härteren Massregeln, die hier zu Lande allgemein bedauert werden, wohl verfolgen und begreifen. So lange der Krieg ein regulärer war, konnte nichts ordnungsmässiger sein, als das Verhalten der Briten. Als er aber auf Seiten der Buren ein irregulärer wurde, und ihre Armee sich in kleine Banden auflöste, die die Verkehrslinien, die kleinen Posten und Convois beunruhigten, trat auf Seiten der Britischen Truppen eine entsprechende Veränderung ein. Gegen Ende des Jahres 1900 hatte diese Veränderung beträchtliche Dimensionen angenommen. Gewisse Districte. welche den Buren als Mittelpunkte gedient hatten, wo sie sich jedesmal zu versammeln pflegten, wurden, verwüstet und zerstört. Solche Districte waren die von Kroonstad, Heilbron, Ventersburg und Winburg. In diesen vier Districten wurden ungefähr einhundertsiebzig Häuser zerstört. Das Dorf Bothaville, ein Depot des Feindes, wurde auch zerstört. Es bestand aus dreiundvierzig Häusern. In Transvaal scheint die aus strategischen Gründen zerstörte Anzahl Häuser viel kleiner gewesen zu sein.

In den offiziellen Berichten ist nur von zwölf Häusern dieser Art die Rede. Im Ganzen genommen scheinen alle die Häuser, die aus Gründen niedergebrannt wurden, über die sich streiten lässt, sowie diejenigen, deren Besitzer sich im Commando befanden, die Zahl zweihundertfünfzig nicht überschritten zu haben.

Man darf nicht ausser Acht lassen, dass bei diesen Häusern der Fall ganz anders liegt, als bei solchen, die zerstört worden, weil sie thatsächlich zu kriegerischen Operationen benutzt wurden. Von den 630 Gebäuden, die unseres Wissens zerstört wurden, waren mehr als die Hälfte von Gelegenheits-Kämpfern benutzt worden oder waren in einer anderen directen Weise mit den Kriegsgesetzen in Conflict gekommen. Von jenen aber darf man das nicht behaupten. Der Bau eines durchschnittlichen Farmhauses ist im Ganzen nicht theuer. Für 100 £ kann man ein kleines und für 300 £ ein grosses Farmhaus bauen. Nehmen wir nun den Durchschnitt, so würde eine Ausgabe von 50.000 £ für alle jene Fälle eine Entschädigung bieten, wo militärische Politik und internationales Gesetz sich miteinander nicht vertragen haben mögen. Das Niederbrennen von Häusern hörte im Jahre 1900 auf und, mit Ausnahme ganz besonderer Umstände, bei denen eine überwältigende militärische Nothwendigkeit vorlag, hat man sich seitdem eines solchen Mittels nicht wieder bedient. Bei den Streifzügen, die French im östlichen Transvaal und Blood im Norden der Delagoa-Eisenbahn vornahmen, scheint eine solche Zerstörung von Gebäuden gar nicht vorgekommen zu sein, obgleich es eine militärische Nothwendigkeit war, den Farmen jede Art von Vorrath zu nehmen, um die Bewegungen der Commandos zu beeinträchtigen. Die Vernichtung der den Buren gehörenden Kornfelder und Viehherden, so widerwillig man auch eine derartige Aufgabe ausführt, ist ein genaues Gegenstück zu dem, was sie thaten, als sie unsere Nachschub-Züge zerstörten, von denen unsere Armee ihres Unterhaltes wegen abhängig war. Eine Guerilla-Kriegsführung kann nicht alle ihre besonderen Vortheile geniessen, ohne zugleich ihre besonderen Nachtheile zu empfinden. Sie ist ein zweischneidiges Schwert, und die Verantwortung für die Folgen trägt derjenige Combattant, der sie zuerst in Anwendung bringt.

CAPITEL 7.
DIE CONCENTRATIONSLAGER

Nachdem ausgedehnte Landstriche aller Lebensmittel beraubt waren, um die Bewegungen der Commandos zu schwächen, und eine grosse Anzahl Bauerngüter unter den schon erwähnten Umständen zerstört worden, war es offenbar die Pflicht der Briten, als eines civilisierten Volkes, Zufluchtslager für die Frauen und Kinder zu schaffen, wo sie, wie wir hofften, ohne alle Belästigung die Rückkehr des Friedens abwarten könnten. Hierzu waren drei Wege offen. Der erste war: man schickte die Burenfrauen und ihre Kinder dahin, wo sich die Heere der Buren befanden, ein Weg, der unmöglich wurde, als sich das Burenheer in zerstreute Banden auflöste und nicht länger bestimmte Linien innehielt. Der zweite war: man liess sie da, wo sie waren. Der dritte: man versammelte sie alle mit einander und sorgte für sie so gut, wie es eben möglich war.

Es ist merkwürdig zu beobachten, wie gerade dieselben Leute, die am entschiedensten der Ansicht waren, dass wir uns für das Eine oder Andere entscheiden müssten, an dem thatsächlich eingeschlagenen Wege am meisten auszusetzen haben. Die Britische Nation würde in der That mit einem unauslöschlichen Makel behaftet sein, hätte sie Frauen und Kinder auf dem „Veldt". wo eine grosse Menge Kaffern wohnten, schutzlos zurückgelassen. Selbst Herr Stead hätte einen solchen Fall durch Uebertreibung schwerlich noch verschlimmern und entstellen können. Auf Grund gewisser Gerüchte entwarf er schreckliche Beschreibungen von der moralischen und physischen Entartung der Burenfrauen in der Nähe der Britischen Lager. Man kann solche Behauptungen nicht stark genug brandmarken, so lange der Beweis dafür nicht unwiderleglich beigebracht ist – und doch ist der einzige „Beweis", der erbracht wurde, die nackte Behauptung eines Parteischriftstellers in einem Parteiblatte, der auf persönliche Kenntnis der Sache keinen Anspruch erheben kann. Man begreift nicht, wie ein Brite, auf solche Aussagen und Gerüchte hin, von seinen eigenen Landsleuten sagen mochte, die „Hungersnoth hätte ihnen als Kuppler gedient".

Solche Reden, so albern sie sind, zeigen klar und deutlich, welchen Angriffen die Britische Regierung ausgesetzt gewesen wäre, hätte sie diese Zufluchtslager nicht gebildet. Abgebrannten Familien musste selbstverständlich ein Obdach geschaffen werden, und durfte man etwa eine Frau auf einer einsamen Farm inmitten einer schwarzen Bevölkerung alleinlassen, selbst wenn sie sich die nöthigen Lebensmittel verschaffen konnte? Ferner hatten wir doch auch etwas gelernt mit Bezug auf die Männer, die ihr Ehrenwort gegeben. Sie sollten nicht noch einmal vor die Alternative gestellt werden, entweder ihren Eid zu brechen oder von ihrem eigenen Volke Strafe zu leiden. Dass eine Bildung von Concentrationslagern unbedingt nothwendig war, liegt klar genug auf der Hand. Die Regierung schuf sie deshalb und verlegte sie in bequeme Centren, wie Pretoria, Johannesburg, Krugersdorp, Middelburg, Potchefstroom, Rustenburg, Heidelburg, Standerton, Pietersburg, Klerksdorp und Volksrust in Transvaal; Bloemfontein, Kroonstad, Bethulie und Edenburg im Orange-Freistaat.

Solche Zufluchtslager waren nichts Neues, denn die Britischen Flüchtlinge aus Johannesburg haben länger als ein Jahr in genau solchen Plätzen gewohnt. Da aus ihren Leiden kein politisches Capital und keine internationale Sentimentalität zu gewinnen war und die Leute ihr Schicksal mit Würde und Ergebung trugen, so haben wir über ihre Lebenslage wenig gehört, obgleich sie in mancher Beziehung bedauernswerther war, als die der Buren.

Nachdem die Herstellung von Lagern beschlossen worden war, führten die Behörden den Plan mit grosser Gründlichkeit aus. Die Plätze scheinen gut gewählt zu sein, und die Einrichtungen lassen in den meisten Fällen nichts zu wünschen übrig. Nur wurden sie zu einem unglücklichen Zeitpunkt unternommen. Der Unterhalt unseres Heeres hatte an unser Commissariat ausserordentliche Anforderungen gestellt: über 200.000 Mann mussten durch drei winzige Eisenbahnen versorgt werden, die noch dazu fortwährend beschädigt wurden. Im Januar 1901 machte De Wet seinen Einfall in die Capcolonie, und die Bahnen wurden ganz übermässig in Anspruch genommen. Um jene Zeit bot sich uns das sonderbare Schauspiel dar, dass, während die Briten jede Muskel anstrengten, um den Frauen und Kindern des Feindes Nahrung zu verschaffen, der Feind selbst auf die Locomotivführer schoss und die Züge, welche Proviant bringen sollten; zum Entgleisen brachte.

Die Zahl der Einwohner in den Zufluchtslagern wuchs rasch von 20.000 am Ende des Jahres 1900 auf über 100.000 am Ende des Jahres 1901. Die Militärbehörden machten grosse Anstrengungen, dem wachsenden Andrang der Flüchtlinge gerecht zu werden, und kein

Geld wurde für diesen Zweck gespart. Im Anfang des Jahres 1901 rief der Bericht einer Englischen Dame, des Fräulein Hobhouse, welche die Lager besucht und ungünstig beurtheilt hatte, einen sehr peinlichen Eindruck hervor. Ihr Bericht verlor jedoch durch die Thatsache an Werth, dass die politischen Vorurtheile der Dame gegen die Regierung bekannt waren. Herr Charles Hobhouse, ein Verwandter von ihr und Mitglied der radikalen Partei im Parlament, hat später zugegeben, dass einige ihrer Aussagen keine Prüfung vertragen. Man konnte sich auf ihre Schlussfolgerungen mit dem besten Willen nicht verlassen, da sie kein Holländisch verstand, keine Kenntnis von dem Charakter der Buren hatte, auch nicht wusste, wie das Leben der Südafrikaner unter normalen Verhältnissen beschaffen ist.[2]

Ihre hauptsächlichsten Klagen waren, dass die Ernährung nicht genüge, dass zu wenig Bettzeug vorhanden, dass der Wasservorrath gering, dass der Gesundheitszustand schlecht sei, dass Ueberfüllung und aussergewöhnliche Sterblichkeit herrsche, besonders unter den Kindern.

Was die Ernährung anbetrifft, so stimmt ihre Liste so ziemlich mit den officiell bewilligten täglichen Rationen im Irene-Lager bei Pretoria überein. Hiernach wurde im Juli täglich verabreicht:

Fleisch	½ Pfd.
Kaffee	2 Unzen
Mehl	¾ Pfd.
Zucker	2 Unzen
Salz	½ Unze

Jedes Kind unter sechs Jahren erhielt eine Flasche Milch.

Man kann nicht leugnen, dass dies eine karge Ernährungsweise ist, und dass sie, sobald mehr Proviant vorhanden ist, verbessert werden sollte. Das Fehlende lässt sich jedoch durch Kauf ergänzen, und es besteht ein besonderer, von Briten reichlich unterstützter Privatfonds, der dazu verwandt wird, die Nahrung reichlicher zu vertheilen. Ein kleiner Unterschied in der Nahrung wurde ursprünglich gemacht zwischen einer Familie, die sich ergeben hatte, und einer solchen, deren Oberhaupt noch gegen uns in Waffen stand. In der Theorie lässt sich ein solcher Unterschied wohl machen, aber in der Praxis stellte sich das Unritterliche und die Härte eines solchen Verfahrens sehr bald heraus, und man sah davon ab.

2 Ich glaube, dass ich der Dame ein gewisses Unrecht gethan habe, und dass sie einige Kenntnis des Holländischen besitzt.

Was den Mangel an Wasser anlangt, so ist das grade der Fluch ganz Südafrikas. Bald gibt's zu viel, bald zu wenig Wasser. Mittels artesischer Brunnen und besserer Einrichtungen ist man auf dem Wege, dieser Schwierigkeit abzuhelfen; indessen hatten unsere eigenen Lager eben so gut damit zu kämpfen, wie die der Buren.

Man scheint in allen Lagern einstimmig der Ansicht zu sein, dass die gesundheitlichen Mängel in den üblen Gewohnheiten der Bewohner begründet liegen, gegen welche die Commandanten und Aerzte fortgesetzt ankämpfen. Lager-Leben ohne Reinlichkeit muss ungesund sein. Die medicinischen Berichte sind voll von Beispielen, welche zeigen, wie äusserst schwierig es ist, Ordnung und Disciplin einzuführen bei Leuten, die an die schrankenlose Freiheit des einsamen „Veldt“ gewöhnt sind.

Was die Ueberfüllung anbetrifft, so ist das Verlangen nach Zelten in Südafrika ausserordentlich gross gewesen, und die Behörden haben ohne Zweifel alles, was in ihrer Macht stand, gethan, um die Menge Frauen und Kinder unterzubringen. Diesem Uebelstand ist seit dem Berichte des Fräulein Hobhouse abgeholfen. Bekanntlich haben die Buren unter normalen Umständen gegen überfüllte Räume nichts einzuwenden; die Bewohner eines Farmhauses sind an Zustände gewöhnt, die für unsereins unerträglich sein würden. In gesundheitlicher Beziehung ist es beinahe unmöglich, ein Zelt zu überfüllen, da die darin befindliche Luft niemals in demselben Masse verdirbt, wie in einem Wohnzimmer.

Es sind das alles menschliche Vorkehrungen und die Behörden thun ihr Bestes, um sie zu vervollkommnen, wie Fräulein Hobhouse selbst einräumt. „Sie thun, glaube ich, bei ihren beschränkten Mitteln, alles, was sie können“, sagt sie, und durch diese Worte wird ihr ganzer Bericht werthlos. Denn wenn sie wirklich ihr Bestes thun, was will man denn noch mehr? Das Einzige, was uns übrig bleibt, ist, die Lager aufzuheben und die Frauen ihrem Schicksal zu überlassen. Aber in diesem Falle werden wir von Herrn Stead einen „Blut und Hölle“-Artikel zu erwarten haben, und er wird uns erzählen, welch ein schreckliches Schicksal jene Frauen auf dem „Veldt“ betroffen hat. Entweder so oder so; eins von beiden kann nur geschehen. Den unbestimmten Möglichkeiten des Herrn Stead ziehe ich vor, was Frl. Hobhouse an bestimmten Uebelständen zur Sprache bringt. Was die Idee anbetrifft, diese ungeheure Menge von Frauen und Kindern hätten bei ihren Stammesgenossen in der Colonie einquartiert werden sollen, so braucht man darüber kein Wort zu verlieren. Das Anerbieten einer solchen Gastfreundschaft en gros ist bisher nicht gemacht worden, und erzwingen können wir es nicht.

Jetzt aber kommen wir zu der grossen und tragischen Erscheinung in den Zufluchtsstätten, der Sterblichkeit daselbst und besonders der Sterblichkeit unter den Kindern. Dies ist bedauernswerth, selbst bedauernswerther, als die Kinder-Sterblichkeit in Mafeking, Ladysmith und Kimberley. Aber ist sie zu vermeiden? Oder ist es eins jener Missgeschicke, wie der Ausbruch des Typhus, der so viele Britische Soldaten hin weggerafft, über den unsere gegenwärtige Heilkunde keine Gewalt hat, das man eben mit trauernder Ergebung ertragen muss? Die Natur der Krankheit, welcher die hohe Sterblichkeit hauptsächlich zuzuschreiben ist, zeigt, dass sie mit den sanitären Verhältnissen in den Lagern nicht in directer Verbindung steht, auch nicht mit etwas, das wir zu ändern im Stande wären. Wenn die Todesfälle aus einer Krankheit entstanden wären, die mit Unreinlichkeit verbunden zu sein pflegt, wie z. B. Typhus oder gar Enteritis und Diphtheritis, so hätte man vielleicht die Gesundheitspflege in den Lagern dafür verantwortlich machen können. Aber die Sterblichkeit ist einem ungewöhnlich heftigen Auftreten der Masern, zuzuschreiben. Ohne sie würde der Gesundheitszustand in den Lagern sehr befriedigend gewesen sein. Die Masern aber, wenn sie einmal unter den Kindern ausgebrochen sind, verbreiten sich in einer Gemeinde bekanntlich schnell weiter, ganz unabhängig von Ernährung und Lebensweise. Das einzige Mittel dagegen ist eine Separierung der Kranken. Dazu aber ist die Mithilfe des Vaters oder der Mutter erforderlich. In diesem Punkte ziehen jedoch die Burenmütter, wie das leicht erklärlich ist, es vor, ihre Kinder bei sich zu behalten. Die Aerzte können deshalb nicht, wie sie doch wünschen müssen, die erkrankten Kinder von den gesunden, gleich im ersten Stadium der Krankheit, entfernen. Die Folge davon war, dass sich die Epidemie rasch verbreitete und um so mehr Opfer erforderte, als Viele von denen, welche erkrankten, sich bereits vorher, in Folge der unvermeidlichen Entbehrungen, die sie auf der Reise von ihren Heimstätten nach den Lagern zu erdulden gehabt haben, in einem geschwächten Gesundheitszustande befanden. Die Mutter half nicht bloss die Krankheit verbreiten, sondern wandte in ihrem unverständigen Uebereifer oft Mittel an, die ebenso verhängnisvoll waren, wie die Krankheit selbst. Einige Kinder starben an Arsenik-Vergiftung, da man sie von Kopf bis zu Fuss mit grüner Farbe bestrichen hatte, andere an Opium-Vergiftung, da man ihnen Quacksalbereien eingegeben hatte, worin sich Laudanum befand. „In Potchefstroom wie in Irene", sagt Dr. Kendal Franks „ist die Sterblichkeitsrate weniger der Heftigkeit der Epidemie zuzuschreiben, als der Unwissenheit, dem Eigensinn und den schmutzigen Gewohnheiten der Eltern." Indessen sei dem, wie es wolle, der Tod so vieler Kinder liegt, wenn auch nicht auf dem Gewissen, so doch schwer auf dem Herzen unserer Nation. Uebrigens muss man wissen, dass die Sterblichkeitsrate unter den Kindern, auch bei normalen Verhältnissen in Südafrika ganz merkwürdig hoch ist, und in diesem Umstände, sowie darin, dass in den Lagern verhältnismässig nicht mehr Todesfälle vorkamen, als in den benachbarten Städten, liegt eine gewisse Beruhigung. Indessen man mag sagen, was man will, dass der Ausbruch der Masern durch die Ansammlung von Frauen und Kindern in unseren Lagern verursacht wurde, lässt sich nicht leugnen. Aber warum brachte man sie dahin? Weil man sie auf dem Veldt nicht lassen durfte. Und warum durfte das nicht geschehen? Weil wir ihre Subsistenzmittel vernichtet hatten. Und warum hatten wir das gethan? Um die leichtbeweglichen Guerillabanden in ihren Operationen zu stören. Bei jedem dieser traurigen Vorkommnisse werden wir schliesslich immer genöthigt, auf die allen gemeinsame Ursache zurückzukommen und zu erklären, dass eine Nation, die sich in einem nutzlosen Guerillakriege befindet und eigensinniger Weise darin beharrt, ihrem Feinde zwar viel Mühsal bereitet, sich selbst aber vollständigen Ruin.

Wir haben, was die Flüchtlinge anbetrifft, unsere Humanität so weit getrieben, dass unsere Feinde besser aufgehoben sind, als unsere Freunde. Ich gebe zu, dass die beiden Fälle nicht ganz gleich sind, da die Buren gezwungen werden, in den Lagern zu sein, die loyalen Flüchtlinge dagegen nicht. Aber letztere sind thatsächlich dort und zwar ohne ihr Verschulden, und doch ist ihre Lage schlimmer als die unserer Feinde. In East London z. B. gibt es zwei Zufluchts-Lager, eins für Buren und eins für Briten. Ersteres hat 350, letzteres 420 Insassen. Erstere sind weit besser daran; sie haben bessere Nahrung, bessere Kleidung, bessere Behausung, haben ein Hospital, eine Schule und ein Waschhaus. Alles dieses fehlt im Britischen Lager. In Port Elisabeth ist ein Lager für Buren. Eine Holländische Deputation erschien hier, wollte 50 £ zur Verbesserung ihrer Lage verwenden, fand aber die Ausgabe unnöthig und kehrte mit ihren 50 £ wieder heim. Die Buren-Flüchtlinge werden ebenso wie die Britischen in Port Elisabeth von ein und demselben Manne mit Nahrung versorgt. Er darf täglich pro Kopf 15 Shilling (1,20 M.) für die Buren ausgeben, aber nur 8 Shilling (64 Pf.) für die Briten. Dies sind die „Methoden der Barbarei".

Ich werde jetzt einige Meinungsäusserungen über die Lager citieren, die ich Britischen und Burischen Quellen entnommen habe. Auf Britischer Seite habe ich, ausser einer Dame, Niemand gefunden, der mit Frl. Hobhouse sympathisierte; diese Dame (ich nenne sie nicht) wird in Herrn Methuens „Frieden oder Krieg" erwähnt. Sie ist ungefähr derselben Ansicht, wie Frl. Hobhouse, und steift sich besonders auf die unzureichende Nahrung, den Mangel an Feuerung und Bettzeug.

Gegen diese beiden Damen werde ich ganz kurz und in gedrängter Form ein paar Zeugen von beiden Seiten her citieren.

Herr Seaton aus Johannesburg (Sekretär der Congregational Church und des Burgher-Lagers) sagt: „Die Berichte, die Sie senden, machen unser Blut kochen; sie sind entsetzlich übertrieben und in vielen Fällen nicht nur irreleitend, sondern unwahr. ... Ein gesünderer Aufenthaltsort würde sich schwerlich finden lassen. ... Es herrscht hier keine Ueberfüllung.

„Vor einigen Wochen war eine Masern-Epidemie ausgebrochen: sie trat sehr heftig auf, und natürlich gab es unter den Kindern viele Todesfälle. Der Arzt und die Pflegerinnen gaben sich ungeheuer viel Mühe, und es freut mich sagen zu können, dass die Epidemie jetzt vorüber ist. Ohne Zweifel ist hierdurch das Gerede der Pro-Buren im Hause der Gemeinen und sonstwo entstanden, aber es ist eine jener Epidemien, die sich bei der Klasse von Leuten, die wir hier haben, nicht vermeiden lässt. Sie kümmerten sich um sanitäre Rücksichten und Massnahmen nicht im Geringsten, und die Beamten hatten die grösste Mühe, ihnen die allergewöhnlichsten Regeln der Sauberkeit beizubringen. Eine andere Schwierigkeit, die wir hatten, lag darin, dass wir sie nicht bewegen konnten, ihre kranken Kinder ins Hospital zu bringen, wo alles Erforderliche zur Hand ist. Sie gehorchen nicht gern dem Arzt, sie gebrauchen lieber die Heilmittel, die ihnen von alten Weibern empfohlen werden, und solcher Mittel gibt es bekanntlich sehr viele unter solchen Leuten. Der Arzt hat eine sehr aufreibende Stellung gehabt und hat gearbeitet wie ein Sklave. Beinahe alle Todesfälle rührten von den Masern her. Wir haben einen ziemlich milden Winter. Vor ungefähr drei Monaten war es bitter kalt, aber die Leute sind daran gewöhnt, viel draussen zu sein, und hier ist das Wetter nicht schlimmer, als bei ihnen zu Hause. Alle Zelte sind Militär-Zelte und durchaus wasserdicht. Ich weiss, dass sie, sobald sie hierher kommen, alle miteinander Zelte haben wollen, wenn's irgend möglich ist. Die Insassen sind im Allgemeinen ganz zufrieden, und die Kinder sind ganz besonders vergnügt. Sie springen und spielen den ganzen Tag umher."

Der Prediger R. Rogers (Wesleyaner) schreibt: „Wozu kommen Personen, die das Leben und Treiben der Buren gar nicht kennen, eigentlich hierher, um diese Burgher-Lager zu untersuchen? Ich spreche aus eigener Erfahrung, wenn ich behaupte, dass die meisten von ihnen hier eine bessere Behausung, bessere Kleidung und Nahrung haben, als in ihren eigenen aus Flechtwerk und Lehm gemachten Heimstätten mit den schmutzigen Fussböden."

Herr Howe aus dem Lager „Soldier's Home" sagt: „Wir urtheilen nicht und richten nicht; wir melden nur Thatsachen. Als das erste Concentrationslager errichtet wurde, waren wir zugegen und sahen auch noch andere entstehen. Wir geben zu, dass man allerlei zu leiden und zu ertragen hatte, aber wir versichern feierlichst, dass die betreffenden Beamten, soweit wir sie kennen lernten, nichts so sehnlich wünschten, als den hülflosen Leuten das Leben in den verschiedenen Lagern so angenehm wie möglich zu machen. Wir haben die ungeheuren Kisten und Kasten voll Waren, die für die Insassen bestimmt waren, mit eigenen Augen gesehen und wissen, dass Militär-Vorräthe und Kanonen zurückgelassen wurden, um vor Allem erst jene Sachen möglichst schnell nach ihrem Bestimmungsort zu befördern."

Der Prediger R. B. Douglas (Presbyterianer) schreibt: „Es freut mich zu erfahren, dass Sie den Erzählungen über brutale und grausame Behandlung der Buren-Flüchtlinge, wie sie von gehässigen Agitatoren verbreitet werden, keinen Glauben schenken. Aber der eine Punkt, über den Sie gern Aufklärung haben möchten, verdient besondere Berücksichtigung – der Unterschied nämlich in der Behandlung von Familien, wo die Männer sich beim Commando befanden und anderer, wo das nicht der Fall war. Ich bin in der Lage zu melden, dass der ganze Unterschied sich wöchentlich auf zwei Unzen Kaffee und vier Unzen Zucker belief, und selbst dieser Unterschied verschwand gegen Mitte März vollständig. Im Gegensatz dazu weigerte sich das betreffende Holländische Commitee, als es sich darum handelte, sechzig Kisten Kleidungsstücke etc., die von mitleidigen Seelen geschickt worden, zu vertheilen, solchen Familien, deren Angehörige nicht im Felde standen, irgend welche Hülfe zu gewähren, weil diese Gegenstände nur für solche bestimmt seien, die für ihr Vaterland kämpften."

Frau Gauntlett aus Johannesburg schreibt: „Ich habe einige Berichte aus Englischen Zeitungen, die Sie mir schickten, über grausame Behandlung von Buren-Familien gelesen. Ich bin erstaunt über die Bosheit der Menschen, die solche Lügen verbreiten, und über die Leichtgläubigkeit derer, die daran glauben. Deutsche, Franzosen, Amerikaner und sogar viele Holländer hier am Orte sind der Meinung, dass die Milde und erstaunliche Freigebigkeit der Regierung ihren Feinden gegenüber nur dazu dient, den Krieg in die Länge zu ziehen. Ein Holländisches Mädchen im Lager von Pretoria erklärte ihrer Wärterin, dass sie seit vielen Monaten nicht im Stande gewesen wären, solch gute Nahrung zu erlangen als die Briten ihnen gewährten."

Herr Soutar, der Sekretär des Pretoria-Lagers, schreibt:

„Die Buren-Frauen und -Kinder erhalten so viel Nahrung, wie sie wünschen, und alle Arten Stärkungsmittel, wie Bouillon, Fleischextrakt, Gelee, Branntwein und Wein und geniessen den Vortheil einer sehr guten Bedienung. Nicht bloss sind sie mit dem Nöthigsten versehen, sondern sogar ihre Marotten finden Berücksichtigung."

Herr Scholtz, der Lager-Inspektor für Transvaal, berichtet:

„Viele von den Kindern waren bei ihrer ersten Ankunft im Lager nicht viel mehr als Haut und Knochen und in einem so geschwächten Zustande, dass sie natürlich die Masern, wenn sie sie bekamen, nicht überwinden konnten. Viele von den Frauen wollten ihre Zelte nicht öffnen, um frische Luft hereinzulassen und, anstatt ihren Kindern die Arzneien zu geben, womit die Militärbehörde sie versorgte, gaben sie ihnen lieber Hausmittel. Die Mütter wollten beim Waschen der Kinder keinen Schwamm benutzen, und nur mit der grössten Schwierigkeit konnte man sie dahin bringen, ihre Kinder ins Hospital zu schicken. Die Ursache der vielen Todesfälle unter den Kindern, die an Masern litten, ist dem Umstände zuzuschreiben, dass die Frauen ihre Kinder hinausliessen, sobald der Hautausschlag nachgelassen hatte. Pneumonie und Bronchitis waren die natürliche Folge davon. Auch bestanden die Frauen darauf, ihren Kindern, trotz des Verbots der Aerzte, Fleisch und andere schwer verdauliche Speisen zu geben, in Folge dessen sie natürlich Dysenterie bekamen. Die Gesundheit im Lager ist sonst gut, unter 5.000 Insassen ist nur ein einziger Typhus-Fall vorgekommen."

Ueber das Krugersdorper Lager gibt der folgende Bericht bezeichnende Auskunft:

Johannesburg, 31. Juli
(Reuters Spezialbericht).

Kommandant Alberts, der die Buren bei Krugersdorp befehligt, hat einen Brief an den Befehlshaber der Britischen Truppen bei Krugersdorp geschickt und meldet darin, dass sich bei seinem Kommando verschiedene Familien befänden, deren männliche Anverwandte sich ergeben hätten. Er fragt bei ihm an, ob er diese Familien aufnehmen würde, da sie gern nach Krugersdorp gehen wollten. Der Befehls-

> haber erwiderte, dass er sie sehr gern aufnehmen würde, und heute werden sie dort erwartet.

Dies beweist zur Genüge, dass die Buren, sowohl wie ihre Familien gegen die Zufluchtsstätten nichts mehr einzuwenden hatten und gar nicht abgeneigt waren, sich unserem Schutze und unserer Fürsorge anzuvertrauen. In der That geschieht auch alles Mögliche, um ihnen das Leben angenehm zu machen.

Von dem Agenten Reuter's in Springfontein:

> Ich besuchte heute das Buren-Flüchtlingslager hier. Es hat 2.700 Insassen. Das Lager liegt herrlich und ist gut gebaut. Ich sprach mit einigen Flüchtlingen und fand keine Beanstandung, alle waren mit der empfangenen Behandlung zufrieden. Die Krankenhauseinrichtungen sind ausgezeichnet, und es gibt sehr wenig Krankheiten im Lager.

Von Herrn Celliers, holländischer Minister von Aberdeen, Kap-Kolonie, gesandt, um das Port-Elizabeth-Flüchtlingslager zu inspizieren:

> Er schrieb dieses, um zu zeigen, dass die britische Regierung alles in ihrer Macht stehende tat, um den Flüchtlingen zu helfen, obgleich deren Verwandte und Freunde noch im Felde standen. Gleichwohl hat man sie barmherzig behandelt und zeigte ihnen gegenüber kein Übelwollen, wofür sich diese dankbar fühlten. Er versuchte den Leuten zu verstehen zu geben, dass er die Freiheit hatte, privat mit ihnen zu sprechen und dass er tatsächlich die Gelegenheit hatte, alle möglichen Beanstandungen anzuhören, falls sie dergleichen vorzubringen hätten. Herr Hess erlaubte ihm herumzugehen und legte volles Vertrauen in ihn, und er war überzeugt, dass, sollte es irgendein Unrecht gegeben haben, er davon gehört haben würde. Es war der Meinung, dass das Militär, indem es die Flüchtlinge hierher gesandt hatte, dies zu deren eigener Sicherheit und zu deren Vorteil getan und sie dadurch gerettet hatte. Mit der Zeit würde dies allgemein anerkannt werden.

Major Harold Sykes' (2. Dragoner) Aussage lautet:

> Er organisierte das erste der Flüchtlings-Concentrationslager, und als er verließ, hatte er ein Lager von ungefähr sechstausend Frauen und Kindern unter seiner Obhut. Alle Klagen über Grausamkeiten oder Unmenschlichkeiten waren gemeine und verleumderische Lügen, ja, einfach nur miserable, abscheuliche Erfindungen. Der große Masse der Frauen und Kinder ging es besser, als überhaupt je in ihrem Leben. Was einer Grausamkeit noch am nächsten kam, war allein die Forderung der Behörden, die auf Sauberkeit beharrte und die sanitären Verhältnisse streng überwachten, was der durchschnittliche Bure ablehnte. Er hatte das Lager in allen Einzelheiten gesehen und könnte allen niederträchtigen Behauptungen, die vor kurzem öffentlich und im Unterhaus vorgetragen wurden, uneingeschränkt widersprechen.

Unter dem Datum des 1. Novembers schreibt ein Offizier des Kroonstad Lagers:

> Wir veranstalten Kricket, Tennis und Krokett für sie, und alle werden ziemlich gut behandelt. Außer anderen Unterhaltungen haben sie eine Kapelle zweimal wöchentlich, und neulich gab es ein Konzert.
> Herr Stead nennt das „langsame Folterung aller Frauen und Kinder, die wir hinter dem Stacheldraht unserer Gefängnislager eingesperrt haben bis zum Tode". Kann ein Vorwurf stichhaltig sein, der in solchen Ausdrücken vorgetragen wird?

Jetzt zu einigen Burenstimmen. Kommandant Alberts schreibt:

> Major Walter, Boksburg.
> Geehrter geehrter Herr, - Ich muss Ihnen und den anderen Offizieren von Boksburg mein tief empfunden Dank für die große Freundlichkeit gegenüber meiner Frau ausdrücken, und ich hoffe, dass diese

Freundlichkeit Ihnen eines Tages vergolten werden kann.
Möge es Ihnen und mir erspart bleiben, uns persönlich gegenüberzustehen. Ich habe die Ehre, Euer Ehren Diener zu sein,

(gezeichnet)
H. Alberts, Commandant.

Ein holländischer Minister schreibt Captain Snowden, O.C. des Boer-Lagers, Johannesburg:

> Geehrter Herr, - ich bin vom Ausschuss der Holländischen Reformierten Kirchen beauftragt, Ihnen die Anerkennung des Ausschusses für das freundliche Interesse und die Sympathie zu übermitteln, die den Frauen und den Kindern von Ihnen unter Ihrem Obhut entgegengebracht wird.

Hundert männliche Buren-Flüchtlinge im Lager bei Kroonstad unterzeichneten das folgende Schreiben:

> Wir möchten Ihrer Exzellenz auch unseren herzlichsten Dank für das Interesse übermitteln, das Sie der Ausbildung unserer Jugend widmen, und wir vertrauen, dass Sie in Ihren Bemühungen fortfahren, die heranwachsende Generation zu gottesfürchtigen, ehrlichen und loyalen Bürger unter der Britischen Flagge zu erziehen. Wir bedauern jedoch, dass, ungeachtet der großen Anstrengungen der geschätzten Lagerleiter und Doktoren, noch täglich so viele Krankheits- und Todesfälle in diesem Lager auftreten. Aber wir hoffen zuversichtlich, daß Eure Exzellenz, alles in Ihrer Kraft stehende für die Gesundheit in diesem Lager tun wird.
>
> Wir vertrauen darauf, dass die Bemühungen unserer geschätzten Lagerleitung unter den schwierigen Umständen unsere Wohlfahrt zu heben, von Ihrer Exzellenz gewürdigt werden. Wir sind froh, sagen zu können, dass der Geist der Loyalität in diesem Lager täglich anwächst und dass die Majorität der männlichen Flüchtlinge den Treue-Eid geschworen hat.

Herr Dudley Keys, ein Burgher, der sich ergeben hatte, schreibt an seinen Bruder:

„Ich bin jetzt schon über sieben Monate im Lager gewesen, lange genug, nicht wahr, um zum Nachdenken zu kommen – und das einförmige Leben hier verleiht uns für diese Art Thätigkeit genügende Musse. Wie sehr wir uns danach sehnen, dass der Krieg ein Ende nehmen möge, kannst Du Dir nicht denken, auch hast Du keine Ahnung davon, mit welchem Widerwillen und welcher Ungeduld wir jedes Bestreben der sogenannten Pro-Buren betrachten, die den natürlichen und unvermeidlichen Lauf der Dinge aufzuhalten versuchen. Du wirst nicht überrascht sein, dies von einem einstigen Holländischen Republikaner zu hören, wenn Du bedenkst, dass wir alle, die wir uns ergeben haben, sehr gut wissen, dass wir der angreifende Theil waren, und dass unsere Staatsmänner unsere gegenwärtige schlimme Lage verschuldet haben. Eine grosse Anzahl Buren werden natürlich nie zu dieser Einsicht kommen, wahrlich nicht, weil sie zu viel, sondern weil sie zu wenig nachdenken und in vollständiger Unwissenheit verharren. Als Fräulein Hobhouse hier war, beobachtete ich häufig, wie sie verfuhr oder wie man mit ihr verfuhr. Einige unserer Frauen erzählten ihr alle möglichen Geschichten, um ein Kleid oder ein Paar Stiefel zu bekommen. Wenn sie unsere Männer und Frauen kennten, wie wir sie kennen, hätte sie nicht viel zu erzählen gehabt. Jetzt wird die Regierung von drüben diese Commission absenden. Nun, wenn die Herren die Frauen und Kinder im Lager sehen, werden sie sie natürlich bedauern. Wer würde das nicht? Aber wenn sie sich bloss erinnern wollen, dass dies eben Krieg ist und kein Picknick, so werden sie bei ihrer Rückkehr das Englische Volk davon überzeugen, dass alles, was wir wünschen, der Friede ist und nichts als Friede.“

Er fügt hinzu:

„Trotz des Mangels an Dankbarkeit, den unsere Leute zeigen, treffen die Behörden fortwährend Verbesserungen, um uns das Leben zu erleichtern. Dass dies mit ungeheuren Ausgaben verbunden ist, wirst Du aus den statistischen Nachrichten ersehen, welche von den englischen Zeitungen häufig veröffentlicht werden. Wenn ich unsere Leute murren höre, so frage ich mich oft, wie sie wohl die Briten behandelt haben würden, wäre die Lage eine umgekehrte gewesen wäre, und dann sage ich mir, dass sie ganz anders gehandelt hätten, dass die Behandlung, die wir erfuhren, im Vergleich dazu vorzüglich ist.“

Eine Burenfrau sagt in einem Briefe aus Pietermaritzburg:

„Diejenigen, welche klagen, sagen die Unwahrheit, denn wir leben in guten Verhältnissen.“

In einem zweiten Briefe sagt sie: „Ich darf mich durchaus nicht beklagen.“

Frau Blignant sagt in einem Briefe aus dem Port Elisabeth-Zufluchtslager:

„Wenn wir klagen wollten, so klagten wir mit Unrecht, alle Gerüchte über schlechte Behandlung beruhen, soweit ich sehen kann, auf Unwahrheit.“ – Unter den Frauen, für die in diesem Lager gesorgt wurde, befand sich eine Frau aus Jagersfontein, die sich rühmte – und zwar ohne zu lügen – dass sie zwei unbewaffnete Britische Soldaten mit einem Revolver erschossen habe.

Das sind einige von den Aussagen, die sich dem Bericht von Frl. Hobhouse und dem der ungenannten Dame in Pretoria gegenüberstellen lassen. Natürlich darf man nicht vergessen, dass einige Lager gewiss mehr Anlass zur Kritik geben, als andere, aber es lässt sich annehmen, dass auch solche im Laufe der Zeit eine Verbesserung erfuhren. Ich kann mir unmöglich vorstellen, dass irgend ein vorurtheilsfreier Mensch solche Aussagen liest, ohne einzusehen, dass die Britische Regierung sich die grösste Mühe gibt, um unter den obwaltenden schwierigen Verhältnissen so menschlich und verständig wie möglich zu handeln, und dass jede andere Handlungsweise von Folgen begleitet gewesen wäre, vor denen eine civilisierte Nation zurückschaudert.

Gegen Ende des Jahres 1901 versuchte man die Sterblichkeit in den Lagern dadurch zu verringern, dass man sie an die Seeküste verlegte. Die Sache hatte aber ihre Schwierigkeit. Viele der Flüchtlinge wollten aus ihrem eignen Lande nicht heraus und waren nur ins Lager gekommen, nachdem man ihnen versprochen, dass ein solches Verlangen nicht gestellt werden würde. Wer indessen Lust dazu hatte, wurde an die See gebracht, und die Lager in East London, Port Elisabeth und Merebark bei Durban wurden immer grösser. „Ausgaben dürfen dabei durchaus nicht in Betracht kommen“, sagte Herr Chamberlain in einer offiziellen Botschaft, Im Blaubuch (Cd. 853) finden wir, wie Lord Milner und der Colonialsekretär miteinander alle möglichen Mittel berathen, durch welche die Sterblichkeit am besten verringert und der Aufenthalt in den Lagern angenehmer gemacht werden könnte.

Es ist der Mühe werth, daran zu erinnern, dass auf dem Continent und in Amerika, als ein positiver Beweis für die Schrecken des Concentrationslagersystems, das Bild eines furchtbar abgemagerten Kindes circulierte. Es ist nur allzu wahrscheinlich, dass es in den Lagern viele abgemagerte Kinder gibt, da sie gewöhnlich in diesem Zustande anlangen. Jenes besondere Bild aber wurde, wie ich aus sicherer Quelle weiss, von den Britischen Behörden hergestellt, um bei Gelegenheit einer Kriminaluntersuchung, wo eine Mutter ihr Kind misshandelt hatte, gezeigt zu werden. Dieser Vorfall ist charakteristisch für die gewissenlose Art und Weise, in der man vorgegangen ist, um die Meinung der Welt über Grossbritannien zu vergiften.

CAPITEL 8.
DER BRITISCHE SOLDAT IN SÜDAFRIKA

Als Lord Roberts den Character der Englischen Soldaten, die er geführt hatte, in wenigen Worten anzugeben wünschte, sagte er. sie hätten sich betragen, wie Gentlemen. Ich halte diese Bezeichnung nicht für übertrieben und glaube, dass, wenn die Erbitterung, die der Krieg mit sich bringt, erst einmal beschwichtigt worden, die Buren selbst sie als richtig anerkennen werden. Unsere Soldaten hatten manche widerwärtige Arbeit zu verrichten – denn ein Guerilla-Krieg hat viel Hassenswerthes in seinem Gefolge – aber die Offiziere und Mannschaften haben alles Mögliche gethan, um die Härten und Rauheiten des Krieges zu mildern und zu bessern. Ihr Character wurde vom Politikern zu Haus, wie von unwissenden oder böswilligen Leuten im Auslande in schändlicher Weise angegriffen. Untersuchen wir ein wenig, wie es sich damit verhält.

Es befanden sich bei unserer Armee viele Militär-Attaches. Hat irgend einer von ihnen an der Disciplin unserer Soldaten etwas auszusetzen gehabt? So weit ihre Berichte bekannt geworden, ist nichts der Art vorgebracht worden. Capitain Slocum, der Amerikanische Vertreter, schreibt aus Bloemfontein:

„Die Briten hatten zu viel Mitleid. Hätten sie sofort, als ihre Armee hier einrückte, strengere Massregeln ergriffen und den Feind zerstampft, so wäre der Krieg dadurch wesentlich schneller beendigt worden."

Der Französische Militär-Attaché sagte: „Was ich am meisten an diesem Feldzuge bewundere, ist das Betragen Ihrer Soldaten. Da ziehen sie umher in einem wenig Interessantes bietenden Lande, bei Tage von der Sonne verbrannt, bei Nacht unter der Kälte leidend, ohne Getränke, ohne Frauen. Welche andere Soldaten in Europa hätten da nicht längst gemeutert!"

Es befanden sich verschiedene auswärtige Kriegscorrespondenten bei unserer Armee. Nur einer von ihnen, ein Franzose, M. Carrère vom „Matin", war ein eifriger Pro-Bure. Man lese sein Buch „En pleine Epopée." Er ist sehr bitter gegen unsere Politik und Politiker. Er hat ein sehr scharfes Auge für die Mängel in unserer Armee. Aber sein Buch ist von vorn bis hinten voll Lobes für den treuen Tommy und seinen ritterlichen Offizier.

Da waren drei Amerikanische Correspondenten – es mögen noch mehr da gewesen sein – aber drei von ihnen kenne ich, nämlich die Herren Julian Ralph, James Barnes und Unger. Die beiden ersten waren sehr beeindruckt von der Humanität und Disciplin der Britischen Truppen, obgleich Herr Ralph, glaube ich, wie Capitain Slocum, meinte, dass man zuweilen darin zu weit ginge. In Herrn Ungers Kriegserinnerungen, die veröffentlicht sind, findet sich derselbe Gedanke ausgesprochen.

Es herrscht also wesentliche Uebereinstimmung unter all den unparteiischen Zeugen. Die Ansichten unserer eigenen Correspondenten will ich nicht weiter berühren. Ich bin in der glücklichen Lage, sie fast alle zu kennen, und obgleich einige der Herren eine ritterliche und schwärmerische Sympathie für die Buren hegen, so erinnere ich mich doch nicht, dass irgend jemand von ihnen auch nur ein einziges Beispiel von unanständigem Betragen seitens eines Soldaten berichtet hätte.

Es möge mir gestattet sein, in dieser Sache auch als persönlicher Zeuge zu sprechen. Ich kam nach Südafrika mit viel Sympathie im Herzen für den einzelnen Buren und in dem Glauben, dass im Kriege der Soldat ein ganz an derer Mensch sei, als zu Hause. Ich verweilte drei Monate in Bloemfontein, wo zur Zeit zehn- bis dreissigtausend Mann in der Umgebung der Stadt einquartiert waren. Während dieser ganzen Zeit sah ich nur einmal einen Mann betrunken. Während der kurzen Zeit, wo ich in Pretoria und Johannesburg war, sah ich überhaupt Niemand betrunken. Ich hörte einmal von einem Soldaten, der einen Buren geschlagen hatte, weil der Mann sich geweigert hätte, beim Begräbnis eines Kameraden des Soldaten den Hut abzunehmen. Niemals war ich Zeuge einer brutalen Handlung, hörte auch nie von einer solchen bei den vertraulichen Gesprächen, die ich mit Offizieren hatte. Ich sah zwanzig Buren, die eben gefangengenommen waren; fünf Minuten später gaben unsere Soldaten ihnen Cigaretten. Nur zwei Fälle von Rohheit gegen Frauen kamen mir zu Ohren, so lange ich in Afrika war. In beiden Fällen war der Schuldige ein Kaffer, und die That wurde von der Britischen Armee prompt bestraft.

Fräulein Hobhouse hat eine grosse Anzahl von Flüchtlingen kennengelernt, von denen manche natürlich sehr gegen uns erbittert waren. Sie hält keineswegs zurück mit den Geschichten, die man ihr erzählt hatte; aber niemals ist da von einer Brutalität die Rede. Eine Frau, sagt sie, wurde von einem betrunkenen Soldaten mit Füssen gestossen, wofür er, fügt sie hinzu, bestraft wurde.

Ein Insasse des Lagers zu Springfontein, Herr Maltman aus Philippolis, schreibt: „Alle Buren-Frauen hier sprachen sich lobend aus über die Behandlung, die ihnen seitens der Soldaten zu Theil geworden war.“

Hier ist das Zeugnis einer Burghers-Frau, der Frau Van Niekirk:

> Sie werden gütigst erlauben, dass ich für die freundliche Behandlung der Holländischen Frauen und Kinder seitens der Britischen Truppen Zeugnis ablege. Als Frau eines Transvaaler Burghers habe ich seit 1897 bis auf die letzten drei Wochen in Krügersdorp gewohnt. Die Stadt wurde im vergangenen Juni eingenommen, und seit der Zeit ist immer eine ziemlich grosse Anzahl Truppen dort und in der Umgegend einquartiert gewesen, zeitweilig belief sich ihre Zahl sogar bis auf zehntausend und darüber. Sie bestanden aus verschiedenen Regimentern, Englischen, Schottischen, Irischen und Colonialen.
>
> Zu solchen Zeiten waren die Strassen und die wenigen Läden, die geöffnet wurden, voll von Soldaten und selbst, wenn das Leben und Treiben in der Stadt vorüber war, sah man immer noch viele Soldaten umhergehen. Anfangs fürchteten sich die Frauen, aber sie machten bald die Entdeckung, dass sie ebenso frei umhergehen konnten, wie sonst, ohne Furcht vor Belästigungen. Während der ganzen sechs Monate sah und hörte ich von keinem einzigen Falle, wo eine Frau unschicklich und respectlos behandelt worden wäre. Offiziere sowohl wie Mannschaften zeigten sich stets ehrerbietig gegen Frauen und freundlich gegen Kinder.
>
> Im vergangenen Juli lagerte eine Abtheilung der Gordon-Hochländer acht Tage lang auf dem Veldt gegenüber meinem Hause, welches im Weichbild der Stadt und allein liegt. Mein Gatte war während der Zeit von Hause abwesend, und ich war mit meinen jungen Kindern allein. Die nächsten Lager-Feuer waren keine zwölf Meter von meinem Thore entfernt, und doch habe ich nicht die geringste Belästigung erfahren, auch von meinem Eigenthum nichts vermisst, nicht einmal ein Stück Holz. Ich könnte noch viele solche Beispiele anführen, aber es wird nicht nöthig sein. Wenn ich’s nicht gesehen hätte, so

hätte ich's nimmer geglaubt, dass eine siegreiche Armee mit so viel Menschlichkeit und Rücksicht handeln könnte in dem Lande eines Volkes, das auch zu der Zeit sich noch im Kriege mit ihr befand; und wenn sie in Krügerdorp sich so benehmen – einem Orte, wie Sie wissen müssen, wo während der letzten sechs Monate sie der öffentlichen Kritik nicht ausgesetzt waren – ist es dann wahrscheinlich, dass ihr Betragen an anderen Plätzen gänzlich davon abweicht? Ich bin u.s.w.

Dies ist das Zeugnis einer Frau. Hier ist ein anderes, von einem Manne, einem alten Burgher, der ganz besonders gute Gelegenheit hatte, das Betragen der Britischen Truppen zu beobachten.

Gestatten Sie mir, an dieser Stelle ein für alle Male zu erklären, dass während des ganzen Krieges alle Englischen Offiziere – und wir erhielten Besuch von einer Menge Offiziere jeglichen Ranges – uns mit der grössten Freundlichkeit und Höflichkeit behandelten. Dabei wussten sie ganz gut, dass ich ein Burgher war und verschiedene Söhne im Felde hatte, die für die Unabhängigkeit unseres Landes fochten.

Ich komme noch einmal auf „Tommy Atkins“ und sein Betragen zurück. Wir sahen eine grosse Menge gefangener Buren, die unter Escorte mit ihren Familien nach Pretoria gebracht wurden. Einige dieser Züge waren sechszehn Kilometer lang. Tommy war überall, passte auf die Wagen auf, marschierte, ohne ein Wort zu sagen, in Staubwolken, häufig auch im Dreck bis an die Knöchel und war niemals rauh und unfreundlich gegen Frauen und Kinder, wie man das so oft von ihm behauptet hat. Von unseren Freunden und unseren eigenen Kindern, die aus eigener Erfahrung sprechen konnten, haben wir stets das Gegentheil vernommen.

Wenn Halt gemacht wurde, war Tommy der liebenswürdigste Bursche, der sich denken lässt. Er sorgte für kochendes Wasser, bemühte sich um die Kinder, erwies ihnen jede Art Aufmerksamkeit und tröstete die betrübten Mütter. Jedem, der sich schwach fühlte, war er behülflich. Bei unserer Farm half er aus freien Stücken bei der Rettung eines Viehes, das in Gefahr war zu ertrinken, oder beim Fortschaffen eines fetten Schweines, das geschlachtet worden war, bisweilen sogar machte er sich daran, Vieh, das sich verlaufen hatte, wieder herbeizuholen, und dergleichen mehr. Immer war er bei der Hand. Für alles dies verlangt er keine Belohnung. Belohnungen schlug er aus, aus dem einfachen Grunde, weil seine Gutmüthigkeit ihn so handeln hiess, wie er handelte.

Dies sind, geehrter Herr, unbestreitbare Thatsachen. Ich habe sie so genau wie möglich wiedergegeben und muss es Ihren Lesern überlassen, sich ihr eigenes Urtheil darüber zu bilden.

Ein alter Burgher aus Transvaal.
Rustenburg, Transvaal, im Juli 1901.

Ein langer und merkwürdiger Brief findet sich in „Suisse Liberale", von einem jungen Schweizer geschrieben, der die ganze Zeit des Krieges auf einer Farm im Tabanchu-Gebiete des Orange-Freistaates zubrachte. Der Brief ist sehr unparteiisch gehalten und enthält unter Anderem, wo von der am Orte befindlichen Garnison die Rede ist, folgende Bemerkungen:

> Sie machen häufig Besuche, lassen Einladungen ergehen und veranstalten Picknicks. In der Stadt sorgen sie für Wohlthätigkeitsconcerte, Bälle, Sport und Pferderennen. Es ist eine merkwürdige Erscheinung, dass die Engländer sogar im Kriege ohne ihren gewohnten Sport nicht leben können, und die Besiegten zeigen nicht die geringste Abneigung, sich in ihren Spielen den Siegern anzuschliessen und in Gesellschaft mit ihnen zu verkehren.

Verträgt sich so etwas mit den Erzählungen von soldatischer Rohheit? Es scheint doch eine sehr milde Art von Hölle zu sein, die in jenem Theil von Afrika ihr Wesen treibt.

Herr und Frau Osborn Howe waren die Directoren des Lagers „Soldiers' Home" in Südafrika. Sie haben die Armee in Südafrika gründlicher kennengelernt als die meisten Anderen und haben sie mit kritischen Augen beobachtet. Hier sind einige ihrer Aussagen:

Weder wir noch unsere zwischen De Aar und Pretoria zerstreut wohnenden Gehülfen haben jemals von einem einzigen Falle von Brutalität und Misshandlung gehört. Alle mit einander stellten sie voll Entrüstung die gegen unsere Soldaten vorgebrachten Beschuldigungen in Abrede und gaben uns viele Beispiele von grosser Freundlichkeit, die unsere Truppen hülflosen Frauen und Kindern erwiesen hatten.

Wir unsererseits haben nichts gesehen, das wir nicht in einer Versammlung von Schulkindern erzählen könnten. Als wir in der Orange-Fluss-Colonie wohnten, befanden wir uns mitten in der Gegend, wo die Farmen niedergebrannt wurden, und beobachteten, wie Lord Roberts sich Mühe gab, den Leuten ihr Ungemach durch Ausgabe von warnenden Proclamationen zu ersparen. Wir sahen, wie die Offiziere geduldig warteten, bis die Farmer diese wiederholten Warnungen gehörig begriffen hatten, und dann, mit welchem Widerwillen machten sich Offiziere und Mannschaften an das Werk der Zerstörung! Niemals hörten wir von einem Falle, wo nicht der Feind durch eine unzweideutige Handlung den Anlass dazu gegeben hätte.

Die Geschichte von einer in einem Holländischen Missionshause begangenen Gewaltthat – das Gebäude lag in einer abgelegenen Strasse einer grossen Stadt – erwies sich nach persönlich eingezogenen Erkundigungen als etwas, das alles andere war, als eine Gewaltthat. Die jungen Soldaten, welche das Haus betraten, nachdem ihnen auf ihr Klopfen die Thür geöffnet worden, zogen sich sofort zurück, als sie entdeckten, dass die dort wohnenden Damen Missionarinnen waren, ohne etwas mitzunehmen und ohne Jemand zu belästigen. Aber die durch den Missbrauch des Wortes Gewaltthat aufgebauschte Geschichte gelangte in die Capcolonie und hat hier viel dazu beigetragen, die Flammen der Erbitterung und der Rebellion aufs Neue anzufachen.

Diese angebliche „Vergewaltigung“ war aber nicht einmal ein gewöhnlicher Angriff.

Man wird vielleicht sagen, dass unsere Vorliebe für die Soldaten unser Urtheil getrübt hat. Aber wir

> lieben Gott und Wahrheit mehr als die Ehre unserer Soldaten. Wenn sich die Sache anders verhalten würde, würden wir es sagen.

Soweit, was die allgemeinen Thatsachen anbetrifft. Aber es ist bekanntlich schwer, einen negativen Beweis zu liefern. Halten wir uns deshalb an besondere Vorfälle, die man gesammelt hat, und sehen wir, was sich daraus machen lässt. Der eine von ihnen ereignete sich im Anfange des Krieges. Man erzählte sich, es sei im nördlichen Natal zweimal vorgekommen, dass Frauen angefallen wurden.

Diese Lügen wollen wir hier gebührend festnageln.

Der Vicar von Dundee in der Colonie Natal wurde vom Bischof von Natal aufgefordert, zu untersuchen, ob es wahr sei, dass vier Frauen und eine Familie bei Dundee namens Bester von Englischen Soldaten überfallen worden. Er meldete, dass er mit dem Schwiegervater Besters namens Jacobus Maritz, einem der einflussreichsten Farmer in der Gegend, eine Unterredung gehabt habe. Maritz sagte zu ihm: „Nun, Herr Bailey, es ist sehr recht von Ihnen, dass Sie zu mir kommen, denn unsere Familie (Frau Bester ist seine Tochter) ist die einzige Familie Bester in dieser Gegend und sagen Sie, bitte, ich hätte gesagt, dass die Geschichte weiter nichts sei, als ein Haufen Lügen."

Der andere Fall, der in Dundee vorgekommen sein sollte, nennt keine Namen. Es hiess bloss, dass einer der Männer die Uniform eines Hochländers angehabt habe. Der Vicar erwidert hierauf: „Es wird Ihnen bekannt sein, dass während des Krieges kein Hochländer-Regiment in Dundee stationiert war."

Die Waffen der Verleumdung verloren ihre Schärfe, als im Mai 1900 die Transvaaler Regierung zur Beruhigung der auf den Farmen befindlichen Frauen im „Volksstem" eine Anzeige erliess, worin jedem Burgher der gute Rath gegeben wurde, seine Familie ruhig auf der Farm zu lassen, da der Feind Frauen und Kinder mit der grössten Rücksicht und Achtung behandele. Wir wissen, dass Präsident Krüger sowohl wie General Botha, diesem Rathe gemäss, ihre eigenen Frauen unserem Schutze überliessen, während sie selbst den Feldzug gegen uns fortsetzten. Zu derselben Zeit, wo Krüger in Marseille die unwahre Behauptung aufstellte, dass wir gegen Frau und Kinder Krieg führten, wurde seine eigene schwache Frau so sorgfältig von Britischen Soldaten beschützt, dass ein Vorübergehender nicht einmal neugierig nach den Fenstern hinschauen oder gar das Haus photographieren durfte.

Die Verleumdungen waren ein wenig eingeschlummert, als sie

durch die Bemühungen des Herrn van Broekhuizen wieder wachgerufen wurden. Dieser Mann war Prediger in Pretoria und, wie fast alle Holländischen Prediger, ein heissblütiger Politiker. Obgleich er sein Wort gegeben hatte, mit seinen Ansichten zurückzuhalten, fuhr er trotzdem fort, aufrührerische politische Predigten zu halten. In Folge dessen erhielt er die Weisung, das Land zu verlassen, unter Bewilligung einer freien Ueberfahrt nach Europa. Er kündigte seine Ankunft durch einen Artikel in der „Indépendance Belge" an, worin er unter Anderem sagte, 30 Procent der Burenfrauen seien von den Britischen Truppen zu Grunde gerichtet. Eine solche Aussage aus einer solchen Quelle erweckte ein Gefühl der Entrüstung in Europa, bei denen aber, welche die Britische Armee kannten, fand sie keinen Glauben und erregte Zorn und Aergernis. Der Brief wurde zur Untersuchung der Sache nach Pretoria geschickt und veranlasste Herrn Constançon, den früheren Schweizer Konsul in jener Stadt, der während der ganzen Britischen Besetzung dort gewohnt hatte, zu der nachstehenden, inoffiziellen Erklärung:

> Ich bin mehr als erstaunt, ich bin empört, dass ein Lausanner Blatt solche abscheuliche und schmutzige Lügen bringen konnte.
>
> Der ganze Artikel ist von Anfang bis zu Ende nichts als ein Haufen Lügen, und der Schreiber, ein Prediger des Evangeliums, sollte etwas Anderes thun, als an sich selbst und seinem Amte meineidig zu werden.
>
> Ich habe die letzten achtzehn Jahre in und bei Pretoria gewohnt und kenne fast jede Burenfamilie in der Umgegend. Die beiden Frauen, die Broekhuizen erwähnt und die von Britischen Truppen überfallen sein sollen, sind mir ganz unbekannt und sicherlich keine Burennamen.
>
> Seit dem Einzüge der Truppen in Transvaal bin ich im ganzen Pretoria-Distrikt und in einem Theil von Waterberg beständig umhergereist. Ich habe oft in Burenhäusern übernachtet und kehrte auf meinen Geschäftstouren überall ein. Die Männer waren meistens nicht zu Hause, sondern draussen im Kampf gegen die Briten. Kinder und Frauen waren allein auf den Farmen zurückgeblieben. Nirgends, nicht ein einziges Mal, habe ich ein Wort der Klage über die Truppen gehört; hie und da fehlten einige

Hühner, und Zaunpfähle waren ausgerissen, um als Feuerholz zu dienen; dies darf man von Truppen auf dem Marsche nicht anders erwarten. Dagegen waren die Frauen des Lobes voll über die Soldaten und deren Betragen gegen ihr Geschlecht. Wo immer ein Lager in der Nähe einer Heimstätte aufgeschlagen wurde, sorgten die Offiziere stets für Aufstellung einer Feldwache, um Mausereien zu verhüten, und die Frauen, reich und arm, wurden überall wie Ladies behandelt.

Die Burenfrauen hatten eine solche Behandlung seitens der Sieger gar nicht erwartet und waren deshalb so einstimmig in ihrem Lob.

Unsere Stadt ist in Viertel eingetheilt, und jede Frau und jedes Kind ist, wenn nöthig, mit Nahrung unterstützt worden und in dem einen Viertel haben wir zur Zeit fünfhundert solcher Personen, die von der Britischen Regierung ihre Rationen empfangen, obgleich die Männer meistens im Felde stehen. In den Städten war das Betragen der Truppen ganz vorzüglich, alle Cantinen waren geschlossen, und in den letzten sechs Monaten habe ich nur zwei Fälle von Trunkenheit unter den Soldaten wahrgenommen.

Wir sind hier nur eine kleine Schweizer-Colonie, und ich weiss, dass jeder meiner Landsleute jedes Wort, das ich sage, bestätigen würde.

Manche mögen mit den Buren sympathisieren, aber sie werden den Britischen Truppen und ihren Offizieren niemals ihre Anerkennung versagen, wegen der humanen Weise, wie der Krieg geführt wird und wegen Tommy Atkins lobenswerthen Betragens.

Gleichzeitig erschien in der „Gazette de Lausanne", welche die Untersuchung angeordnet hatte, ein Brief von Herrn Gray, dem Presbyterischen Prediger in Pretoria, worin es heisst:

Vor einigen Tagen erhielt ich einen Auszug Ihres Blattes vom 17. November unter dem Titel: „La civilisation Anglaise en Afrique". Er bestand hauptsächlich aus einem Brief, unterzeichnet von H. D. van Broekhuizen (nicht Broesehuizen, wie es im Druck heisst), einem Buren-Pastor in Pretoria. Ich darf, geehrter Herr, Sie versichern, dass die Berichte, welche der Brief über die Abscheulichkeiten der Britischen Truppen enthält, sämtlich erlogen sind. Es würde schwer halten, in den Kriegsannalen Verleumdungen aufzufinden, die so unbegründet sind, wie diese. Man begreift nicht, welche Motive der Verfasser haben konnte, um so zuschreiben; aber jedenfalls waren sie der Art, dass er sich um Thatsachen gar nicht zu kümmern brauchte.

Als ich den Artikel Ihres Blattes erhielt, ging ich sofort aus, um zu erforschen, was möglicherweise für Gründe vorliegen konnten, um die masslosen Beschuldigungen zu rechtfertigen, die hier gegen die Britischen Soldaten geschleudert wurden. Da ich seit der letzten elf Jahre in Pretoria wohne, so bin ich mit vielen Buren hier am Orte sehr bekannt. Alle, die ich fragte, versicherten mich, dass ihnen kein einziger Fall von Gewaltthätigkeit, die von Britischen Soldaten gegen eine Frau begangen sein sollte, bekannt sei. Man erzählte sich allerdings von einem solchen Fall, aber es war ein blosses Gerücht, das für unbegründet gehalten wurde. Gesetzt auch, es wären einzelne Fälle von Rohheit vorgekommen, so wäre das unter den obwaltenden Umständen nicht zu verwundern und noch durchaus kein Grund, eine ganze Armee deshalb zu beschimpfen. Thatsache ist indessen, dass man hier zu Lande immer nur darüber sprechen hört, wie zurückhaltend und ehrerbietig die Britischen Soldaten den Frauen gegenüber sich benehmen. Man ist erstaunt darüber und freut sich dessen.

Die Antwort des Herrn van Broekhuizen hierauf war schwach: er sagte, es gäbe in Pretoria gar keinen Ex-Consul namens Constançon. Die „Gazette de Lausanne“ bewies dann, dass der Herr sehr bekannt und viele Jahre hindurch in jener Eigenschaft thätig gewesen sei; sie fügte hinzu, dass, wenn Herr van Broekhuizen in einer so einfachen Sache so schlecht unterrichtet wäre, er über andere, mehr umstrittene Punkte überhaupt nicht Bescheid wissen könnte. So wurde denn wieder einmal eine falsche Münze festgenagelt, aber erst nachdem sie so weit verbreitet worden, dass Viele, durch deren Hände sie gegangen, ihrer Falschheit nie gewahr wurden. So unglaublich es erscheinen mag, die niederträchtige Unwahrheit wurde im Jahre 1902 in der „Täglichen Rundschau“ von einem Dr. Vallentin wiederholt, und von da ging sie in andere, hervorragende Deutsche Zeitungen über, ohne dass Jemand auf die im Jahre 1901 vorausgegangene Widerlegung derselben Rücksicht nahm.

Beschäftigen wir uns jetzt ein wenig mit den Aussagen des Frl. Alice Bron, der treuen Belgischen Wärterin, welche während des Krieges bei beiden Parteien diente und deshalb in der besten Lage ist, Vergleiche anzustellen. Hier gebe ich einige Sätze aus ihren Berichten:

> Ich habe es so oft sagen und wiederholen hören, die Britischen Soldaten seien der Auswurf Londons und ein Abschaum der Verbrecher-Klasse: aber wie erstaunt bin ich über ihr Betragen!

Dies ist die Ansicht einer Dame, die zwei Jahre lang auf dem Veldt im Dienste der Humanität stand.

Hier sind ein paar andere gelegentliche Bemerkungen von Frl. Bron:

> Wie dankbar und respectvoll sie alle sind! Ich gehe Nachts nach dem Hospital ohne die geringste Furcht, und wenn ein Posten auf seinen Anruf meine Antwort „Schwester“ hört, bittet er jedes Mal ganz demüthig um Entschuldigung.
>
> Ich sehe sie jetzt nicht mehr, nicht mehr ihre Freundlichkeiten, ihre Aufmerksamkeit, ihren Respect und ihr Vertrauen. In dieser Beziehung könnte ich viele Fälle von Edelmuth seitens der armen Soldaten anführen.
>
> Ein verwundeter Englischer Soldat sprach von Cronje. „Ach, Schwester“, sagte er, „es freut mich, dass wir so viele Gefangene gemacht haben.“
>
> Warum?" fragte ich und fürchtete, Worte zu hören, aus denen der Hass sprach.
>
> „Oh“, sagte er, „ich freute mich deshalb, weil ich wusste, dass sie wenigstens weder verwundet noch getötet werden würden. Sie werden weder Frau noch Kinder zurücklassen, auch nicht leiden, was wir leiden.“

Sie beschreibt ihr Zusammentreffen mit General Wavell:

> „Sie sehen“, sagte er, „ich bin hierher gekommen, um Sie zu beschützen.“
>
> „Wir lächelten und verbeugten uns, und ich dachte: Ich kenne Ihre Soldaten, Herr General. Wir brauchen gar keinen Schutz.“

Aber der Krieg kann die Kämpfer verroht haben; es ist deshalb von Interesse, zu erfahren, welche Eindrücke Schwester Alice Bron gegen Ende des Jahres 1901 bekam.

Sie gibt eine Unterhaltung wieder, die sie mit einem Buren hatte.

> „Alles, was ich Ihnen zu sagen habe, ist, dass dasjenige, was Ihre Leute da drüben gethan haben, in keinem anderen Krieg jemals vorgekommen. Niemals, in keinem Lande der Welt hat man eine so feige That begangen, als Jemand zu erschiessen, der auf eine weisse Fahne hin herankommt.“
>
> Der Anführer, ein wahrer „Gentleman“ von dreiundfünfzig Jahren und Vater von elf Kindern, wurde blass und antwortete: „Sie haben Recht, Schwester.“
>
> „Und da wir nun einmal von diesen Dingen sprechen“, sagte ich, „so will ich bekennen, dass ich Ihren Kampf zur Verteidigung Ihres Landes wohl verstehen kann, aber die Lügen, die von Ihrer Seite über diese Engländer verbreitet werden, sind unverzeihlich.“
>
> „Wir wiederholen nur, was uns erzählt wird.“
>
> „Nein“, sagte ich, „Ihr lügt alle, und Ihr wisst, dass Ihr lügt und zwar mit der Bibel auf dem Schoss und unter Anrufung des Namens Gottes; und in Folge Eurer Lügen glaubt ganz Europa, die Englische Armee bestehe aus Mördern und Dieben. Ihr seht, wie sie Euch hier behandeln.“

Weiterhin zeigt sie, wie sie behandelt wurden. Die Kranken waren, beiläufig bemerkt, keine Buren, sondern Cap-Rebellen, die jeden Augenblick erschossen werden konnten. Nach chirurgischen Operationen wird die folgende Kost gewährt: „Acht oder zehn Tage lang erhält der Patient Champagner von der besten Französischen Marke (die letzten Worte unterstreicht sie) in ziemlicher Menge, dann alten Cognac und schliesslich Portwein, Stout und Ale nach Auswahl, dabei fünf bis sechs in Branntwein und Milch geschlagene Eier, bis er zuletzt bei der vollen Kost anlangt, wovon ich, obgleich vollkommen gesund, nicht die Hälfte verzehren könnte."

„Dies", sagte sie, „ist ein weiteres Beispiel von der ‚Unmenschlichkeit', mit welcher, der Europäischen Presse zufolge, die Englischen Metzger den Krieg geführt haben."

Die Schwestern von Nazareth in Südafrika sind eine Körperschaft, die, was Politik und Race anbetrifft, über Vorurtheile erhaben sind. Hier sind Worte, welche die Oberin veröffentlichte: „Ich erhalte Briefe mit jeder Post, aber niemals ist mir über das Betragen der Britischen Soldaten auch nur das leiseste Wort eines Tadels geschrieben worden. Unsere Schwestern kommen in den verschiedenen Theilen der Colonie mit Militärpersonen jeglichen Ranges in Berührung und können die Britischen Soldaten im Allgemeinen nicht genug rühmen, wegen ihrer Artigkeit, Höflichkeit und guten Betragens bei allen Gelegenheiten."

Ganz andere Eindrücke haben die Burischen Agenten mit ihrer Verfügung über Geld für geheime Dienstleistungen und ihrem Einfluss auf die Europäische Presse in der Welt hervorgerufen. Ein beständiger Strom von Entstellungen und Lügen haben das Gemüth Europas vergiftet und einen tiefen und andauernden Bruch zwischen uns und unseren Deutschen Stammesgenossen verursacht.

Man hat von den Britischen Truppen gesagt, sie hätten Frauen erschossen. Es ist zu verwundern, dass nicht viele Frauen erschossen worden sind, denn es war nichts Ungewöhnliches, dass Farmhäuser von den Männern vertheidigt wurden, während die Frauen sich in den Häusern befanden. In Wirklichkeit sind sehr wenige Fälle vorgekommen, wo eine Frau verletzt wurde. Eine Frau, eine Amazone, fiel in der Reihe der Kämpfenden mit dem Gewehr in der Hand, vor Ladysmith. Ein zweites Opfer lieferte die berühmte Eloff-Geschichte, die für viele Zeitungen und Zeichnungen willkommenen Stoff bot. Die Anklage lautete, dass wir Krügers Nichte kaltblütig erschossen hätten, und ein Berliner Morgenblatt erzählte die Geschichte, mit vielen kunstreichen Verschönerungen versehen, wie folgt:

> Als der Bure sah, wie seine Frau auf der Erde lag, kaum noch im Stande, sich aufzurichten, wollte er ihr zu Hülfe eilen, aber die Unmenschen hielten ihn fest. Der Offizier versicherte, dass sie einen Schuss in die Schläfen erhalten und sowieso sterben müsse, und man liess sie deshalb liegen. Am Abend hörte er seinen Namen rufen. Es war seine Frau, die nach

einem zwölfstündigen Todeskampfe noch lebte. Als sie Rustenburg erreichten, war sie tot. Diese Frau war Frau Eloff, Krügers Nichte. Ausser der Sympathie für Krüger, der diesen Verlust erlitten, wird dieser Bericht auch die Erbitterung Aller über die Brutalität Englischer Kriegsführung wieder wachrufen.

Diese Geschichte wurde von verschiedenen Zeitungen verschiedentlich aufgetischt. Hier ist Lord Kitcheners Klarlegung der Sache:

> Keine Frau jenes Namens ist getötet worden, aber der Bericht bezieht sich vielleicht auf den Tod einer Frau Vandermerve, die bei einem Farmhaus, von welchem aus ihr Mann Schüsse abgab, unglücklicherweise getötet wurde. Frau Vandermerve ist eine Schwägerin von Eloff. Der Tod einer Frau durch einen Fehlschuss ist sehr zu bedauern, aber es ist klar, dass ihr Gatte durch sein Feuern für den Unfall verantwortlich ist.

Das war das Ende auch dieser zweiten Mythe. Indessen sehe ich jetzt (Weihnachten 1901), dass ein Journalist des Continents, der eine Unterredung mit Krüger beschreibt, sagt, „er hatte wegen seiner Nichte, die durch einen Flintenschuss getötet worden sei, Trauer angelegt". Könnte nicht vielmehr der Tod seiner Frau die Ursache dieser äusseren Trauerzeichen gewesen sein?

Aber noch eine andere Erfindung, welche zu demselben Schicksal verurtheilt ist, aber Deutschland vorzüglichen Stoff für Karikaturen lieferte, ist die Geschichte von dem Scharmützel bei Graspan, in der Nähe von Reitz, welches am 6. Juni stattfand und wo die Briten beim Gefechte Burenfrauen als Deckung benutzt haben sollten. Ganze Reihen von reizenden Buren-Mädchen, gefesselt, auf freiem Felde, mit blutdürstigen Soldaten hinter ihnen kauernd, war ein zu verlockendes Bild für den zartsinnigen Künstler. Nichts fehlte für den Entwurf einer vorzüglichen Zeichnung – mit einziger Ausnahme: der Thatsache selbst. Hier ist der Bericht, wie er in einer Deutschen Zeitung erschien:

> Als die Engländer am 6. Juni von den Buren angegriffen wurden, mussten die Frauen und Kinder die Wagen verlassen und sich vor die Soldaten aufstellen, welche unter den Armen der Frauen durch auf

> die heranrückenden Buren schossen. Acht Frauen und zwei Kinder fielen durch die Schüsse der Buren. Als die Buren dies sahen, hörten sie auf zu feuern. Heulend wie wilde Thiere durchbrachen sie die Reihen der Soldaten und erschlugen die Tommies wie tolle Hunde mit ihrem Kolben.

Die wirklichen Thatsachen und Umstände, soweit sie sich feststellen lassen, sind folgende: „Am 6. Juni, früh morgens, überrannte Major Sladen mit 200 Mann berittener Infanterie einen Burenzug von 100 Wagen. Er machte 45 Männer zu Gefangenen, und die Wagen waren voll Frauen und Kinder. Er liess seine Leute Halt machen und wartete auf die Ankunft des Britischen Hauptheeres (de Lisle's). Während er wartete, wurde er von einer fünf- bis sechshundert Mann starken Abtheilung Buren unter De Wet heftig angegriffen. Die Briten warfen sich in einen Kaffern-Kraal und leisteten verzweifelten Widerstand. Der lange Zug Wagen, mit den Frauen noch darin, erstreckte sich von diesem Dorfe quer über die Ebene, und die Buren benutzten diese Wagen als Deckung beim Scharmützeln in der Richtung nach dem Dorfe. Die Folge war, dass die Frauen und Kinder zwischen zwei Feuer geriethen. Eine Frau und zwei Kinder scheinen getroffen worden zu sein, ob aber von Burischer oder Britischer Seite, lässt sich nicht feststellen. Der Zug und die Gefangenen blieben schliesslich in den Händen der Briten. Man sieht also, dass man ebenso gut behaupten könnte, die Buren hätten bei ihrem Angriffe die Frauen als Deckung gebraucht, wie die Briten bei ihrer Vertheidigung. Wahrscheinlich dachten beide Parteien in der Hitze des Gefechts mehr an die Wagen, als an das, was darin war.“ Diese Fälle, zusammen mit einem Falle in Middelburg, wo bei einem nächtlichen Angriffe der Buren ein paar Insassen des Zufluchtlagers zufälligerweise getroffen worden sein sollen, sind die einzigen, die im Kriege vorgekommen. Und doch schämt sich ein so bekanntes Blatt, wie der Deutsche „Kladderadatsch“ nicht, ein Bild zu veröffentlichen, das eine zerstörte Farm darstellt, rings umher liegen tote Frauen, und an einem Baume hängt ein Knabe. Der „Kladderadatsch“ hat den Ruf eines Witzblattes, aber alles hat seine Grenzen, auch der Witz.

In seinem Pamphlet über „Methods of Barbarism“ hat Herr Stead neulich ein Capitel verfasst unter dem Titel: „Ein Blick auf das Höllen-Panorama“, worin er den Spoelstra-Process behandelt. Spoelstra war ein Holländer, der den Neutralitätseid geleistet hatte; später schickte er einen Brief an eine Holländische Zeitung, ohne ihn der Censur zu unterwerfen, und attackierte darin in beleidigender Weise die Britische Armee. Er wurde zu einer Geldstrafe von 100 £ verurtheilt; eine Gefängnissstrafe wurde ihm erlassen. Im Verlaufe des Processes nannte er eine Anzahl Zeugen, um seine Anschuldigungen gegen die Truppen aufrecht zu halten, und auf Grund dieser Zeugenaussagen lässt Herr Stead, unter dem oben angegebenen characteristischen Titel, sich wie folgt vernehmen:

Er beginnt seine Anklage mit einem Paragraphen, der für sieht selbst spricht:

„Es ist ein beliebtes Geschwätz, das sich nicht bloss bei Leuten findet, die den Krieg befürworteten, sondern auch bei anderen, die Britische Armee hätte in den Südafrikanischen Republiken zwei Jahre zugebracht, ohne dass ein einziger Fall von Unanständigkeit gegen einen einzigen Soldaten bewiesen worden. Ich würde das gern glauben; aber wir kennen Rudyard Kiplings bekannten Ausspruch, dass Tommy Atkins kein Gips-Heiliger sei, sondern ein einfacher Kasernen-Mensch oder, in diesem Falle, ein einfacher Lager-Mensch, anderen menschlichen Wesen merkwürdig ähnlich. Wir alle kennen ihn zu Hause. Kein Familienvater im Parlament, kein Londoner Journalist würde seinem Dienstmädchen erlauben, auf einem öffentlichen Platze in England, in Zeiten tiefsten Friedens, in Gesellschaft von einem Dutzend Soldaten die ganze Nacht auszubleiben. Thäte er es, so würde er fühlen, dass er das Mädchen dem Verlust ihres guten Rufes ausgesetzt habe. Dies wird allgemein zugestanden, und anständige Leute, die in Garnisonsstädten oder in der Nähe von Kasernen wohnen, handeln dementsprechend. Darf man nun annehmen, dass dieselben Menschen von dem Augenblick an, wo sie, frei von den Fesseln der Civilisation, ausgeschickt werden, um zu verbrennen, zu zerstören und nach Herzenslust zu plündern, plötzlich vollständig umgewandelt werden und die Frauen und Töchter des Feindes mit ängstlicher Hochachtung behandeln? So etwas darf man natürlich nicht laut sagen, und ich höre schon im Geiste das Entrüstungsgeschrei derjenigen, welche behaupten werden, dass ich die tapferen Soldaten, welche zur Vertheidigung der Reichsinteressen ihr Leben aufs Spiel setzten, verleumdete. Aber ich sage kein Wort gegen unsere Soldaten. Ich sage nur, dass sie Menschen sind.“

Er fügt hinzu:

„Es ist eine unangenehme Thatsache, die aber ebensowenig, wie andere Thatsachen vertuscht werden darf. Kein Krieg kann geführt werden – und dieser Krieg wurde auch nicht anders geführt – ohne dass eine Menge Frauen, ob verheirathet oder ledig, den schlimmsten Gewaltthätigkeiten ausgesetzt werden. Jeder Krieg bringt das unvermeidlich mit sich. Es ist das eines der normalen Phänomene des militärischen Inferno. Die Zahl der Frauen, die von Seiten unserer Truppen Unrecht erduldet haben, auch nur annähernd abzuschätzen, ist unmöglich."

Hat man jemals in der Welt bei einer ernsten Sache so argumentiert? Wenn wir alles Rhetorische davon abstreifen, so heisst das mit anderen Worten: „250.000 Mann haben Gewalttaten begangen. Wie beweise ich das? Damit, dass 250.000 Mann 250.000 Menschen sind und deshalb Gewaltthätigkeiten begangen haben müssen." Alle Ritterlichkeit, alles Pflichtgefühl und jede höhere Rücksicht aus dem Spiele lassend, möchten wir Herrn Stead fragen, ob er nicht weiss, dass, wenn ein Soldat sich so etwas zu Schulden kommen liess, und sein Opfer konnte den Thäter genau angeben, das Leben dieses Mannes nicht mehr viel länger dauern würde, als die Zeit, die erforderlich ist, um ein Kriegsgericht abzuhalten. Gibt es einen Soldaten, der das nicht weiss? Gibt es einen Buren, der das nicht weiss? Gerade diese Unthat ist es, die nicht vergeben wird! Sind die Buren etwa ein so sanftmüthiges Volk, dass sie kein Rachgefühl kennen? Würde irgend ein Offizier die Verantwortlichkeit auf sich nehmen, einen Mann, der sich eines solchen Verbrechens schuldig gemacht, nicht zu melden? Wo ist denn nun die Liste der Leute, die bestraft worden sein müssten, wenn diese grausame Anklage auf Wahrheit beruhte? Es gibt keine solche Listen, aus dem einfachen Grunde, weil solche Dinge überhaupt nicht vorgekommen sind.

Zu den Ergebnissen des Processes übergehend, spricht Herr Stead von elf Frauen, welche unter Eid aussagten, dass sie von unseren Soldaten misshandelt worden seien. Unser Blut gerinnt vor Schreck. Denn dem Zusammenhang nach muss der Leser, der es liest, natürlich denken, dass die Klage dieser elf Frauen sich auf geschlechtliche Misshandlung bezog. In dem unmittelbar darauffolgenden Satze spricht er von solch scheusslichen und schändlichen Vorkommnissen. Aber bei genauerer Untersuchung der Sache stellt sich heraus, dass acht von den elf Fällen mit dem Geschlechtsleben nichts zu schaffen haben und viele von diesen überhaupt nicht verbrecherischer Art waren. In dem einen Falle wurde ein Sarg ausgegraben, um zu sehen, ob er Waffen enthalte. In diesem Falle war die Untersuchung erfolglos, aber zu anderer Zeit war sie erfolgreich ausgefallen. Ein weiterer Fall betraf die Durchsuchung eines Bettes, worin sich eine kranke Frau befand. Es geschah dies in anständiger Weise und ohne irgend welche unzarte Andeutungen. Bei zwei anderen Fällen handelte es sich um zwei Frauen, die während eines „Trecks" in ihren Wagen niedergekommen waren. „Die Soldaten belästigten weder während noch nach ihrer Niederkunft die Frauen. Sie blickten nicht in den Wagen hinein", sagte der Zeuge. Dies sind die Trivialitäten, von denen Herr Stead uns glauben machen möchte, sie gehörten in die Klasse der „abscheulichen und schändlichen Vorkommnisse".

Aber in drei Fällen handelte es sich angeblich um eine thätliche Beleidigung von Frauen. In dem einen wird ein gewisser Mr. E–n vom „Intelligence Department" angeklagt. Nun, der Name des Herrn und die Angabe „Intelligence Department" lassen es sehr zweifelhaft erscheinen, ob der Mann überhaupt als zur Britischen Armee gehörig angesehen werden darf. Britische Namen, welche zu E–n passen, sind ungewöhnlich, während der Holländische Name Esselen oder Enslin sehr gewöhnlich ist. Als Schlussfolgerung ergibt sich, dass der Mann erstens ein Civilist war, und zweitens von Holländischer Herkunft. „Ich bin zum Intelligence Department gar nicht hingegangen, um zu erfahren, ob er wirklich zu diesem Departement gehörte", sagte die Frau. Sie fügt hinzu, dass E–n als Dolmetscher fungierte. Dann muss er natürlich ein Holländer gewesen sein, und wenn das der Fall ist, warum ist sein Name der einzige Name, der verdeckt wurde. Gibt dies nicht zu denken?

Der zweite Fall betrifft Frau Gouws, deren Erlebnis dem Pastor van Broekhuizen mitgetheilt wurde und, wie schon erwähnt, einen so furchtbaren Eindruck auf ihn machte, dass er erklärte, 30 Procent der Frauen im Lande wären zu Grunde gerichtet. Frau Gouws scheint allerdings, nach ihrem eigenen Berichte, eine sehr rauhe Behandlung erfahren zu haben, obgleich sie behauptet, dass ihr Angreifer es nicht bis zum Aeussersten getrieben, oder vielmehr nicht mehr gethan habe, als in seiner Unterhaltung gemeine Ausdrücke gebraucht. Ihr Gatte sagte aus: „Ich habe eine ganze Anzahl Soldaten gesehen, sie betrugen sich sehr gut, und ich kann ihnen nichts Böses nachsagen." Er fügte hinzu, dass ein Britischer Offizier seine Frau vernommen habe, und dass sowohl der Generalprofoss, wie auch der Militär-Gouverneur sich sehr für den Fall interessierten. Obgleich also kein thätlicher Angriff gemacht worden, so ist doch zu hoffen, dass der Mann, der sich gegen eine hülflose Frau verging, früher oder später identificiert und bestraft werden wird.

Es bleibt uns noch ein Fall übrig. Er betrifft Frau Botha von Rustenburg. Wenn ihr Bericht sich bestätigt, dann ist dieser Fall so schlimm, wie er nur sein konnte. Das Geheimnisvolle des vorliegenden Falles liegt in dem Umstande, dass, wie die Frau selbst aussagte, in der Nähe eine Britische Heeresabtheilung lagerte und trotzdem weder sie selbst, noch ihr Mann eine Beschwerde einreichten, die eine höchst summarische Bestrafung des Verbrechers zur Folge gehabt hätte. Dies konnte nicht etwa versäumt sein, weil die Frau sich fürchtete, die Sache an die Oeffentlichkeit zu bringen, da sie keinen Anstand nahm, die Sache vor Gericht zu erzählen. Man hat keine Ahnung davon, wer dieser vereinzelte Soldat eigentlich gewesen sein mag, und die Klägerin wusste nicht einmal mehr das Datum anzugeben. Was soll man in einem solchen Falle thun? Der Präsident des Kriegsgerichts rief, mit einem Ausbruch von Entrüstung, welcher zeigte, dass er wenigstens Herrn Stead's Ansichten über das häufige Vorkommen solcher Verbrechen in Südafrika nicht theilte, aus: „Wenn so etwas Entsetzliches einer Frau begegnet, ist es dann nicht das Erste, was ihr Mann hätte thun sollen, hinauszustürzen und den Schuldigen zur Anzeige zu bringen. Selbst auf die Gefahr hin, sein Leben zu verlieren, hätte er das thun sollen. Aber da war gar keine Veranlassung zur Furcht. Wir Engländer sind keine Barbaren." Der Gatte indessen hatte keine Schritte der Art gethan. Wir dürfen sicher sein, dass der Vorfall noch immer die Aufmerksamkeit unseres Generalprofosses ernstlich in Anspruch nimmt, und dass man den Mann, falls er existiert, früher oder später dazu benutzen wird, um an ihm zum Frommen der nächsten Garnison ein Beispiel zu statuieren, was Disciplin und Menschlichkeit bedeutet. So war es auch mit dem Spoelstra-Process. Herr Stead spricht sehr fliessend über die Anklagen, die erhoben wurden, verschweigt aber geflissentlich die Hauptsache, dass nämlich nach geduldiger Anhörung derselben keine einzige als erwiesen gelten konnte.

Ich schliesse dieses Capitel am Besten mit den Worten des Rev. P. S. Bosman, des Hauptpredigers an der Holländisch Reformierten Kirche in Pretoria:

„Nicht ein einziger Fall von verbrecherischen Angriffen auf Burenfrauen seitens der Unteroffiziere oder Mannschaften der Britischen Armee in Pretoria ist mir zu Ohren gekommen. Ich erkundigte mich hie und da bei verschiedenen Herren über diesen Punkt, und sie konnten alle dasselbe bezeugen, wie ich."

Herr Stead aber sagt, es müsste so sein, weil 250.000 Mann in Afrika wären. Verkehrter kann man bei Aufstellung einer Behauptung doch wohl nicht gut zu Werke gehen! Wem sollen wir glauben, unserem Feinde, der sich an Ort und Stelle befindet, oder dem Londoner Journalisten?

CAPITEL 9.
FERNERE BESCHULDIGUNGEN BRITISCHER TRUPPEN

Expansions- und Explosions-Geschosse

So lange Herr Stead sich in unbestimmter Rhetorik gefällt, ist es schwer, ihn in die Enge zu treiben, anders ist es, wenn er mit einer bestimmten Behauptung hervortritt. So z. B. wenn er in seinen „Methods of Barbarism" rundweg erklärt, dass „England drei Millionen Runden Expansivkugeln nach Südafrika schickte, und dass im Norden Transvaals und bei Mafeking in den ersten drei Monaten des Krieges keine anderen Kugeln gebraucht wurden." Herr Methuen meldet, auf Grund eines Briefes des Artillerie-Leutnant de Montmorency ebenfalls, dass vom 12. October 1899 bis zum 15. Januar 1900 die Britischen Truppen nördlich von Mafeking ausschliesslich nur Mark-IV-Munition benutzten, welches kein Dum-Dum-, aber ein Expansionistisch ist.

Herr Methuens Angabe ist, wie man sehen wird, sehr verschieden von Herrn Steaks; denn Herr Stead sagt Mafeking, und Herr Methuen sagt nördlich von Mafeking. Um jene Zeit fanden nun bei Mafeking sehr viele Gefechte statt, nördlich von Mafeking aber nur Verhältnismäßigkeit wenige, so dass der Unterschied ein wesentlicher ist. Um Herrn Steaks Behauptung zu prüfen, setzte ich mich mit dem General Baden-Power in Verbindung, der Persönlichkeit, die am Besten berufen ist, zu sagen, was sich dort zu trug, und seine Antwort liegt vor mir: „Wir hatten bei Mafeking keine Expansionistische zu unserer Verfügung, es sei denn, dass Sie die gewöhnlichen Martin-Henry ein Expansionistisch nennen. Ich würde sie auch aus Menschlichkeit-Rücksichten nicht gebraucht haben, ausserdem war ein Armeebefehl ausgegeben, der den Gebrauch von Dum-Dum-Geschossen in diesem Feldzug verbot. Uebrigens sind Explosivgeschosse in der Convention ausdrücklich verboten, die Buren freilich machten in Mafeking gegen uns reichlichen Gebrauch davon, besonders am 12. Mai."

Ich habe auch versucht, jene Behauptung zu prüfen, soweit die Truppen im Norden von Mafeking in Betracht kommen. Dieselbe hohe Autorität sagt: „Was die nördliche Heeresabtheilung anbetrifft, so ist es nicht ganz unmöglich, dass ein paar Sportsleute in der Rhodesischen Abteilung einige Jagdgeschosse hatten, jedenfalls habe ich nie davon gehört.“ Ein Freund von mir, der während der ersten Woche des Krieges in Lobatsi war, versicherte mich, dass er immer nur die massive Kugel sah. Man darf nicht vergessen, dass die Lage, worin sich die Rhodesische Heeresabtheilung befand, ganz besonderer Art war. Ihre Verbindungen mit dem Süden waren am zweiten Tage des Krieges abgeschnitten, und während sieben Monate waren sie auf die lange, über Umwege führende Beira-Route angewiesen, um irgendwelchen Nachschub zu erhalten. Man kann sich denken, dass unter solchen Umständen Einheitlichkeit von Waffen und Munition sich nicht so leicht aufrecht erhalten lässt, als in dem Falle, wo eine Armee von einer gesicherten Basis aus operiert.

Das Expansivgeschoss befindet sich an und für sich noch nicht im Widerspruch mit den Haager Verträgen. Die Vertreter der Vereinigten Staaten und Grossbritanniens waren ausdrücklich der Ansicht, dass dem so wäre. Ich kann nicht umhin, zu glauben, dass diese beiden aufgeklärten und menschenfreundlichen Mächte bei dieser Stellungnahme übel berathen waren. Jene Verträge waren natürlich nur bindend für diejenigen, welche sie unterzeichnet hatten, und im Kampfe mit verzweifelten und rasenden Wilden durfte das den Feind ausser Gefecht setzende Geschoss immer noch gebraucht werden. Was immer auch die Beweggründe für unsere Ansicht gewesen sein mögen, wir sind sehr bald dafür gestraft worden, da sie uns hinderte, Gleiches mit Gleichem zu vergelten oder uns zu beklagen, als die Buren jene Waffen gegen uns in Gebrauch nahmen. Mit den Explosivgeschossen indessen hat es, wie mein hochgestellter Correspondent bemerkt, eine andere Bewandtnis, und wenn die Buren die Vortheile der Haager Verträge für sich in Anspruch nehmen, dann ist jeder Bure, der diese Waffen in seinem Bandelier trägt, straffällig.

Unsere Soldaten sind barmherziger gewesen, als unsere Haager Diplomaten. Trotz des Vorbehalts, wonach sie das Recht hatten, diese Munition zu gebrauchen, geschah doch alles, um sie von der Schützenlinie fern zu halten. Ein unglücklicher Zufall, der sich gleich im Anfange des Feldzuges ereignete, gab unseren Feinden einigen Anlass, uns zu verdächtigen. Die Thatsachen sind folgende:

Gegen Ende des Frühlings im Jahre 1899 wurden einige Hunderttausend hohlköpfige Kugeln, die in England fabriciert worden waren, als ungenügend verworfen, weil sie nicht vorschriftsmässig und dergleichen waren. Man schickte diese Kugeln nach Südafrika, um hier ausschliesslich bei Schiessübungen nach der Scheibe verwandt zu werden. Ein Theil dieser Munition, bekannt als „Metford Mark IV“, wurde auf Befehl des Generals Symons für Felddienstübungen nach Dundee gesandt. Da Mark IV in einem Kriege mit Weissen nicht gebraucht werden durfte, so wurden diese Patronen sämtlich eingefordert, sobald Krüger den Krieg erklärt hatte, und die verantwortlichen Offiziere meinten, dass jede einzelne Patrone dieser Art zurückbefördert worden sei. Durch irgend ein Versehen beim Einpacken zu Hause müssen indessen einige Patronen der Mark IV mit der gewöhnlichen Munition, d.h. Mark II, vermengt worden sein, denn am 30. October wurden solche bei unseren Leuten von den Buren vorgefunden. Es wurde in Folge dessen eine sorgfältige Inspektion angeordnet. Man fand einige Mark-IV-Kugeln in den Patronentaschen unserer Leute vor und entfernte sie sofort. Ihr Vorhandensein war rein zufällig und ohne Frage durch ein Versehen im Zeughaus-Departement schon lange vor dem Kriege verursacht; aber die Folge davon war, dass gleich beim Beginn des Krieges einige hohlköpfige Kugeln von den Engländern ohne ihr Wissen abgeschossen wurden.

Was man gewöhnlich als Dum-Dum-Geschoss bezeichnet, ist eine „weichnasige“ Kugel; aber die reguläre Mark II wird auch in der Dum-Dum-Fabrik angefertigt, und die Buren glaubten natürlich, als sie die Dum-Dum-Adresse an den Kisten sahen, worin sich Mark II befand, dass der Inhalt derselben aus „weichnasigen“ bestünde, was nicht der Fall war.

Es lässt sich nicht leugnen, dass eine gewisse Nachlässigkeit darin liegt, wenn Jagd-Munition überhaupt an der Front gebraucht werden konnte. Als die Derbyshire-Miliz bei Roodeval von De Wet gefangen genommen wurde, fanden die Buren eine Anzahl Kistchen mit Jagd-Patronen bei ihnen vor (die Offiziere hatten sie auf der Springbock-Jagd benutzt). Mein Freund, Herr Langman, der zugegen war, sah, wie die Buren in einigen Fällen ihre Bandeliere damit füllten. Zu ihrer Entschuldigung sagten sie, sie bedienten sich ja nur unserer eigenen Munition, und das schien sehr einleuchtend. Solche Patronen hätten nie an die Front gerathen sollen. Aber trotz solcher Versehen liegen Beweise genug vor, aus denen ersichtlich ist, dass man sich jegliche Mühe gab, den Krieg so menschlich wie möglich zu gestalten. Ich gebe mich der Hoffnung hin, dass, nach einer besseren Kenntnisnahme der Thatsachen, sich dasselbe von unseren Feinden sagen lässt und dass, trotz einzelner Ausnahmen, sie niemals systematisch ein anderes Geschoss gebrauchten, als dasjenige welches einer von ihnen als eine „gentlemanly“ Kugel bezeichnete.

Behandlung der Kriegsgefangenen im Felde

Auch in dieser Beziehung sind die Britischen Soldaten, in der Heimath sowohl wie im Auslande, Angriffen ausgesetzt gewesen, die ebenso grundlos und abscheulich sind, wie die meisten derer, die bereits behandelt wurden.

Das erste Mal, wo wir Buren zu Gefangenen machten, war in der Schlacht bei Elandslaagte, am 21. October 1899. Die siegreichen Truppen verbrachten jene Nacht bei strömendem Regen. Sie hatten sich natürlich Feuer angemacht, so gut es ging. Nun, verschiedene Zeugen haben ausgesagt, dass die wärmste Ecke am Feuer für die gefangenen Buren reserviert wurde. Man hat versichert und aufs neue versichert, dass die Lanzenreiter, als sie nach der Schlacht eine kleine feindliche Abtheilung angriffen, keinen Pardon gaben. „Leider nur zu wahr und zu bekannt", sagt ein gewisser Kritiker von dieser Behauptung. Ich glaube, dass diese Mythe ihre eigentliche Entstehung einem Sensation erregenden Bilde in einer illustrierten Zeitung verdankt. Der Angriff wurde spät Abends gemacht, im Halbdunkel. Unter solchen Umständen ist es ja immerhin möglich, dass, inmitten einer so wilden und verworrenen Scene, ein Mann, der sich gerne ergeben hätte, niedergestochen oder niedergeritten wurde. Aber die Cavallerie brachte zwanzig Gefangene mit, und die Zahl der Getöteten und Verwundeten hat sich auch nicht höher belaufen. Von einem ruchlosen Gemetzel kann also gar keine Rede sein. Ich habe einen Brief von einem Offizier gelesen, der die Cavallerie befehligte und den Angriff leitete. Er erzählt darin einem befreundeten Offizier kameradschaftlich die ganze Geschichte. Er spricht von seinen Gefangenen, aber kein Wort von irgendwelcher Brutalität, die sich seine Leute erlaubt hätten.

Herr Stead macht viel Wesens von Auszügen aus Briefen von gemeinen Soldaten, die davon reden, wie sie vor der Front ihre Feinde mit dem Bajonette erstachen. Solche Mittheilungen sollten mit grosser Vorsicht aufgenommen werden, denn für den Soldaten mag es ganz amüsant sein, seinen zu Hause befindlichen Freunden als ein ziemlich schrecklicher Mensch zu erscheinen[3]. Selbst wenn

3 Uebrigens vergleiche man hiermit die sogenannten „Hunnenbriefe" – Berichte deutscher Soldaten aus dem letzten Chinafeldzuge, in denen die Leute die haarsträubendsten Dinge erzählten

einzelne Fälle sich bestätigten, so beweist das nur, dass heissblütige Menschen in der Hitze des Gefechts sich nicht immer zurückhalten lassen, weder durch die Macht der Disciplin, noch durch das gute Beispiel und die Ermahnungen ihrer Offiziere. Solche Fälle kommen zweifellos bei allen Truppen und in allen Kriegen vor. Aber daraufhin eine allgemeine Anklage auf Brutalität und Grausamkeit zu erheben, ist ungerecht, wenn es ein Ausländer thut, und unnatürlich für Jemand, der unserem eigenen Volke angehört.

Es gibt eine endgültige und vollständige Antwort auf alle solche Beschuldigungen. Wir haben jetzt 42.000 männliche Buren in unserem Gewahrsam. Sie versichern und wir unsererseits können es nicht leugnen, dass ihr Verlust an Toten während der zwei Jahre, wo der Krieg geführt wird, ungewöhnlich gering gewesen sei. Wie vertragen sich solche Thatsachen, an deren Richtigkeit Niemand zweifelt, mit der systematisch durchgeführten Weigerung, Pardon zu geben? Für Jedermann, der, wie ich, die Britischen Soldaten gesehen hat, wie sie mit ihren Gefangenen scherzten und Cigaretten rauchten, nachdem letztere kaum fünf Minuten vorher eingebracht worden waren, ist eine solche Beschuldigung einfach lächerlich, aber selbst für denjenigen, meine ich, der sich von Vorurtheilen am wenigsten frei zu machen im Stande ist, muss die obengenannte Thatsache entscheidend sein.

In gewisser Hinsicht werden sich die Haager Verträge, auf grosse Verhältnisse angewandt, als verbesserungsbedürftig erweisen. Es wird sicherlich der höchste Beweis von Selbstbeherrschung und Disciplin sein – ein Beweis, den die Britischen Truppen bei Elandslaagte, Bergendal und vielen anderen Plätzen geliefert haben – eine Stellung im Sturme zu nehmen und dann den Vertheidigern, die sich erst im letzten Augenblick unterwarfen, Pardon zu geben. Es scheint das beinahe zu viel verlangt. Die Angreifer haben vorher furchtbar gelitten: ihre Kameraden und Offiziere sind gefallen, in ihrer Kampfeswuth stürmen sie die Position, und dann, im letzten Augenblicke, tauchen die Leute, die all das Unheil angerichtet haben, hinter ihren Felsen auf und verlangen Sicherheit für ihre eigene werthe Person. Erst in diesem Augenblick bekommt der Soldat seinen Gegner zu sehen, und jetzt erst stehen sich Beide unter gleichen Kampfverhältnissen gegenüber. Er muss Pardon geben, aber man muss gestehen,

---

und sich der grössten Grausamkeiten rühmten. Diese Berichte wurden von einer regierungsfeindlichen Presse aufgegriffen – aber die behördlicherseits eingeleiteten Untersuchungen ergaben ihre völlige Haltlosigkeit.

dass dies die menschliche Natur auf eine harte Probe stellen heisst.

Indessen, einer organisierten Heeresmacht gegenüber, die eine Position vertheidigt, ist ein solches Verlangen immer noch begreiflich, wie aber gegenüber einem einzelnen, auf eigene Faust handelnden Scharfschützen? Die Lage eines solchen Mannes ist von der Haager Convention nicht berücksichtigt worden, und für die Art seiner Behandlung wurden keine Vorschriften gegeben. Es ist nicht zu verwundern, wenn die Truppen, die von ihm belästigt wurden, gelegentlich das Gesetz in die eigene Hand nehmen und kurzen Process mit ihm machen.

Der erste Artikel der Haager Convention sagt, dass ein Kriegführender 1. von einer verantwortlichen Person befehligt werden muss; 2. dass er ein von Weitem sichtbares, deutliches Abzeichen tragen muss; 3. dass er seine Waffen nicht verborgen, sondern offen trage. Nun, ich meine, dass ein Burischer Scharfschütze, der sein Mausergewehr versteckt hält, um von einem sicheren „Kopje" aus einen Schuss auf die „Kooineks" (Briten) zu thun, keine dieser Vorschriften erfüllt. Nach dem Wortlaut des Gesetzes also steht er zweifellos ganz ausserhalb einer regulären Kriegsführung.

Und im Geiste des Gesetzes noch weit mehr. Zwischen den Felsen umherkriechen und Leute erschiessen, die gar nicht wissen können, woher die Kugel kommt, ist das etwas wesentlich Anderes, als Meuchelmord? Seine Opfer bekommen den Schützen gar nicht zu sehen, und er selbst setzt sich in den meisten Fällen keiner persönlichen Gefahr aus. Ich glaube gern, dass dergleichen nicht oft vorkam, aber wenn die Soldaten einen solchen Mann erschossen, ohne erst die Offiziere zu fragen, darf man da sagen, es sei das eine unverzeihliche That oder auch nur eine That, die sich, genau genommen, mit den Gesetzen der Kriegsführung nicht vertrüge?

Ich finde in der „Gazette de Lausanne", dass ein zurückgekehrter Schweizer Soldat, Namens Pache, der für die Buren gekämpft hatte, sein Erstaunen über die Art und Weise ausdrückte, wie die Britischen Truppen nach den Verlusten, die sie bei Erstürmung einer Position erlitten, denjenigen Pardon gaben, die ihnen diese Verluste beigebracht hatten.

„Nur einmal", sagte er, „in dem Gefecht bei Tabaksberg, habe ich gesehen, wie die Buren ihre Stellung bis zu Ende behaupteten. Beim letzten Ansturm des Feindes eröffneten sie ein ruchloses Magazin-Feuer, dann warfen, sie ihre Gewehre fort und hoben die Hände hoch, diejenigen um Pardon bittend, auf die sie aus ganz kurzer Distanz geschossen hatten. Ich war erstaunt über die Milde und Nachsicht der Soldaten, die ihnen das Leben schenkten. Was mich betrifft, ich hätte sie getötet."

Ueber die Gefangenen nach ihrer Gefangennahme brauchen wir kaum zu reden. Es herrscht darüber nur eine Stimme, bei den Briten sowohl wie bei den Ausländern, bei allen, die Gelegenheit hatten, sich eine Meinung zu bilden, dass die Gefangenen sehr menschlich und grossmüthig behandelt wurden. Die Berichte aus Green Point, St. Helena, Bermuda, Ceylon, Ahmednager und allen anderen Lagern stimmten in diesem Punkte alle überein. Ein Schrei erhob sich, als Ahmednager in Indien als Gefangenen-Station gewählt wurde, und mit derselben Unbedachtsamkeit, mit der man so manche Anklage gegen unsere Behörden schleuderte, wurde behauptet, der genannte Ort sei eine Brutstätte für Krankheiten aller Art. Die Erfahrung hat gezeigt, dass in diesen Behauptungen kein Funken Wahrheit war. Das Lager hat sich als ein sehr gesundes erwiesen. Da es das einzige ist, das jemals eine sehr harte Kritik erfahren, so mögen, die Aussagen des Herrn Jesse Collings, der demselben im vergangenen Monate einen Besuch abstattete, hier einen Platz finden:

„Die Burenoffiziere sagten: Wir haben über nichts zu klagen, weder wir, noch unsere Leute. Wir könnten als Kriegsgefangene gar nicht besser behandelt werden, und Major Dickenson (dies wünschten sie besonders hervorgehoben zu haben) ist so freundlich und rücksichtsvoll, wie man nur sein kann."

Einige sensationelle Berichte in Betreff der Bermuda-Lager erschienen auch in Amerika, aber eine Zeitung liess die Sache untersuchen und es stellte sich heraus, dass zu einer Klage gar kein Grund vorlag.

Herr John J. O'Rorke schreibt an die „New York Times", er habe, „angesichts der vielen Entstellungen, die Behandlung der Burischen Gefangenen in Bermuda betreffend, kürzlich einen glaubwürdigen Bericht von einem seiner dortigen Correspondenten empfangen". Dieser Correspondent heisst Musson Wainwright, und Herr O'Rorke schildert ihn „als einen einflussreichen Bewohner der Insel". Er sagt: „Die Buren haben's in Bermuda viel besser, als manche Einwohner in New York. Sie erhalten reichlich Rindfleisch, reichlich Brot, reichlich von Allem, nur keine Freiheit. Sie haben gute Hospitäler und gute Aerzte. Einigen der Buren fehlt es an Kleidung, das ist wahr, aber deren gibt es sehr wenige, und die Regierung liefert ihnen Kleidung. Ueberhaupt", sagt Herr Wainwright, „Grossbritannien behandelt die Buren weit besser, als es die meisten Völker thun würden".

Man vergleiche damit die bekannten, oft sehr unnöthigen Entbehrungen, die unsere Soldaten bei Waterval in der Nähe von Pretoria zu erdulden hatten, die hartherzige Vernachlässigung der Enteritis-

Kranken daselbst und die wirklich barbarische Behandlung der Britischen Colonial-Gefangenen, die man in Zellen einsperrte, unter dem absurden Vorwande, dass sie, im Kampfe für ihre Fahne, an der Sache der Afrikander Verrath geübt hätten.

Hinrichtungen

Die Zahl der Hinrichtungen von Buren, im Unterschiede von der Hinrichtung von Cap-Rebellen, ist in einem Kriege, der bereits sechsundzwanzig Monate andauerte, auffallend gering gewesen. So weit ich sie habe verfolgen können, beschränken sie sich auf die Hinrichtung Corduas wegen Wortbruchs und Verschwörung am 24. August 1900 zu Pretoria, auf das Erschiessen einiger Pferde-Vergifter in Natal und das Erschiessen von drei Mann, nach dem Gefecht vom 27. October 1900, in der Nähe von Fredericstad. Diese Leute warfen ihre Waffen nieder, erhielten Pardon, hoben sie dann aber wieder auf und feuerten auf unsere Soldaten von hinten. Wahrscheinlich sind hier und da auf dem ungemein weit sich hinstreckenden Schauplätze des Krieges noch andere Fälle vorgekommen, aber ich finde keinen Bericht darüber, und wenn sie überhaupt existieren, kann ihre Anzahl nicht gross sein. Seit dem Anfang des Jahres 1901 sind in Transvaal vier Mann erschossen, drei von ihnen als Spione und Wortbrüchige, einer in Johannesburg wegen verschärften Neutralitätsbruchs, weil er Buren zum Widerstand aufhetzte.

Im Anfang des Krieges schlossen sich 90 Procent der im nördlichen District der Capcolonie wohnenden Farmer den ins Land eindringenden Feinden an. Nach Vertreibung der Buren ergaben sich diese Männer zum grössten Theil. In Anerkennung des Druckes, der auf sie ausgeübt wurde und in Betracht ihrer schwierigen Lage, verhängte die Britische Regierung über die in Reihe und Glied Befindlichen weiter keine Strafe, als dass sie ihnen auf einige Jahre das Stimmrecht entzog, Einige von ihnen, die wie die Douglas-Rebellen, kämpfend auf dem Schlachtfeld betroffen wurden, erhielten eine Gefängnissstrafe von einem, beziehungsweise fünf Jahren.

Dies geschah im Jahre 1900. Im Jahre 1901 machten die Buren einen Einfall in die Colonie, der sich von dem früheren wesentlich unterschied. Bei dem ersten Einfall hielten die Buren das Land thatsächlich besetzt und waren durch die Kriegsstärke im Stande, auf die Einwohner einen wirklichen Druck auszuüben. Bei dem zweiten waren es bloss einzelne Banden, die ins Land einfielen, viele Plätze berührten, aber keinen besetzten. Ein Britischer Unterthan, der bei der ersteren Veranlassung sich ihnen anschloss, konnte sich darauf berufen, dass er gezwungen worden sei, bei der zweiten hätte er zweifellos aus eigenem Antriebe gehandelt.

Da diese Buren-Banden sich schnell von Ort zu Ort begeben konnten und sich auf Kampf nicht einliessen, es sei denn, dass sie sich in einem ausserordentlichen Vortheil befanden, drangen sie in der Colonie überall hin und verführten eine Anzahl Britischer Unterthanen zum Treuebruch. Kleine Heeresabtheilungen anzugreifen, militärische oder andere Eisenbahnzüge zum Entgleisen zu bringen, war ihre Hauptbeschäftigung. Um ihre Spur zu verdecken, ermordeten sie fortwährend Eingeborene, deren Aussagen sie hätten verrathen können. Ihre Anwesenheit brachte die Colonie in Verwirrung und bedrohte die Verbindungslinie der Armee.

Die Situation lässt sich einem auf dem Continent lebenden Leser vielleicht durch eine ziemlich genaue Parallele veranschaulichen. Angenommen, eine Oesterreichische Armee wäre in Deutschland eingefallen und, während sie weit vorgedrungen auf deutschem Grund und Boden, fingen Banden Oesterreichischer Unterthanen, aber von Deutscher Abkunft, an, die Eisenbahnlinien aufzureissen und die Communication zu stören. Das war unsere Lage in Südafrika. Würden die Oesterreicher unter diesen Umständen gegen solche rebellische Banden besonders gnädig verfahren, zumal wenn sie wüssten, dass sich dieselben nicht bloss des Verraths schuldig gemacht, sondern auch hier und da Jemand kaltblütig ermordet hatten? Ist das anzunehmen?

Die Briten indessen waren sehr geduldig. Viele Hunderte dieser Rebellen geriethen in ihre Hände, und die meisten kamen ohne Geldstrafe und ohne Gefängnis davon. Die Rädelsführer und diejenigen, die sich eines Capitalverbrechens schuldig gemacht hatten, wurden hingerichtet. Ich habe mir die Mühe gegeben, eine Liste der im Jahre 1901 vollzogenen Hinrichtungen aufzustellen, unter denen sich auch die bereits erwähnten befinden. Sie ist wenigstens annähernd correct:

Zahl	Ort	1901	Ursache
2	De Aar	19. März	Eisenbahn-Zerstörung
2	Pretoria	11. Juni	Buren – Neutralitätsschwur gebrochen
1	Middelburg	10. Juli	kämpfend
1	Cape Town	13. Juli	kämpfend
1	Cradock	13. Juli	kämpfend
2	Middelburg	24. Juli	kämpfend
2	Kenhardt	25. Juli	kämpfend

1	Pretoria	22. Aug.	Buren-Spion
3	Colesburg	4. Sept.	kämpfend
1	Middelburg	10, Oct.	kämpfend
1	Middelburg	11. Oct.	kämpfend
1	Vryburg (geh.)	12. Oct.	kämpfend
einige	Tarkastad	12. Oct.	kämpfend
1	Tarkastad	14. Oct.	kämpfend
1	Middelburg	15. Oct.	kämpfend
2	Cradock (1 geh., 1 ersch.)	17. Oct.	Eisenbahn-Zerstörung u. Mord an Eingeborenem
2	Vryburg	29. Oct.	kämpfend
1	Mafeking Nov.	11. Nov.	Erschießen eines Eingeborenen
1	Colesburg	12. Nov.	kämpfend, plündernd, thätl. Beleidigung u.s.w.
1	Johannesburg	23. Nov.	Burghers, die sich ergeben hatten, zum Eidbruch verleitet
1	Aliwal North	26. Nov.	Deserteur der Cap-Polizei
1	Krugersdorp	26. Dec.	Erschiessung von Verwundeten
2	Mafeking	27. Dec	Ermordung eines Kaffern

Angenommen, die „einige“ in Tarkastad am 12. October seien 3 gewesen, so macht das im Ganzen 34. Es werden zweifellos noch Manche hinzukommen, denn die fortwährende Ermordung harmloser Eingeborener, unter denen sich Kinder befinden, verlangt ein strenges Gericht. In dieser Liste waren 4 Eisenbahn-Zerstörer (erschwerte Fälle, weil Rebellen), 1 war ein Spion, 4 waren Mörder von Eingeborenen, 1 ein Deserteur, der der Cap-Polizei zwanzig Pferde weggenommen, und die übrigen 23 Britische Unterthanen, die kämpfend und in Waffen gegen ihr eigenes Vaterland betroffen waren. Seit Aufstellung obiger Liste hat auch der junge Scheepers seinen verdienten Lohn empfangen und muss deshalb mitgezählt werden. Sein jugendliches Alter lässt sein frühzeitiges Ende sehr bedauerlich erscheinen; der Umstand aber, dass er nicht weniger als sieben Schwarze ermordet hatte, bereitete ihm dies traurige Schicksal und machte es unvermeidlich.

Geisseln auf Eisenbahnzügen

In diesem Falle, scheint es mir. muss man den Militär-Behörden einen ernsten Vorwurf machen, nicht etwa wegen unmenschlicher Behandlung des Feindes, sondern weil sie Schritte zu thun unterliessen, welche sie pflichtschuldigst hätten thun müssen, um ihre eigenen Truppen zu schützen. Wenn man alle die Opfer der Eisenbahn-Zerstörungen und -Entgleisungen zusammenzählen, wollte, so dürfe man ohne Uebertreibung behaupten, dass dabei ebenso viele Menschen umgekommen oder verwundet seien, wie in einer bedeutenden Schlacht. In wenigstens fünf Fällen wurden zwanzig bis dreissig Menschen dienstunfähig gemacht, und es gibt sehr viele Fälle, wobei eine kleinere oder grössere Anzahl arg verletzt wurde.

Möge es ein für alle Mal gesagt sein, dass wir uns hierüber nicht beschweren. Einen Zug zur Entgleisung zu bringen, ist in einem Kriege nicht ungesetzlich, und es gibt dafür viele Präcedenzfälle. Aber es ist ebenfalls gesetzlich, Geisseln in die Eisenbahnzüge zu bringen, um das Entgleisen in Schach zu halten; auch dafür gibt es viele Präcedenzfälle. Die Deutschen thaten es in Frankreich regelmässig, und das Resultat rechtfertigte sie, ebenso wie uns das Resultat gerechtfertigt hat. Seit der Zeit, wo wir diese Massregel in Südafrika angewandt (October 1901), haben wir von keinem einzigen Entgleisungsfalle mehr gehört, und zweifellos sind dadurch viele Soldaten, vielleicht auch einige Civilisten vor dem Tode bewahrt geblieben.

Ich will dieses Capitel mit zwei Auszügen schliessen, die ich dem Tagebuche des Oesterreichischen Grafen Sternberg entnommen habe, In dem ersten beschreibt er seine Gefangennehmung:

„Drei Stunden waren erforderlich, ehe es uns gelang, unser Ziel zu erreichen. Der Sergeant befahl alsdann, dass wir uns ausruhen sollten. Wir liessen uns auf der Erde nieder und plauderten gemüthlich mit den Soldaten. Es waren feine Kerle, ohne das geringste Anzeichen von Brutalität – im Gegentheil voll von Mitgefühl. Sie hatten alle Ursache, böse auf uns zu sein, denn wir hatten sie im Schlafe gestört, nachdem sie am Tage vorher es sehr sauer gehabt hatten; aber sie vergalten es uns nicht, durchaus nicht, sie waren sehr freundlich. Sie theilten sogar ihr Trinkwasser mit uns. Ich kann nicht sagen, wie mir in jener Nacht zu Muthe war. Ein Gefangener!“

Er fügt hinzu: „Ich kann nur wiederholen, dass die Englischen Offiziere und die Englischen Soldaten in diesem Kriege gezeigt haben, dass das Waffen-Handwerk den Menschen eher veredelt, als verschlechtert“.

CAPITEL 10.
DIE ANDERE SEITE DER FRAGE

Im November 1900, nachdem ich vorher die Meinungsäusserungen vieler Offiziere aus den verschiedenen Landestheilen, wo der Krieg geführt wurde, vernommen hatte, schrieb ich in meinem Buche „The Great Boer War“ (Der Grosse Burenkrieg): „Die Buren sind in der Presse oft in gemeiner Weise verleumdet worden. Männer, die am meisten Gelegenheit hatten, sie im Felde zu beobachten, sind auch am meisten geneigt, ihren Character zu schätzen und zu ehren. Dass die weisse Fahne von den Buren aufgezogen sei, in der kaltblütigen Absicht, unsere Leute damit heranzulocken, ist nichts als Verleumdung. Ihre Tapferkeit missachten, heisst unseren Sieg missachten.“ Meine eigene Meinung wäre natürlich werthlos gewesen, hätte ich nicht, wie gesagt, mich vorher gehörig erkundigt. General Porter sagte: „In ein paar Fällen wurde die weisse Fahne missbraucht, aber in jedem grossen Gemeinwesen findet man immer einige Bösewichter.“ General Lyttelton sagte: „Die Buren sind tapfere Leute, und ich glaube, dass die Abscheulichkeiten, welche über sie berichtet worden, nicht von den regulären Holländischen Burghers verübt wurden, sondern von dem Auswurf, der in alle Armeen hineingeräth.“

Es ist höchst bedauerlich, dass solche Worte heute nicht mehr geschrieben werden könnten. Wäre der Krieg zu Ende gewesen, als er hätte beendigt sein sollen, so hätten die Kämpfer auseinandergehen können, jeder mit dem ritterlichen Gefühl der Hochachtung für seinen ritterlichen Gegner. Aber nachdem die Buren an den Gott der Schlachten appelliert hatten und sein Urtheil vernommen, appellierten sie noch einmal an ihn gegen dies Urtheil. Daher das lange, bittere, nutzlose Ringen und Kämpfen, das so manches Leben gekostet, so viel Elend gebracht und den ganzen Character des Krieges erniedrigt hat.

Im ersten Kriegsjahr geschah freilich Manches, das unsere Truppen erbitterte. Die Buren waren ein Jägervolk und bedienten sich oft einer List, die dem geradsinnigen Soldaten als feige und unschön erscheinen musste. Einzelne spielten ohne Zweifel den Streich mit der weissen Fahne, einzelne machten sich auch des Hände-Aufhebens schuldig, um die Soldaten aus ihrer Deckung hervorzulocken. Man kennt viele Beispiele dieser Art – in einem gewissen Falle war sogar Lord Roberts Zeuge davon. Sein officieller Protest dagegen lautet:

„Da wiederum ein Beispiel von grobem Missbrauch der weissen Fahne und des Hände-Aufhebens, als Zeichen der Uebergabe, vorgekommen, so ist es meine Pflicht, Ew. Gnaden davon in Kenntnis zu setzen, dass, falls sich ein solcher Missbrauch wiederholt, ich, wenn auch sehr gegen meinen Willen, gezwungen sein werde, den Befehl zu erlassen, dass meine Truppen sich um die weisse Fahne überhaupt nicht mehr zu kümmern haben.

Der betreffende Fall ereignete sich gestern Abend auf dem „Kopje" östlich von der Driefontein-Farm. Verschiedene meiner Stabsoffiziere waren Zeuge davon, ebenso wie ich selber, und auf diese Weise wurden mehrere meiner Offiziere und Leute verwundet.

Eine grosse Anzahl Explosivgeschosse von drei verschiedenen Sorten fanden sich in Cronjes Lager vor, und das nach jedem Gefecht mit Ew. Gnaden Truppen.

Solche Verletzungen der allgemein anerkannten Kriegsbräuche und der Genfer Convention sind, eine Schande für jede civilisierte Macht."

Indessen, die Britischen Offiziere waren nicht unvernünftig. Sie vergassen nicht, dass sie gegen eine Macht kämpften, wo jeder Einzelne sich selbst ein Gesetz ist. Jeden schlechten Streich, den ein gewissenloser Burgher beging, dürfte man doch nicht, wie eine mit Ueberlegung geübte Verrätherei, den Führern zur Last legen. Wiederum ist denkbar, dass ein Feigling, ohne dazu beauftragt zu sein, die weisse Fahne aufzog, während seine muthigeren Kameraden sich weigerten, sie anzuerkennen, wie denn unsere eigenen Leute, vielleicht zu ihrem Vortheile. sie auch gelegentlich nicht anerkannt haben mögen. Wegen solcher Vorkommnisse herrschte wenig oder gar keine Erbitterung gegen den Feind, und die meisten Offiziere würden, glaube ich, in diesem Punkte ganz meiner Ansicht sein.

Von Anfang an war das Verfahren der Buren, mit Bezug auf die allgemeinen Regeln der Kriegsführung völlig willkürlich. Der erste Artikel der Haager Verträge verlangt, dass eine Armee, um auf die im Kriege geltenden Rechte Anspruch erheben zu können, vor allen Dingen ein in der Ferne sichtbares Abzeichen tragen muss. Im zweiten Artikel heisst es freilich, dass eine Bevölkerung, die keine Zeit hat, sich zu organisieren, sich aber vertheidigen muss, von dieser Vorschrift entbunden ist. Aber die Buren waren beim Beginn des Krieges der angreifende Theil und, angesichts ihrer langen und sorgfältigen Vorbereitungen wäre es thöricht. zu sagen, dass sie die im Commando befindlichen Burghers nicht mit irgend einem deutlich erkennbaren Abzeichen hätten versehen können. Als sie eine Aenderung vornahmen, wurde die Sache nicht besser, sondern schlimmer, denn sie kleideten sich schliesslich in die Khaki-Uniformen unserer eigenen Soldaten und bewirkten auf diese Weise mehrere Ueberfälle.

Es ist bezeichnend für die Gutmüthigkeit der Briten, dass viele dieser Khaki-bekleideten Burghers in unsere Hände geriethen, ohne für ihre gefährliche Verletzung der Kriegsgesetze Strafe zu leiden. Hierin, wie in Betreff der Eisenbahn-Geisseln, sind wir viel zu nachsichtig gewesen. Wären gleich zuerst ein halbes Dutzend Khaki-Burghers erschossen worden, so hätten viele unserer Soldaten ihr Leben behalten.

Die Uniform-Angelegenheit wurde indessen verziehen, ebenso wie die Vorfälle mit der weissen Fahne verziehen wurden. Wir hatten Geduld mit den Eigenthümlichkeiten der Kriegsführung und nahmen Rücksicht auf die Schwierigkeiten unserer Feinde. Wir suchten uns einzureden, dass sie kein falsches Spiel trieben, sondern sich so gerecht wie möglich zu sein bemühten. Schon ihre Methoden trugen sicherlich einen rauhen Character. Hier ist z. B. eine unter Eid gegebene Mittheilung eines Soldaten, der im Kampfe vor Ladysmith gefangen genommen wurde:

Aussage von No. 6418.
Gemeiner F. Ayling, 5. Batt.
Königliches Schützenregiment.

Bei Colenso, 25. Febr. 1900.

Ich wurde gegen 5 Uhr Morgens, am 23. d. M., von den Buren gefangen genommen, da ich mich zu weit vorgewagt hatte, um mich zu meiner Compagnie zurückzuziehen. Gegen 10 Uhr Morgens, am 25., durfte ich wieder gehen und stiess wieder zu meinem Regiment.

Während der ganzen Zeit wurde ich in den Laufgräben der Buren ohne Nahrung und ohne einen Trunk gelassen. Einige zwanzig von unseren Verwundeten lagen in unmittelbarer Nähe der Laufgräben und baten fortwährend um Wasser, das ihnen aber stets verweigert wurde. Wenn von den Verwundeten sich welche rührten, schoss man auf sie. Die meisten von ihnen starben aus Mangel an Pflege, da man sie zwei

> Tage und zwei Nächte dort liegen liess. Die Buren (welche sämtlich Engländer zu sein schienen) sagten: „Lasst sie sterben, aber gebt ihnen kein Wasser.“

Gegen solche Beispiele lassen sich indessen andere anführen, wo gutherzige Burghers unseren Verwundeten und Gefangenen Mitleid erwiesen und Edelmuth.

Im weiteren Verlauf des Krieges indessen kam auf Seiten unseres Feindes immer mehr Rohheit zum Vorschein, und es wirft ein gutes Licht auf die Disciplin der Britischen Truppen, dass sie sich dadurch nicht irre machen liessen und sich weigerten, wegen der Grausamkeit und Verrätherei einiger Weniger eine ganze Nation zu bestrafen. Der erste eigentliche und wirkliche Mord im Krieg war die Ermordung des Leutnants Neumeyer, der sich gegen Ende November 1900 zutrug. Die näheren Umstände, die seitdem officiell bestätigt worden, wurden zur Zeit von Aliwal aus wie folgt berichtet:

> Leutnant Neumeyer, der die Orangefluss-Polizei in Smithfield commandierte, fuhr hier gestern unbewaffnet in einem Wagen, als er von zwei Buren angehalten wurde. Man machte ihn zum Gefangenen, legte ihm Handfesseln an und schoss ihn verrätherischer Weise mit einem Revolver in den Rücken und auch durch den Kopf.
>
> Die Mörder streiften dem Leutnant Neumeyer die Gamaschen ab, die er trug, durchsuchten seine Kleider nach Geld und schleppten nachher den Leichnam nach einem Sumpf, in welchem er später von der Cap-Polizei entdeckt und von wo er nach hier gebracht wurde. Zwei Eingeborene waren Augenzeugen des Mordes. Leutnant Neumeyer hatte mit Auszeichnung im Rhodesischen Feldzuge gedient.

In dieser späteren. Periode des Krieges begann jenes systematische Niedermetzeln der Kaffern seitens der Buren, eine der grausamsten und schrecklichsten Erscheinungen des ganzen Krieges. Auf beiden Seiten haben die Kaffern als Fuhrleute, Knechte und Kundschafter gedient, aber auf keiner Seite als Soldaten. Die Briten hätten im Anfange des Krieges mit Leichtigkeit den ganzen Widerstand der Buren über den Haufen werfen können, wenn sie die Basutos, Zulus und Swasis, die alle mit den Buren in tödlicher Feindschaft lebten, auf diese losgelassen hätten. Die Buren hätten solche Bedenklichkeiten sicherlich nicht gehegt, denn als im Jahre 1857 die Transvaaler einen Streit mit dem Freistaat hatten, verhandelten sie heimlich mit einem Kaffernhäuptling, um ihre Stammesgenossen im Rücken anzugreifen. Paul Botha, welcher diese Thatsache bezeugt hat, sagt:

> Ich bin von dieser Sache besonders gut unterrichtet, weil ich an dem Commando theilnahm, das unsere Regierung den Transvaaltruppen entgegenschickte. Der Streit wurde schliesslich friedlich beigelegt, aber, so unglaublich es erscheinen mag, Transvaal hatte thatsächlich fünf Personen, an deren Spitze sich der bekannte Karel Geere befand, an Moshesh, den Basutohäuptling geschickt, um diese zu bewegen, uns, seine Stammesgenossen, im Rücken zu überfallen. Ich war einer von der Patrouille, die Geere und seine Begleiter gefangen nahm. Einige von ihnen lernte ich später kennen, und von einem derselben erfuhr ich das ganze schändliche Complott.

Hieraus können wir so ziemlich entnehmen, was wir zu erwarten gehabt hätten, wenn die Sympathie der Eingeborenen nicht auf unserer Seite gewesen wäre. In dem bereits erwähnten Briefe, den Snyman an seinen Bruder schrieb, versicherte er, dass Krüger ihm gesagt habe, er vertraue auf die Hülfe der Zwasis und Zulus. Wir unsererseits haben aber weiter nichts gethan, als den Eingeborenen erlaubt, ihr Leben und Eigenthum zu vertheidigen, wenn sie angegriffen wurden, wie beispielsweise in dem Falle der Baralongs bei Mafeking und der Kaffern im Transkei.

Als Soldaten sind die Kaffern von uns nur auf den Seiten der illustrierten Zeitungen des Continents verwandt worden, als Fuhrleute, Knechte, Führer und Kundschafter waren sie indessen für uns von grossem Werth.

Die Buren sahen das sehr wohl ein, und als der Krieg anfing, für sie einen ungünstigen Verlauf zu nehmen, versuchten sie, die Kaffern durch Einschüchterung zur Untreue gegen uns zu verleiten, und töteten sie jedes Mal erbarmungslos, wenn sie dieselben in irgend einer Weise mit den Briten in Zusammenhang bringen konnten. Wie viele Hunderte auf diese Weise den Tod erlitten, lässt sich unmöglich berechnen.

Nach einer Niederlage der Briten liess man den farbigen Dienern und Fuhrleuten keine Gnade zu theil werden; die Burencommandos töteten jeden Kaffer, der etwas hätte aussagen können, was zur Entdeckung ihrer Spuren geführt hätte. Bisweilen töteten sie sogar Kinder. So erzählt Lord Kitchener u. a. einen Fall, wo eine Britische Colonne einem Burencommando auf den Fersen war und vier kleine Kaffernknaben mit zerschlagenem Schädel in dem Kraal fand, welches die Buren gerade geräumt hatten.

Ein Fall, der dem Britischen Volke besonders nahe ging, war der Fall Esaus, des farbigen Schmieds, eines intelligenten und gebildeten Mannes, der als ein treuer Britischer Unterthan in der Britischen Stadt Calvinia wohnte. Zum Spionieren war hier keine Gelegenheit geboten, da der Mann seinen Wohnsitz gar nicht verlassen hatte. Die nachfolgenden Documente werden zeigen, weshalb unsere Nation ihre Pflicht nicht gethan haben wird, so lange die Mörder dieses Mannes ihre verdiente Strafe nicht erhalten haben. Ein rührender Brief Esaus an den Gouverneur des Districtes ist veröffentlicht worden. In diesem Briefe sagt er, dass kommen möge, was da wolle, er würde der Flagge treu bleiben, unter der er geboren sei. Das Nächste, was man von ihm hörte, war, dass er in brutaler Weise ermordet worden ist.

> Abraham Esau, ein treuer farbiger Schmied, wurde in unbarmherziger Weise gepeitscht, weil er sich weigerte, auszusagen, wo sich Waffen vergraben fänden. Nierenentzündung trat ein, trotzdem wurde er wiederum unter Peitschenhieben durch das Dorf getrieben, bis er nicht mehr gehen konnte, und dann erschoss man ihn. Calvinia, 8. Februar.
>
> („Times“, 16. Februar 1901. S. 7 [3].)

> Der Chirurg des Districts in Calvinia hat in einem Schreiben an den Colonial-Secretär das Durchpeitschen und Erschiessen Esaus durch einen Buren Namens Strydon, welcher aussagte, auf höheren Befehl gehandelt zu haben, voll und ganz bestätigt. Ein Process hat nicht stattgefunden, und ebensowenig ist ein Grund für die That angegeben. Kapstadt, 19. Februar.“
>
> („Times“, 20. Februar 1901. S. 5 [3].)

> Ein Reuter-Telegramm brachte die Nachricht von dem Durchpeitschen eines farbigen Mannes, genannt Esau, in Calvinia Seitens der Buren. Dasselbe wurde

später durch den Bericht bestätigt, den der Chirurg des Districtes von Calvinia nach Kapstadt erstattete." (Aus Herrn Brodricks Antwort an Herrn Labouchere im Haus der Gemeinen vom 21. Februar, „Times", 22. Februar 1901.)

Ich hatte ein Telegramm von Sir A. Milner, das die von verschiedenen Seiten an mich ergangenen Berichte bestätigte. Der Geschäftsträger meldet, dass der Name des Districts-Chirurgen, welcher die Misshandlung des farbigen Mannes meldete, Foote ist. Sir A. Milner fügt hinzu: „An einer Ermordung Esau's besteht absolut kein Zweifel." – (Aus Herrn Brodrick's Antwort an Herrn Dillon im Haus der Gemeinen, 22. Februar 1901. „Times", 23. Februar 1901.)

Ursprünglich durften die im Britischen Dienst befindlichen farbigen Kundschafter keine Waffen tragen, um alle Beschwerden über Bewaffnung der Eingeborenen zu vermeiden. Als man aber fand, dass sie regelmässig erschossen wurden, erhielten sie Gewehre, aus dem einfachen Grunde, weil es unmenschlich war, sie ohne irgend welche Vertheidigungsmittel dem Tode auszusetzen. Ich glaube, dass in letzterer Zeit, zur Bewachung der Eisenbahnlinie, bewaffnete Kaffern verwandt wurden, um sich eventuell vertheidigen zu können. In Anbetracht der bedrängten Lage, in der sich die Briten eine Zeit lang befanden, und des Umstandes, dass es ihrerseits nur eines Wortes bedurft hätte, um eine grosse und wohl disciplinierte Indische Armee zu ihren Gunsten in die Waagschale zu werfen, erscheint mir als eines der merkwürdigsten Beispiele von Mässigung in der Geschichte, dass sie sich weigerten, es zu thun. Die Franzosen trugen keine Bedenken, Turkos gegen die Deutschen zu verwenden, und die Amerikaner führten ohne Scheu Neger-Regimenter gegen die Spanier ins Feld. Wir indessen machten den Krieg zu einem Kriege zwischen Weissen, und ich meine, wir thaten wohl daran.

Die Buren gingen in ihrer mörderischen Taktik gegen die Eingeborenen so weit, dass selbst Britische Gefangene von dunkler Hautfarbe in augenscheinliche Gefahr geriethen. So z. B. wurden nach einem am Doorn-Fluss stattgefundenen Scharmützel sieben Kaffern-Kundschafter, die mit den Briten gefangen waren, kaltblütig erschossen, und ein Engländer namens Finch wurde ebenfalls erschossen, angeblich aus dem Grunde, weil er Kaffernblut in sich trage. Hier ist die Beweisaufnahme über diesen Mord:

No. 28284. Reiter Charles Catton,
Kaiserliche berittene Landmiliz,
meldet, nach vorangegangener Beeidigung:

Am 27. Juli 1901 wurde ich am Doorn-Fluss als einer von der Patrouille von den Buren gefangengenommen und, nachdem wir uns ergeben hatten, bemerkte ich einen Verwundeten, der zwischen zwei Eingeborenen am Boden lag. Ich sah, dass der Mann, Reiter Finch, am Leben war. Der Bure trat an ihn heran und schoss ihn in die Brust. Den Namen des Buren, der ihn erschoss, weiss ich nicht, aber ich würde den Mann wiedererkennen.

No. 33 966. Reiter F. W. Madams,
sagt, nachdem ihm der Eid abgenommen, aus:

Ich war einer von der Patrouille, die am 27. Juli 1901, in der Nähe des Doorn-Flusses, gefangen genommen wurde. Nachdem wir uns ergeben hatten, suchte ich meinen Hut, und als ich ihn gefunden, kam ich an einem verwundeten Mann, dem Reiter Finch, vorbei, und sah, wie ein Bure, dessen Namen ich nicht kenne, den Reiter Finch mit dem Revolver in die Brust schoss. Ich könnte den Mann, der ihn erschoss, identificieren.

Die schändliche Ermordung von Kaffern, gegen die seitens der Pro-Buren-Presse in England so wenig, wie auf dem Continent, Protest erhoben worden zu sein scheint, hat schreckliche Dimensionen angenommen. Ich lasse hier einige der Aussagen folgen, die den neuesten officiellen Kriegsberichten entstammen:

Fall bei Magaliesberg. – Im October oder November 1900 fand man die Leichname von neun Eingeborenen zusammen oben auf dem Magaliesberg liegen; von diesen Eingeborenen waren fünf im Nachrichtendienst beschäftigt, die übrigen waren Knaben, welche im Dienste der Buren sich gewisser Mittheilungen verdächtig gemacht hatten. Die Zeugen dieses Falles sind jetzt schwer aufzufinden, da sie alle Eingeborene sind; aber es scheint, dass den Eingeborenen vor einem formlosen Gerichtshofe der Process gemacht wurde. B. A. Klopper, der Expräsident des Volksraad, präsidierte diesem Gericht und verurtheilte die Leute zum Tode. Heinrich Schoeman, der Sohn des verstorbenen Generals, und Piet Joubert sollen als Escorte fungiert haben.

Ein Fall, wo fünf Eingeborene in der Nähe des Wilgeflusses ermordet wurden. – Als am 11. März 1901 die Buren in der Nähe des Wilgeflusses in Transvaal einen Eisenbahnzug abfingen, nahmen sie fünf unbewaffnete Eingeborene auf die Seite und erschossen sie; sie warfen deren Leichname dann in einen Graben. Korporal Button, vom Hampshire-Regiment, sah, wie ein Bur, nach der Uebergabe, fünf Schüsse auf einen Eingeborenen abgab, der am Boden lag. Andere Soldaten des Zuges betheuern, einen Mann gesehen zu haben, der mit voller Ueberlegung fünf Knaben kaltblütig erschoss.

Ein Fall von acht Kaffernknaben. – Ungefähr am 17. Juli 1901 gingen acht Kaffernjungen im Alter von 12 – 14 Jahren von Uitkijk bei Edenburg fort, um Apfelsinen zu holen. Keiner derselben war bewaffnet. Die Buren erschossen einen und nahmen sechs gefangen, einer entkam, und dieser befindet sich jetzt bei Major Damant. Später sah Korporal Willet, von Damants Reiterei, in der Nähe der Farm Leichname von Knaben, die indessen so entstellt waren, dass man sie nicht wiedererkennen konnte. Erst als man von Edenburg aus einige Kaffern hinschickte, wurden die Knaben wiedererkannt. Einer der Knaben ist, wie man glaubt, von den Buren am Leben gelassen worden, da man seinen Leichnam nicht fand. Leutnant Kentish, von den Königl. Irischen Füsilieren, sah ebenfalls die Leichname und bestätigt im Wesentlichen den Mord. Wie er sagt, standen die Buren unter Commando des Feldcornets Dutoit.

Fall Klass bei Langspruit, Standerton. – Frau Klass sagt aus, dass am 3. August 1901 Cornelius Laas mit einem anderen Buren, aus Langspruit, nach dem Kraal kam und zu Klass sagte, er möchte mit ihnen kommen. Als er zögerte, beschuldigten sie ihn, er mache den Briten allerlei Mittheilungen. Er lief darauf fort, und C. Laas schoss ihn in den Hinterkopf. Eine Eingeborene, die Frau des eingeborenen Predigers in Standerton. hat den toten Leichnam gesehen.

Ein Fall von zwei Eingeborenen bei Hopetown. – Am 22. August 1901 wurde der Gemeine C. P. Fivaz, von der berittenen Kap-Polizei, mit zwei Eingeborenen in der Nähe von Venter Hoek im Hopetown-District von einer Truppenabtheilung unter dem Commandanten van Reenan gefangen genommen. Er war vom Pferde abgestiegen, und die Eingeborenen schliefen im Stalle. Wie er deutlich hörte, gab van Reenan seinen Leuten Befehl, die Eingeborenen zu erschiessen, und dieser Befehl wurde in seiner Gegenwart an einem derselben sofort ausgeführt, und man sagte ihm, dass der andere auch erschossen worden wäre. Der Bewohner der Farm, A.

G. Liebenberg, welcher den Fivaz um 5 Uhr Morgens von dem Herannahen der Buren benachrichtigte, beerdigte die beiden Leichname an den Stellen, wo er sie fand, nämlich den einen ungefähr 40 Meter und den anderen ungefähr 500 Meter vom Hause entfernt. Seine Angaben wurden von seinem Sohne, einem Augenzeugen, bestätigt.

Fall John Makrans. – John Makran und Alfius Rampa (der Zeuge), zwei unbewaffnete Eingeborene, wohnten in der Nähe von Warmbaths, nördlich von Pretoria. Am Abend des 17. September 1901 umringten Andries van der Walt und eine Abtheilung Buren Makrans Haus. Ersterer hiess den jungen Mann herauskommen, und als er kam, wurde er von zwei Männern ergriffen. Während nun zwei Männer Makrans Hände in die Höhe hoben, stand van der Walt 5 Meter hinter ihm und schoss ihn mit einem Mausergewehr in den Kopf. Als der junge Mann hingefallen war, schoss er ihn nochmals durchs Herz und brachte ihm alsdann noch mit seinem Messer eine klaffende Wunde an der Stirn bei. Die beiden jungen Leute hatten früher bei van der Walt gearbeitet.

Fall bei Zandspruit. – Am Abend des 1. October 1901, ungefähr gegen 23.30 Uhr, umzingelte eine Anzahl Buren das Haus eines Eingeborenen bei Dassie Klip, in der Nähe von Zandspruit, und töteten im oder beim Hause vier Eingeborene. Die Abtheilung bestand aus 24 Mann unter Führung von Dirk Badenhorst, aus Dassie Klip, Cornelius Erasmus. aus Streepfontein und C. van der Merwe, aus Rooi Draai. Sämtliche Zeugen dieses Falles sind Eingeborene, welche bei Dassie Klip wohnen, und diese kennen die Angreifer sehr wohl. In einem Falle suchte ein Eingeborener, Namens Karle, über eine Mauer zu entkommen, wurden aber am Schenkel verwundet. Als nun Stoffel Visagie, aus Skuilhoek, sah, dass dieser Mann nicht tot war, zog er einen Revolver hervor und schoss ihn in den Kopf. Allem Anscheine nach hat man diese Eingeborenen der Beherbergung Britischer Kundschafter beschuldigt.

Fall Jim Zulus. – Ungefähr am 18. October 1901 besuchte V. C. Thys Pretorius (muthmasslich aus Pretoria) mit 70 Mann Waterval North an der Pretoria-Pietersburg-Linie. Er ermordete zwei Eingeborene, und drei andere verwundete er, von denen der eine nachher starb. Die Zeugen sagen aus, Pretorius sei am Morgen des 18. October 1901 nach einer Kohlengrube bei Waterval North gekommen und habe nach Jim Zulu gefragt. Als dieser dann erschien, habe er ihn ins Gesicht geschossen, und nach drei Tagen sei der Verwundete gestorben. Um dieselbe Zeit erschossen Pretorius und ein anderer Mann, Namens Dorsehasmus, drei andere Eingeborene.

Nachstehend gebe ich eine weitere Liste, welche zeigt, wie systematisch diese Brutalität betrieben wurde; ich gebe sie in ihrer officiellen Kürze wieder:

- ⇨ Bericht des Ortsvorstehers von Barkly West, vom 28. Januar 1900: „Eingeborener, berittener Eilbote, erschossen und verstümmelt."
- ⇨ November oder December 1900. – Bei Virginia wurden zwei Eingeborene erschossen, welche angeschuldigt waren, den Briten den Weg nach Ventersburg gezeigt zu haben.
- ⇨ Bericht des Ortsvorstehers von Taungs, vom 4. December 1900. – Drei Eingeborene ermordet bei Border Siding.
- ⇨ 18. December 1900. – Eingeborener Philipp bei Vlakplaats, 8 Meilen südwestlich von Pretoria, von J. Johnson und J. Dilmar, von J. Jouberts Commando, erschossen.
- ⇨ Bericht des Ortsvorstehers von Taungs vom 24. December 1900. – Eingeborener erschossen von Buren bei Pudimoe. Drei Eingeborene getödtet bei Christiana.
- ⇨ Bericht des Ortsvorstehers von Herschel, vom 6. Januar 1901. – Zwei Eingeborene als Spione erschossen.
- ⇨ Bericht des Ortsvorstehers von Calvinia vom 29. Januar 1901. – Fall Esau und Misshandlung anderer Eingeborener.
- ⇨ 28. Februar 1901. Zuluknabe erschossen bei Zevenfontein, zwischen Pretoria und Johannesburg, von Leuten des Feldcornet Jan Jouberts Commando. Der Knabe waren angeklagt, den Briten Mittheilungen gemacht zu haben.
- ⇨ Bericht des Ortsvorstehers von Cradock vom 21. März 1901. Ermordung des Eingeborenen Salmon Booi, der als Zeuge fungiert hatte.
- ⇨ Bericht des Ortsvorstehers von Taungs vom 8. Mai 1901. Eingeborene bei Manthe von Buren erschossen.
- ⇨ Bericht des Ortsvorstehers von Gordonia vom 23. Mai 1901. Eingeborener erschossen.
- ⇨ 25. Mai 1901. District Harrismith. Ein Eingeborener, welcher der Trägheit und Unverschämtheit angeklagt war, wurde von Leuten in M. Prinsloos Commando erschossen.
- ⇨ 28. Mai 1901. Bei Sannahs Post wurden drei Eingeborene gefangengenommen und erschossen.
- ⇨ 5. Juni 1901. Drei Eingeborene wurden zugleich mit Plumers Colonne gefangen genommen und bei Paardeberg erschossen.
- ⇨ 27. Juli 1901. Sieben Eingeborene, welche mit einer Patrouille der kgl. Yeomanry bei Doorn River Hut gefangen genommen, wurden sofort erschossen.

- ⇨ Bericht des Nachrichtendienst-Bureaus Ost-Capcolonie vom 29. Juli 1901. Erschiessung von Eingeborenen durch Commandant Myburgh.
- ⇨ Bericht des Ortsvorstehers von Aliwal North vom 30. Juli 1901. Erschiessung von Eingeborenen beim Flüchtlingslager.
- ⇨ 23. August 1901. Ein Eingeborener wurde zugleich mit einem Gemeinen von der Schwarzen Wache bei Clocolan gefangengenommen und in dessen Gegenwart erschossen.
- ⇨ 1. September 1901. Vier Eingeborene zugleich mit Oberst Dawkins Colonne im Fauresmith-Distrikt gefangen genommen und auf Befehl von Richter Hertzog erschossen.
- ⇨ Bericht des Ortsvorstehers von Aliwal North vom 4. September 1901. Brutale Behandlung von Eingeborenen seitens der unter dem Friedensrichter Bester von Aliwal North stehenden Buren.
- ⇨ Bericht des Ortsvorstehers von Riversdale vom 4. September 1901. Zwei farbige Eilboten durchgepeitscht.
- ⇨ Bericht des Nachrichten-Bureaus Süd-Capcolonie vom 18. September 1901. Eingeborene ermordet auf Therons Befehl.
- ⇨ Bericht des Hauptbevollmächtigten von Richmond vom 23. September 1901. Zwei unbewaffnete Eingeborene vom Commandanten Malan erschossen.
- ⇨ Bericht des Ortsvorstehers von Prieska vom 26. September 1901. Ermordung zweier unbewaffneter Eingeborenen.
- ⇨ Bericht des Obersten Hickman, Ladysmith, 1. October 1901. Erschiessung zweier Eingeborenen durch Scheepers.
- ⇨ Datum ungewiss. Ein im Petrusburg-Gefängnis befindlicher Eingeborener wurde bei Herannahen Britischer Truppen von zwei Buren in seiner Zelle erschossen.

So viel über die Ermordung von Kaffern. Es ist in der That zu hoffen, dass nicht aus Opportunitäts-Gründen oder dem Verlangen, auf Kosten der Gerechtigkeit, unsere Feinde zu versöhnen, eine sehr gründliche Untersuchung jeder dieser schwarzen Thaten und eine höchst ernste Bestrafung der Verbrecher verhindert wird.

Ich komme indessen auf das Betragen der Buren gegen ihre weissen Feinde zurück. So lange sie als eine Armee unter der Führung ehrenwerther Männer kämpften, war ihr Betragen im Ganzen gut, aber ein Guerilla-Krieg brachte, wie das immer der Fall ist, Demoralisation mit sich, und die unter civilisierten Gegnern übliche Menschlichkeit in der gegenseitigen Behandlung liess man sehr bald ausser Acht. Damit will ich nicht gesagt haben, dass die Buren sich wie die Spanischen Guerillas im Jahre 1810, oder wie die Mexikanischen im Jahre 1866 betrugen. Es wäre absurd, so etwas zu behaupten. Die Buren gaben Pardon und erhielten Pardon. Aber mehrere vereinzelte Beispiele und verschiedene allgemeine Fälle bezeugen die Demoralisation ihrer Reihen. Von den ersteren sei es mir gestattet, die Umstände anzugeben, unter denen Leutnant Miers starb.

Die offizielle Kundgebung lautet, wie folgt:

> Pretoria, Sept. 27.
>
> Leutnant Miers, von der Somerset Leichten Infanterie, mit dem Südafrikanischen Polizeidienst betraut, verliess am 25. September seinen Standort bei Riversdraai, um drei Buren, die unter der weissen Fahne herankamen, entgegen zu gehen. Nach einem kurzen Gespräch sah man, wie sie den Leutnant Miers erschossen und sofort davongaloppierten. Untersuchung findet statt, Zeugenaussagen werden protokolliert.

Ein mehr ins Einzelne gehender Bericht wurde von dem Unteroffizier, der zugegen war, eingereicht. Er beschrieb, wie die Buren unter Schwingen der weissen Fahne an das Fort herankamen, wie ein Corporal zu ihnen hinausging und die Weisung erhielt, dass sie mit einem Offizier zu sprechen wünschten, wie Capitän Miers allein hinausritt und dann:

> Der Offizier hatte sich erst eine kurze Strecke von der Aussenseite der Festung entfernt, als der Bure mit der weissen Fahne ihm entgegenkam; der Offizier ritt weiter, bis er mit dem Lump zusammentraf. Nach Verlauf von drei bis vier Minuten sahen wir die Beiden zurückgehen nach den beiden Buren (die zwei gute Englische Meilen von unserem Fort entfernt standen). Als sie die beiden Buren erreichten, sahen wir, wie der Capitän vom Pferde stieg. Die Gruppe war wegen des sich vor ihnen erhebenden Bodens kaum sichtbar. Fünf bis 10 Minuten vergingen. Da hörten wir, wenn auch schwach vernehmbar für uns, den Knall eines Schusses, unmittelbar darauf sahen wir des Offiziers graue Stute westwärts quer über das Veldt ohne Reiter davonrennen, während einer der Buren aus Leibeskräften hinterher galoppierte.

Ueber die allgemeine Demoralisation geben wir hier die Aussage eines Zeugen, der gerade in dem Gefecht vom 6. Juni bei Graspan, aus dem die Verleumder unserer Armee so viel Wesens gemacht haben, zugegen war.

No. 4703. Reiter-Corporal James Hanshaw,
2. Batt. Bedfordshire-Regiment,
sagt aus, nachdem ihm der Eid abgenommen:

Ich war bei Graspan am 6. Juni 1901 zugegen, als wir von den Buren angegriffen wurden, nachdem wir ihnen vorher einen Wagenzug (convoi) abgenommen hatten. Als ich auf die Wagen zuging, fand ich, dass die Buren bereits da waren. Da wir uns in der Minderzahl sahen und Widerstand hoffnungslos war, warfen wir unsere Waffen nieder und hielten unsere Gewehre hoch. Gemeiner Blunt, der bei uns war, rief: „Schiesst nicht auf mich, ich habe mein Gewehr niedergeworfen.“ Die Buren schossen alsdann den Gemeinen Blunt tot. Er hielt in dem Augenblick seine Hände über seinem Kopfe. Leutnant Mair rief darauf: „Habt Erbarmen, Ihr Feiglinge.“ Die Buren schossen dann den Leutnant Mair geflissentlich nieder, obgleich er, seine Hände über seinem Kopfe haltend, dastand. Dann schossen sie auf die Gemeinen Pearse und Harvey, die beide ihre Hände hochgehoben hatten. Dieselbe Kugel traf den Gemeinen Pearse an der Nase und tötete den Gemeinen Harvey. Zwei Buren stürzten dann von den Wagen her, drohten mich zu erschiessen, stiessen mich mit Füssen und sagten, ich sollte mich hinlegen.

No. 3253. Gemeiner E. Sewell,
2. Batt. Bedfordshire-Regiment,
sagt, nach geschehener Beeidigung, aus:

Ich war bei dem Gefecht bei Graspan, am 6. Juni 1901. Die Buren griffen den Convoy gegen Mittag an. Ich zog mich zu Leutnant Mairs Abtheilung zurück, als wir uns von einer überwiegenden Anzahl Buren umzingelt sahen und die Hände hochhoben. Die Buren nahmen uns die Waffen ab und zogen sich um mehrere Kraals herum zurück; kurz nachher kamen sie wieder, und zwei Mann schrien: „Hände hoch.“ Wir sagten, wir wären bereits Gefangene und unsere Waffen wären eingesammelt. Gemeiner Blunt hielt seine Hände hoch, und zu gleicher Zeit sagte er: „Erschiesst mich nicht, ich halte ja die Hände hoch.“ Die Buren sagten dann: „Da hast's“, und schossen ihn in den Bauch. Leutnant Mair kam dann von den Wagen her und sagte: „Habt Erbarmen, Ihr Feiglinge.“ Der Bure schoss ihn darauf vom Pferde. Zu der Zeit sass der Bure auf seinem Pferde und war dem Leutnant so nahe, dass er ihn fast berührte. Sodann schoss der Bure auf den Reiter-Corporal Harvey und den Gemeinen Pearse, die beide mit erhobenen Händen dastanden. Der Schuss verwundete den Gemeinen Pearse und tötete den Reiter-Corporal Harvey.

Hier ist die Aussage über die Ermordung der bei Vlakfontein am 29. Mai 1901 Verwundeten.

Gemeiner D. Chambers, H. Compagnie,
1. Batt. Derbyshire-Regiment,
meldet, nachdem er seinen Eid geleistet, wie folgt:

Während ich verwundet am Boden lag, sah ich, wie ein Bure zwei von unseren Verwundeten, die in meiner Nähe am Boden lagen, erschoss. Derselbe Bure feuerte auch auf mich, aber schoss vorbei.

Die Gemeinen W. Bacon und Charles Girling,
1. Batt. Derbyshire-Regiment,
sagten, nach geschehener Beeidigung, aus:

Während ich mit zwei anderen Verwundeten am Boden lag, kamen vier Buren an uns heran, stiegen vom Pferde und gaben uns eine Salve. Wir wurden alle wieder getroffen, und Gemeiner Goodwin von unserem Regiment wurde getötet. Dann nahmen uns die Buren die Waffen ab und ritten fluchend davon.

Corporal Sargent,
1. Batt. Derbyshire-Regiment,
sagt aus, nachdem er den Eid geleistet:

Während ich verwundet hinter einem Felsen lag, sah ich, wie ein Bare einen Yeomanry-Offizier erschoss, der an der Hand verwundet fortging.

Diensthuender Sergeant Chambers,
von der 69. Compagnie Kaiserlicher Yeomanry,
sagt, nachdem er vorschriftsmässig geschworen hatte, aus:

Ich sah, wie ein Bure von kleiner Statur und mit dunklem Bart umherging, mit seinem Gewehr unter dem Arm, wie Jemand eine Jagdflinte zu tragen pflegt, und drei von unseren Verwundeten erschoss.

Gemeiner A. C. Bell,
von der 69. Compagnie Kaiserlicher Yeomanry,
sagt, nach geschehener Vereidigung:

Ich hörte, wie ein Bur einem unserer Leute zurief, er solle die Hände aufheben, und als er es that, erschoss ihn der Bure, ungefähr fünfzehn Meter von ihm entfernt; ich war ungefähr zwanzig Meter entfernt.

Gemeiner T. George,
von der 69. Compagnie Kaiserlicher Yeomanry,
sagt, nach geschehener Vereidigung:

Ich war verwundet und ging nach dem Lager zurück, als ich sah, wie ein Bure von ungefähr siebzehn Jahren auf einen verwundeten Derby-Mann, der nach Wasser schrie, schoss; der Bure kam dann zu mir und nahm mir mein Bandelier ab.

Kanonier W. H. Blackburn,
28. Batterie Königl. Feld-Artillerie,
sagt, nach geschehener Vereidigung, aus:

Ich sah, wie ein Bure einem verwundeten Derby-Manne Gewehr und Bandelier abnahm und ihn dann erschoss; der Bure kam dann zu mir und verlangte mein Gewehr; ich zeigte ihm, wo es lag.

Dinge dieser Art nehmen rasch überhand. Hier ist, was sich bei Brakenlagte zutrug, wo die Nachhut der Kolonne Benson vernichtet wurde.

Major N. E. Young, D. S. O., kgl. Feldartillerie, schickt dem Haupt-Commandierenden den Bericht über die Grausamkeit der Buren, den Offizieren und Verwundeten gegenüber, in dem Gefecht gegen Oberst Benson's Kolonne bei Brakenlagte. Es trägt das Datum: Pretoria, 7. November, und Lord Kitcheners Briefumschlag ist datiert vom 9. November.

Major Young, der die Untersuchung wegen Grausamkeit, in Uebereinstimmung mit Lord Kitcheners Verfügung, führte, sagt:

„Von den im Ganzen verwundeten 147 Unteroffizieren und Gemeinen, die ich gesehen habe, waren 54 nicht in den Händen der Buren gewesen; von den übrigen 93 machten 18 mir die Mittheilung, dass sie über nichts zu klagen hätten.

75 Unteroffiziere und Gemeine beschwerten sich über eine mehr oder weniger ernste Misshandlung; fast alle waren sie des Geldes, das sie besassen, beraubt worden, ebenso auch ihrer Uhren und Privatpapiere.

Vielen hatte man noch andere Gegenstände weggenommen: Kleidung, Hüte, Röcke und Socken. In einigen Fällen hatte man ihnen weiter nichts gelassen als ein altes Hemd und eine Unterhose.

Es wird allgemein gesagt, dass die Buren auf die Verwundeten, die bei den Geschützen herum lagen, schossen, obgleich dieselben bereits entwaffnet waren, und das Schiessen unsererseits in ihrer Nähe schon lange eingestellt worden war. Nicht einmal der verstorbene Oberst Benson wurde respectiert, obgleich derselbe eine Zeit lang von einem höheren Beamten beschützt wurde. Seine Sporen, Gamaschen und Privatpapiere wurden ihm genommen.“

Major Young schliesst seinen Bericht mit folgenden Worten: „Ich hatte den Eindruck, dass die Meldungen, die man mir machte, wahr und durchaus nicht absichtlich übertrieben waren, so einfach und so natürlich schienen sie mir. Ohne Zweifel haben die Buren-commandanten zwar den guten Willen, aber nicht mehr die Macht, Gewaltthätigkeiten und Mord seitens ihrer Untergebenen zu verhindern.“

Leutnant G. Acland Troyte, kgl. Schützencorps, 25. berittene Infanterie, meldet: „Ich wurde am 25, October, als ich den Rückzug von Oberst Bensons Abtheilung decken sollte, bei Kaffirstadt verwundet. Die Buren kamen heran und nahmen mir alles weg, mit Ausnahme der Unterhose, des Hemdes und der Socken; dagegen gaben sie mir eine alte Hose und nachher auch einen Rock.“

Leutnant Reginald Seymour, 1. Batt. kgl. Schützencorps 25. berittene Infanterie: – „Am 30. October hatte meine Compagnie Oberst Bensons Nachhut zu unterstützen. Ich wurde früh am Tage verwundet. Die Buren kamen heran und nahmen mir meinen Ueberzieher, meine Gamaschen, meine Sporen und meinen Helm. Den anderen Verwundeten nahmen sie das Geld und die Uhren ab, liessen ihnen aber ihre Kleidungsstücke, mit Ausnahme des Rockes eines Mannes; sodann verliessen sie uns, ohne Hülfe zu leisten. Nachher kamen zwei Buren wieder zurück und nahmen einen Ueberrock, der einem unserer Leute gehörte und mit welchem man mich zugedeckt hatte. Einer der Beiden, welche uns beraubten, wurde von dem Andern als Commandant angeredet.“

Capitain C. W. Collins, Cheshire-Regiment: – „Ich war am 30. October Signaloffizier für Oberst Benson. Ich wurde verwundet und lag ungefähr 100 Meter hinter den Geschützen. Ein Feldcornet, der herankam, ging fort, ohne mich zu belästigen. Ungefähr gegen 5½ Uhr Nachmittags oder etwas später kamen die Ambulanzen und hoben mich auf; meine Ambulanz ging eine Strecke weiter, um den Oberst Benson und einige Leute aufzunehmen. Der Oberst ärgerte sich, da anscheinend eine grosse Verzögerung entstand und er bat, dass man ihn forttransportiere. Es blieb indessen wie es war, bis ein Bur' kam und dem Obersten Benson seine Documente aus der

Tasche zog, trotzdem der Oberst versicherte, es seien nur Privatpapiere, die bereits früh am Tage ein Commandant gesehen, und der habe erklärt, dass sie nicht abgefordert zu werden brauchten."

Gemeiner E. Rigby, 4. Batt. kgl. Schützencorps, sagt, die Buren hätten ihm alle seine Kleider, mit Ausnahme des Hemdes, genommen. Dieser Mann ist noch nicht völlig wiederhergestellt und kann noch nicht wieder ordentlich sprechen.

Reiter Hood, 2. schottisches Kavallerie-Reg.: – „Während ich verwundet am Boden lag, kamen die Buren, nahmen mir meinen Hut und Rock, meine Stiefel, 15 Shilling und meine Uhr. Ich sah, wie sie auf einen andern Verwundeten schossen als er zu mir kam, um zu trinken."

Reiter Alexander Main, 2. schott. Kavallerie-Reg.: – „Als wir am Boden lagen, kamen die Buren dicht heran und stellten sich in einer Entfernung von ungefähr 15 – 20 m von dem Platze auf, wo wir Verwundeten um die Geschütze herum lagen. Da wir alle zu der Zeit verwundet waren, so feuerte keiner von uns; da sah ich die Buren auf die Verwundeten schiessen. Capitain Lloyd, ein Stabsoffizier, lag neben mir mit einer Wunde am Bein. Er erhielt noch einige Schüsse mehr, und kurz nachher starb er. Ich selber erhielt auch noch drei Wunden mehr."

Reiter Jamieson, schott. Kavallerie: – „Die Buren nahmen seine Stiefel fort und verletzten seinen Arm, der bereits vollständig zerschmettert war, in furchtbarer Weise, als sie ihm sein Bandelier abnahmen. Der Arm musste amputiert werden."

Gemeiner Parrish, 1. Batt. kgl. Schützencorps: – „Unsere Linie feuerte gar nicht mehr, sobald sich aber ein Verwundeter zeigte, schossen sie (die Buren) wieder. Auf diese Weise wurden verschiedene getötet. Ein Mann, der ein Stück blaues Tuch schwang, in der Absicht, eine Ambulanz herbeizuwinken, erhielt ungefähr 20 Schüsse."

Gemeiner Prickett, 4. Batt. kgl. Schützencorps: – „Am 30. October lag ich verwundet an der Erde; ich sah die Buren kommen und sah, wie ein alter Bur mit schwarzem Kinn- und Backenbart, der Gamaschen trug (ich wäre im Stande, ihn wiederzuerkennen), meinen Freund, den Gemeinen F. Foster, vom 4. Batt. kgl. Schützencorps, erschoss, indem er ihm den Lauf seines Gewehrs in die Seite setzte. Gemeiner Foster hatte unter Deckung eines Ameisenhaufens gefeuert, bis die Buren ihn vertrieben. Er warf dann sein Gewehr fort und hielt die Hände hoch, wurde aber trotzdem erschossen."

Gemeiner N. H. Grierson, schott. Kavallerie-Reg.: – „Ich war verwundet und lag neben Oberst Benson; als die Buren herankamen, wollten sie zu plündern anfangen. Oberst Benson hielt sie davon ab und sagte ihnen, er hätte vom Commandanten Grobelaar einen Brief erhalten, wonach die Verwundeten respectiert werden sollten. Er fragte, ob er Grobelaar sehen könnte; sie versprachen, ihn zu holen. Sie brachten auch Jemand, der den Oberbefehl hatte, aber ich glaube nicht, dass es Grobelaar war. Oberst Benson sagte ihm, die Verwundeten dürften nicht angerührt werden, worauf er erwiderte, dass er sein Bestes thun wolle. Er selber beschützte den Oberst Benson ungefähr eine Stunde lang, er war aber noch anwesend, als ein Bur dem Obersten die Sporen und Gamaschen wegnahm."

Sergeant Ketley, 7. Husaren-Reg.: – „Ich war gerade vorher, ehe die Buren die Geschütze stürmten, am Kopf und an der Hüfte verwundet und ganz mit Blut bedeckt. Ein Bur kam heran, nahm mir meinen Karabiner und Revolver ab und verlangte, dass ich die Hände hoch hielte. Infolge des vielen Blutverlustes und meiner Schwäche konnte ich das aber nicht. Er lud daraufhin meinen eigenen Karabiner, kniete, legte den Karabiner an die Brust, zielte auf meine Brust und traf mich in den rechten Arm gerade unter der Schulter."

Gemeiner Bell, 4. Batt. kgl. Schützencorps, 25. berittene Infanterie: – „Als die Buren herankamen, nahmen sie mir in sehr rauher Weise meine Stiefel weg und verletzten dabei mein verwundetes Bein in hohem Grade. Ich sah, wie sie den anderen Leuten Uhren und Geld wegnahmen."

Gemeiner C. Conrior, kgl. Dublin. Füsiliere: – „Ich lag mit einer Anzahl von unseren Verwundeten neben den Geschützen. Keiner von uns feuerte; jedesmal, wenn einer der Verwundeten sich zu rühren versuchte, schossen die Buren auf ihn. Verschiedene Leute, ungefähr 10 oder 11, wurden auf diese Weise getötet."

Leutnant Bircham, 4. Batt. kgl. Schützencorps: – „War mit Leutnant Martin, vom kgl. Yorkshire Infanterie-Reg. (seitdem verstorben), im selben Ambulanzwagen. Leutnant Martin erzählte ihm, dass, als er (Leutnant Martin) verwundet am Boden lag, die Buren ihm seine Sporen und Gamaschen abgenommen hatten. Beim Abnehmen der Sporen zerrten sie an seinem Beine, dessen Knochen zerschmettert war, und drehten das verwundete Bein völlig herum, um desto leichter an die Sporen zu gelangen. Es geschah dies, obgleich Leutnant Martin ihnen sagte, wo er verwundet war."

Korporal P. Gower, 4. Batt. kgl. Schützencorps, 25. berittene Infanterie: – „Ich war verwundet und bewusstlos. Als ich wieder zu mir kam, nahmen die Buren den Leuten um mich herum alles, was sie besassen. Ein Mann, Gemeiner Foster, der keine 5 Meter von mir entfernt lag, hielt seine Hände, als Zeichen der Uebergabe, in die Höhe, wurde aber aus einer Nähe von ungefähr 5 Metern von einem grossen Manne mit schwarzem Barte getroffen und getötet."

Corporal Atkins, 84. Batterie kgl. Feldartillerie: – „Die Buren kamen an mich heran und sagten: ‚Kannst Du mit diesem Geschütz umgehen?' Ich sagte ‚ja'. Er sagte: ‚Steh auf und zeig' mir's.' Ich sagte: ‚Wie kann ich? Die eine Hand habe ich verloren, und in beiden Beinen bin ich verwundet.' (Letzteres war allerdings nicht wahr.) Dann sagte er: ‚Gib uns Deine Stiefel'. Er nahm sie und auch meinen Gummimantel. Das Geld, das er im Mantel fand, nahm er an sich. Einer unserer Leute, Kanonier Collins, stand auf und versuchte, eine weisse Fahne zu zeigen; da aber schoss man auf uns, sowohl vom Lager aus wie auch von der Seite der Buren. Sobald Collins aufstand, fingen sie an zu schiessen. Ich sah, wie ein Kaffer drei Schüsse abfeuerte aus einer Entfernung von ungefähr 30 Metern."

Kanonier Collins, 84. Batterie kgl. Feldartillerie: „Als ich verwundet in der Nähe der Geschütze lag, an die die Buren sich herangemacht hatten, versuchte ich, eine weisse Fahne aufzustecken, weil unsere eigenen Leute ganz in unserer Nähe ihre Kugeln aufschlagen liessen. Als ich dies that, schoss man auf mich."

So lange als sich für einen tapferen Soldaten eine Entschuldigung finden lässt, finden wir sie auch, aber der Tag kommt schnell herbei, an welchem wir unsere Beweise der Welt vorhalten und fragen müssen: „Sind das die Thaten von Soldaten oder von Räubern?" Wenn sie wie Räuber handeln, so frage ich, warum wir sie immer noch als Soldaten behandeln sollen? Ich habe Briefe gelesen von Soldaten, welche sahen, wie ihre eigenen Kameraden bei Brakenlaagte misshandelt wurden. Ich hoffe, dass sie Mass halten werden, aber es ist beinahe mehr, als man von der menschlichen Natur verlangen kann.

CAPITEL 11.
SCHLUSSFOLGERUNGEN

Ich bin jetzt mit der Behandlung der verschiedenen Fragen des Krieges, die zu so vieler Kritik Veranlassung gaben, zu Ende und habe hoffentlich genug gesagt, um zu zeigen, dass wir uns unserer Soldaten nicht zu schämen brauchen, wohl aber derjenigen ihrer Landsleute, von denen sie verunglimpft worden. Aber es gibt eine ganze Anzahl von Gegnern des Krieges, die sich einer solchen Niederträchtigkeit nicht schuldig gemacht haben, aber allen Ernstes meinen, dass der Krieg hätte vermieden werden können, und dass wir, nachdem er ausgebrochen, gewisse für die Buren annehmbare Bedingungen hätten ausfindig machen können Auf ihrer Seite befinden sich alle jene liebenswürdigen und gutherzigen Idealisten, die sich mit der Frage selbst nicht sehr eingehend beschäftigt haben, aber die Befürchtung hegen, dass die Reichsregierung gegen jene Ackerbau- und Viehzucht treibenden Republiken gar zu rauh verfahre. Eine solche Meinung ist genau so ehrlich, aber unendlich viel achtungswerther, als die Meinung einiger Journalisten, welche uns, im Beginn des Krieges, durch ihre Arroganz so viele Verlegenheiten bereitet haben. Es gibt keinen besseren Vertreter solcher Ansichten als Herrn Methuen in seiner ebenso geschickten wie gemässigten Abhandlung „Krieg oder Frieden“. Prüfen wir jetzt, ohne Rücksicht auf die Ursachen des Krieges, die wir bereits ziemlich weitläufig behandelt haben, zu welchen Schlussfolgerungen er gelangt.

Herr Methuen bringt die gegenwärtige Situation mit der der Amerikanischen Revolution in einen naheliegenden Vergleich. Gewiss sind Punkte vorhanden, die einen Vergleich zulassen, aber auch solche, die ganz verschiedenen Charakter tragen Im Kampf mit den Amerikanern war unsere Sache eine wesentlich ungerechte, im Kampf mit den Buren dagegen eine wesentlich gerechte. Das ganze Reich ist jetzt auf unserer Seite. Wir beherrschen die See. Wir sind sehr wohlhabend. Diese Factoren sind alle neu und von grosser Bedeutung.

Die Empörung der Buren-Staaten gegen die Britische Suzeränität hat weit mehr Aehnlichkeit mit der Empörung der Südstaaten gegen die Regierung in Washington. Nach Colenso befanden wir uns in derselben Lage, wie die Nordstaaten nach Bulls Run. Herr Methuen spricht viel von der Erbitterung der Buren, aber war sie grösser, als die der Südstaatler? Jener Krieg wurde zum bitteren Ende geführt, und wir wissen, welche Folgen er gehabt. Ich mache keinen Anspruch darauf, dass die Parallele genau ist, aber sie ist wenigstens beinahe so genau, wie die des Herrn Methuen, welche ihn zu solch niederschlagenden Schlussfolgerungen getrieben. Er macht viele düstere Bemerkungen über unsere Aussichten für die Zukunft, aber gerade dadurch, dass eine Nation düsteren Aussichten kühn und hochherzig ins Antlitz schaut, zeigt sie, dass sie noch nicht degeneriert ist. Besser, wir bezahlen den ganzen vollen Preis, den er voraussagt, als dass wir nur einen Augenblick vor der Aufgabe zurückschrecken, die uns gestellt ist.

Herr Methuen kann sich nicht genug wundern über die thörichte, unritterliche, selbst brutale Weise, in welcher einzelne Menschen und auch einige Zeitungen sich über den Feind ausgelassen haben. Es gibt vermuthlich nicht viele Gentlemen, denen solche Auslassungen nicht höchst peinlich waren. Aber Herr Methuen möge einmal die Zeitungen des Continents in Augenschein nehmen und sehen, wie man dort zu Werke ging, um den Feind zu unterstützen. Er wird dann gegen seine tölpischen Landsleute etwas nachsichtiger sein. Oder er möge einmal einen Blick in die Holländische Presse in Südafrika thun und sehen, ob nur auf Seiten der einen Partei geschimpft wird. Hier sind einige Liebenswürdigkeiten aus dem ersten Briefe des P. S. (aus Colesburg) in den „Times“:

„Eure faulen, schmutzigen, versoffenen unteren Klassen.“

„Eure Offiziere sind entweder pedantische Bücherwürmer, oder frivole Lebemänner.“

„Der grössere Theil eurer Bevölkerung besteht aus Frauensleuten, verkrüppelten, epileptischen, schwindsüchtigen, krebskranken Leuten, Invaliden und Verrückten aller Art.“

„Neun Zehntel eurer Staatsmänner und höheren Beamten leiden an Nierenkrankheit.“

„Wir wollen nicht von solchem Britischen Hundepack regiert sein.“

Dergleichen kann man nicht gerade ritterlich und rücksichtsvoll nennen. Hier ist ein Gedicht aus dem „Volksstem“ vom 26. August

1899, also mehrere Wochen vor dem Kriege. Es enthält das Programm der Buren und lautet in der Uebersetzung folgendermassen:

Der Waisen Schrei, der Witwen Ach
Soll unserm Ohr Musik dann sein,
Wir stehen dann als Todtenwach'
Am Grabe eurer Schurkerei'n.

Euch schlachten wollen wir, und Blut
Soll unser Trost und Labsal sein,
Ein Capital, das schön und gut
Und reiche Zinsen bringet ein.

Und wenn die Sonn' dann untergeht,
Verdunkelt von des Blutes Dampf,
Und jammernd, stöhnend, klagend steht
Der Brite da, nach eitlem Kampf,
Dann bringen froh und wohlgemuth
Ein Hoch wir aus auf Briten-Blut.

Ein anständiger Bure wurde sich natürlich dessen schämen, ebenso wie wir uns einiger unserer Jingo-Zeitungen schämen. Aber sogar ihre Führer, Reitz, Steyn und Krüger haben sich über die Briten Ausdrücke erlaubt, denen wir glücklicher Weise nichts Aehnliches an die Seite zu stellen vermögen.

Herr Methuen ist sehr unzufrieden mit Lord Salisbury wegen seiner unzweideutigen Antwort auf des Präsidenten Friedensvorschläge im März 1900. Aber welchen anderen Weg hätte er, nach den bisherigen Erfahrungen, einschlagen sollen? Würden nicht alle die Ursachen, welche zum Kriege geführt, in der alten Weise fortbestanden haben, und der Krieg also resultatlos geblieben sein, wenn den Buren die verlangte Unabhängigkeit gewährt worden? Nach einem solchen Frieden hätten wir Tags darauf den Kampf um die Stimmrechtsfrage, die Uitlander-Frage und alle die anderen Fragen, um deren Erledigung Willen wir so grosse Opfer gebracht, von Neuem beginnen können? Ist das eine verständige Politik? Selbst vom Standpunkte der Humanität aus ist sie unhaltbar, da sie, im Verlauf einiger Jahre, offenbar zu einem anderen, noch grösseren Kampfe geführt haben würde. Wir hätten denn die Tollheit begangen, von einer Arbeit abzustehen, nachdem sie bereits mehr als zur Hälfte vollendet worden ist.

Für düstere Schreckbilder der Zukunft liegt wahrlich gar kein

Grund vor. Der Krieg kommt uns, die wir ihn zu erdulden haben, sehr lang vor, aber unseren Nachkommen wird er, in Anbetracht der Eroberung eines so ungeheuren Gebietes und der Besiegung eines so hartnäckigen Feindes sehr kurz erscheinen. Unsere Aufgabe ist keine endlose. Vier Fünftel der männlichen Bevölkerung des Landes sind bereits in unseren Händen, und das letzte Fünftel verringert sich von Woche zu Woche. Unsere Bewegungs- und Leistungsfähigkeit wird dagegen immer grösser und wirksamer. Ueber den Zustand unserer Armee hat Herr Methuen durchaus keine Veranlassung zu klagen, sie ist weit tauglicher, als im Anfang. Es ist mathematisch gewiss, dass innerhalb sehr weniger Monate das letzte Commando aufgehört haben wird zu existieren. Inzwischen kommt das bürgerliche Leben wieder zu Kräften. Die Orange-Fluss-Colonie bezahlt schon für sich selbst, und in absehbarer Zeit wird Transvaal dasselbe thun. Die industriellen Unternehmungen beginnen zu erwachen, und auf dem Rand hört man wieder anstatt der Kanonen das Getöse der Hämmer. Fünfzehnhundert derselben werden bald in Betrieb sein, und an Flüchtlingen kehren etwa 400 wöchentlich zurück.

Man hat behauptet, dass die Bitterkeit dieses Kampfes sich niemals verlieren werde, aber die Geschichte zeigt, dass gerade die Kämpfe, die gründlich zu Ende geführt wurden, am wenigsten Groll zurücklassen. Man erinnere sich der edlen Worte Lees: „Wir sind ein christliches Volk. Wir haben diesen Kampf so lange und so gut durchgeführt, als es uns nach bestem Gewissen rathsam schien. Wir sind besiegt worden. Für uns, ein christliches Volk, gibt es bloss einen Weg, den wir einzuschlagen haben. Wir müssen die Lage der Dinge nehmen, wie sie ist.“ Das ist die Weise, wie ein tapferer Mann sich stellt zu dem Richterspruch des Gottes der Schlachten. So werden sich zuletzt auch die Buren stellen. Diese Gefangenen- und Concentrationslager haben sie, Männer und Frauen, mit unserem Volke wenigstens in Berührung gebracht. Vielleicht wird die Erinnerung daran nicht ganz und gar bitter sein. Die Wege der Vorsehung sind oft wunderbar, vielleicht wurde selbst dort die Saat der Versöhnung gestreut.

In Betreff der nächsten Zukunft ist anzunehmen, dass Transvaal, nachdem, in Folge seines Aufblühens, eine Menge Einwanderer dorthin geströmt sein werden, gleich nach Natal der am meisten Britische Staat der Südafrikanischen Staaten sein wird. Ist Natal Britisch, Rhodesia Britisch, Transvaal Britisch, die Cap-Colonie halb und halb Britisch und nur der Orange-Freistaat Holländisch, so haben die Briten in einem Parlament des Vereinigten Südafrikas immer die Oberhand. Es würde sich empfehlen, das Vryheid-District von Transvaal an Natal abzutreten.

Es ist mir der Gedanke gekommen – ein Gedanke, den ich hier wohl in aller Bescheidenheit aussprechen darf, – dass man vielleicht wohl daran thäte, in den nördlichen Districten von Transvaal (Watersberg und Zoutpansberg) eine Buren-Reservation zu bilden. Dort könnten dann die Buren wohnen, wie Basutos im Basutoland wohnen, wie Indianer im Indianer-Gebiet, oder die Einwohner eines Schutzstaates in Indien. So lange sie sich dort unter der Britischen Fahne ruhig und friedlich verhalten, versichere man sie unbedingten Schutzes gegen das Eindringen des Bergmanns oder der Speculanten. Sie könnten dort denn ihr Leben ganz nach ihrem eigenen Geschmack einrichten, im Besitz einer sehr einfachen Form von Selbstregierung. Die Unversöhnlichen, denen die Briten für immer ein Dorn im Auge bleiben, könnten dort eine Heimath finden, und die eigentlich Britischen Colonien würden durch die Fernhaltung derer, die ihre Nachbarn mit ihrer eigenen Bitterkeit anstecken könnten, nur an Stärke gewinnen. Ein solcher Staat könnte nie zu einer ernsten Gefahr für uns werden, da wir alle Zugänge, auf welchen er in den Besitz von Waffen gelangen könnte, zu controllieren vermöchten. Ich weiss zwar, dass die Gegend von Watersberg und Zoutpansberg nicht sehr einladend ist, um dort zu wohnen, aber es bleibt ja Jedem überlassen, ob er hingehen will oder nicht. Es zwingt ihn ja Niemand. Ohne irgendeinen Plan der Art wird es in Südafrika dem Reiche an einem Sicherheitsventil fehlen.

Ich kann diese kurze Abhandlung über die Südafrikanische Frage nicht schliessen, ohne der Haltung zu gedenken, welche von den Mächten des Continents während des Kampfes eingenommen worden ist. Die Regierungen selbst haben sich in allen Fällen correct verhalten, das Volk dagegen that in beinahe jedem Falle das Gegentheil. Ein paar tapfere und klarsehende Männer, wie Yves Guyot in Frankreich und die Herren Tallichet und Naville in der Schweiz, waren unsere Freunde oder vielmehr die Freunde der Wahrheit; aber der bei weitem grösste Theil aller Nationen hat sich von Vorurtheilen und jener Lügenfluth fortreissen lassen, welche von einer käuflichen oder, im günstigsten Falle, unwissenden Presse ausging. Hier zu Lande kann das Volk schliesslich stets seinen Willen der Regierung gegenüber zur Geltung bringen, und es ist, wie ich glaube, zu gewissen, sehr bestimmten Anschauungen gelangt, von denen die Britische auswärtige Politik auf viele Jahre hinaus beeinflusst werden wird.

Gegen Frankreich herrscht keine besondere Erbitterung, denn wir fühlen, dass Frankreich niemals viel Veranlassung hatte, uns mit anderen Augen anzusehen, als mit denen eines Feindes. Seit vielen

Jahren schon haben wir uns um Herstellung eines freundlichen Verhältnisses bemüht, aber die Traditionen von Jahrhunderten werden so bald nicht vergessen. Es kommt hinzu, dass einige unserer Verfehlungen in dieser Beziehung neueren Datums sind. Viele von uns schämten sich und schämen sich heute noch des absurden und hysterischen Geschreies hier zu Lande über die Dreyfus-Affaire. Gibt es etwa bei uns keine verunglückten, gerichtlichen Urtheilssprüche im Reiche? Eine Meinungsäusserung war natürlich erlaubt, aber jene allgemeine, aus allen Schichten des Volkes kommende Schimpferei hat uns des Rechtes beraubt, eine weniger unmässige Kritik unseres Characters und unserer Moral von jener Seite her zu erwarten. Auf Russland können wir nicht eigentlich böse sein, denn wir wissen, dass es dort keine wirklich öffentliche Meinung gibt und dass dort die Presse nicht in der Lage ist, selbständige Ansichten zu bilden. Dazu kommt, dass auch in diesem Lande eine gewisse uralte Feindschaft eine unbefangene Beurtheilung der Sache nicht zulässt. Ganz anders aber ist es mit Deutschland. Wieder und immer wieder in der Weltgeschichte sind wir die Freunde und Verbündeten dieses Volkes gewesen. In den Tagen Marlboroughs war das so, wie in den Tagen Friedrich des Grossen und Napoleons. Konnten wir ihnen nicht mit Soldaten helfen, so halfen wir ihnen mit Geld. Unsere Flotte hat ihre Feinde erdrückt. Und jetzt, zum ersten Male in der Geschichte, hatten wir eine Gelegenheit, zu sehen, wer unser Freund war in Europa, und siehe da, nirgends ist man uns mit mehr Hass und mehr Verleumdung entgegengekommen, als seitens der Deutschen Presse und des Deutschen Volkes. Die angesehensten Zeitschriften Deutschlands haben sich nicht gescheut, die Britischen Truppen – Truppen, die in jeder Hinsicht ebenso human und gut discipliniert sind, wie die ihrigen – so darzustellen, als begingen sie Gewaltthätigkeiten an Personen und anderer Leute Eigenthum, ja, als mordeten sie Frauen und Kinder.

Zuerst war dies unerwartete Phänomen bloss überraschend für das Britische Volk, späterhin peinlich und schliesslich, nach zweijähriger Dauer, hat es eine tiefe und dauernde Erregung und Erbitterung in den Gemüthern hervorgerufen. Von Zeit zu Zeit hört man von einem Gerücht, das nicht ganz unbegründet zu sein scheint, dass nämlich eine geheime Abmachung bestehe, wonach der Dreibund, unter gewissen Umständen, Anspruch auf die Benutzung der Britischen Flotte erheben kann. Es gibt wahrscheinlich nur wenig Menschen, die wissen, ob das wahr ist oder nicht. Falls es wahr ist, so wäre es an der Zeit, einen solchen Vertrag nicht länger geheim zu halten, sondern öffentlich zu besprechen, da es einer ganzen Reihe von Jahren bedürfen wird, ehe das Publikum die Handlungsweise Deutschlands vergessen und vergeben kann.

Die Agitation erreichte ihren Höhepunkt in dem Lärm, der entstand, als Herr Chamberlain in seiner Rede zu Edinburgh auf den Krieg von 1870 Bezug nahm. In dieser Rede hob Herr Chamberlain mit Recht hervor, dass sich für strenge Massregeln, die wir im Kampfe mit Guerillas zu ergreifen genöthigt sein könnten, in der Geschichte früherer Feldzüge Präzedenzfälle finden liessen, in den Kämpfen der Franzosen in Algier, der Russen im Kaukasus, der Oesterreicher in Bosnien und der Deutschen in Frankreich. Darin lag für die einzelnen Länder natürlich durchaus kein Tadel, sondern nur ein Hinweis auf kriegerische Vorkommnisse und eine Rechtfertigung gewisser Massregeln. Es ist ja richtig, dass die Deutschen in Frankreich niemals irgendwelchen Grund hatten, das Land zu verwüsten, denn sie hatten es nicht, wie wir, durchgehend mit einem Guerilla-Krieg zu thun, sondern machten mit dem Franctireur oder einem Manne, der beim Durchschneiden eines Telegraphendrahtes ertappt wurde, sehr kurzen Process, wogegen wir einen einzelnen bona fide Bur'n wegen dieses Vergehens nie mit dem Tode bestraft haben. Möglicherweise waren die Deutschen nicht zu streng, sondern wir nicht streng genug. Jedenfalls war in dem Ausspruch offenbar nichts Beleidigendes, und alle diejenigen, welche über das Thun und Treiben der Britischen Soldaten in diesem Kriege gehörig unterrichtet sind, werden wissen, dass alle Truppen der Welt, sowohl was Tapferkeit, als was Humanität anlangt, stolz darauf sein dürfen, wenn sie, verglichen mit ihnen, auf dieselbe Stufe gestellt werden.

Aber die Agitatoren gaben sich nicht einmal die Mühe, in Erfahrung zu bringen, was Herr Chamberlain denn eigentlich gesagt hatte, obgleich sie seine Worte im Lesezimmer des ersten besten Hotels im Original hätten nachlesen können. Auf Grund eines entstellten Berichtes gerieth das ganze Land in Aufregung, und viele Protest-Versammlungen wurden abgehalten. Es fanden sich sechshundertundachtzig Geistliche, deren Herzen und Köpfe weich und schwach genug waren, um sich durch die albernen Erzählungen von Britischen Scheusslichkeiten täuschen zu lassen, und diese hochwürdigen Herren unterzeichneten einen beleidigenden Protest dagegen. Die ganze Bewegung war offenbar so künstlich gemacht oder wenigstens auf so offenbarem Missverständniss beruhend, dass sie hier zu Lande ebensoviel Spass, als Unwillen hervorrief.

Aber bei alledem liegt uns die Ehre unserer Armee sehr am Herzen, und die fortwährenden Angriffe, die man auf sie macht, lassen ein Gefühl der Erbitterung in uns zurück, welches sich in dieser Generation weder verlieren wird, noch darf.

Und jetzt ist sicher, dass viele Leute in England niemals ihre Zustimmung geben würden, eine Britische Guinea oder das Leben eines Britischen Soldaten für solchen Zweck zu opfern. Dies ist leider eine der wundersamen Folgen des Burenkrieges, und es ist möglich, dass sie sich zu guterletzt nicht als die unwichtigste erweisen wird. –

Wir müssen indessen doch eine gewisse Rücksicht nehmen auf Leute, die Jahre lang immer nur die eine Seite der Frage vor sich hatten und sich in dieser Einseitigkeit durch jede Art von böswilliger Erfindung und Entstellung bestärken liessen. Sicherlich wird der Tag kommen, wo die Wahrheit den Sieg davonträgt, wenn auch nur aus dem Grunde, weil die Quellen der Corruption, aus denen man jetzt schöpft, versiegen werden. Es lässt sich unmöglich annehmen, dass irgendeine Politik Bestand hat, die auf Falschheit begründet ist. Wenn jener Tag dann wirklich kommt, und die Nationen Europas sehen ein, wie sie von ein Paar schlauen und gewissenlosen Menschen sich haben nasführen und gebrauchen lassen, dann wird man, wenn auch langsam, der Würde und unbeugsamen Entschlossenheit, die Grossbritannien von Anfang bis zu Ende an den Tag gelegt, Gerechtigkeit widerfahren lassen. Bis jener Tag anbricht, können wir weiter nichts thun, als auf dem eingeschlagenen Wege weiter gehen, weder zur Rechten noch zur Linken schauend, die Augen immer auf das eine grosse Ziel gerichtet haltend: – auf ein Südafrika, worin kein Zank und Streit mehr sein wird und worin der Bure und der Brite dieselben Rechte und Freiheiten geniessen, im Besitz eines gemeinsamen Gesetzes, das sie schützt, und von einer Vaterlandsliebe beseelt, welche Einheit und Einigkeit erzeugt.

ANHANG

Ein Brief von Tobias Smuts an den General Botha, der von den Briten aufgefangen wurde, wirft ein eigenthümliches Licht auf die Concentrationslager, wie auch auf das Einäschern von Farmen. Er sagt: „Schon vor einigen Monaten brannte General Chr. Botha Häuser in Sabaansland ab, das kein neutrales Gebiet ist …" „Die Farm von Herrn Bernardus Johnstone wurde niedergebrannt, oder wenigstens zum Theil, von Chr. Botha, sowie auch das Haus von Frank Johnstone. Als wir uns in Pietretief befanden, wurde das Haus von von Brandis niedergebrannt, und man sagte mir, dies geschehe auf höhern Befehl. Meiner Meinung nach ist es nicht die Zahl der Häuser, wodurch das Princip verletzt wird …"

Auch in Verbindung mit dem Transport von Frauen … „Ich erhielt den Befehl von Ihnen, die Frauen gegen deren Wunsch fortzuschicken, und als ich fragte, was ich thun sollte, wenn die Engländer sich weigerten, diese Frauen aufzunehmen, antworteten Sie, dass ich sie in diesem Falle innerhalb der feindlichen Linien abzuschieben hätte …

Sieht das so aus, als wenn der Burengeneral in unsere Humanität irgendwelche Zweifel setzte?

In Beantwortung einer Klage seitens Schalk Burger, in Bezug auf die Behandlung der Frauen, stellte General Kitchener seine Ehrlichkeit auf eine einfache Probe. „Ich habe die Ehre", sagte er, „Ihnen mitzutheilen, dass alle in unseren Lagern anwesenden Frauen und Kinder, die willens sind, fortzugehen, der Fürsorge von Euer Gnaden übergeben werden sollen, und ich werde mit Vergnügen von Ihnen erfahren, auf welchem Wege sie, Ihrer Meinung nach, am besten zu Ihnen gelangen könnten." Das Anerbieten wurde nicht angenommen.

Am 6. December gibt General Kitchener einen Bericht darüber, wie die Concentrationslager entstanden, und dieser Bericht zeigt, wie ganz allein die Handlungsweise der Buren sie nothwendig machte. Seine Meldung lautet wie folgt: „Zahlreiche Klagen wurden im Anfang dieses Jahres von Burghers, die sich ergeben hatten, eingereicht. Sie meldeten, dass, nachdem sie ihre Waffen niedergelegt hätten, ihre Familie schlecht behandelt und ihr Vieh und anderes

Eigenthum, auf Befehl des commandierenden Generals von Transvaal und den Orangefreistaaten confisciert würden. Das scheint in Folge des Circulars, datiert: Roos Senekal, 6. November 1900, geschehen zu sein. Der commandierende General sagt darin: „Thun Sie alles, was Sie können, um die Burghers zu verhindern, dass sie die Waffen niederlegen. Falls sie nicht darauf horchen, bin ich gezwungen, alles bewegliche und unbewegliche Gut zu confiscieren, sowie ihre Häuser einzuäschern."

„Bei meiner Zusammenkunft mit dem commandierenden General, Louis Botha, benutzte ich die Gelegenheit, ihm diese Sache vorzulegen, und ich sagte ihm, wenn er so weiter verfahre, so würde ich gezwungen sein, alle Frauen und Kinder, sowie auch alles mögliche Eigenthum in Sicherheit zu bringen, um sie gegen die Unthaten der Burghers zu schützen. Ferner erkundigte ich mich, ob er willens sei, die Farmen und Familien von neutralen Burghers und von solchen, die sich ergeben hätten, zu schonen. In diesem Falle, sagte ich, würde ich die Farmen und Familien von Burghers, die sich, im Felde befänden, unbelästigt lassen, vorausgesetzt, dass sie ihren Anverwandten keine thatsächliche Unterstützung zukommen liessen. Der commandierende General weigerte sich sehr energisch, ein solches Uebereinkommen auch nur in Betracht zu ziehen. „Ich bin", sagte er, „gesetzlich berechtigt, jeden Mann zum Anschluss zu zwingen, und wenn er es nicht thut, sein Eigenthum zu confiscieren und seine Familie auf dem Veldt zu lassen. Ich fragte ihn, was ich denn etwa thun könnte, um die Burghers und deren Familien, die sich ergeben hätten, zu schützen, und er sagte: „Das Einzige, was Sie thun können, ist, sie ausser Landes zu schicken, da, wenn ich sie fange, es ihnen schlecht ergehen wird". Hierauf liess sich weiter nichts sagen, und da militärische Operationen sich nicht um den Schutz einzelner Personen bekümmern können, so blieb mir in der That weiter nichts übrig, als mein System beizubehalten, d. h. die Einwohner gewisser Landflächen in den Schutz unserer Linien hineinzuziehen. Meine Entscheidung wurde dem commandierenden General in meinem officiellen Briefe, datiert Pretoria, 16. April 1901, kundgegeben. Das Folgende ist ein Auszug daraus:

> „Wie ich Euer Gnaden in Middelburg mittheilte, bleibt mir, infolge der unregelmässigen Weise, in welcher Sie die Feindseligkeiten geführt haben und noch führen, indem Sie friedliche Einwohner gegen deren Willen zwingen, sich Ihren Kommandos anzuschliessen, ein Verfahren, das sich mit allen bisher

> anerkannten Kriegsgebräuchen gänzlich im Widerspruch befindet, weiter nichts übrig, als die Frauen und Kinder Ihrem Bereich zu entziehen, so sehr auch solche Schritte meinen Gefühlen widerstreben. Die Leiden dieser armen Leute gehen mir sehr nahe. Ich habe gethan, was ich konnte, um ihnen ihr Los zu erleichtern, und es ist ein Gegenstand grosser Verwunderung für mich und die ganze civilisierte Welt, dass Euer Gnaden sich noch immer für berechtigt erachtet, durch Fortsetzung eines hoffnungslosen und unnützen Kampfes über das Volk von Transvaal so viel Elend zu bringen."

Graf Hübner ist ein österreichischer General, der Sohn des verstorbenen Barons Hübner, welcher Oesterreichisch-ungarischer Gesandter war. Nach seiner Rückkehr aus Südafrika theilte er seine Eindrücke einem Vertreter des „Daily Telegraph" mit. „Was mich am meisten überraschte", sagt er, „war die systematische Sorgfalt und Generosität, mit welcher man sich bemühte, die Lage der alten Leute, der Frauen und Kinder in den Concentrationslagern zu verbessern. Inwieweit die Erfordernisse der Kriegsführung das Einäschern von Farmen nothwendig machten, kann ich nicht beurtheilen, aber nach allem, was ich gehört habe, muss ich annehmen, dass militärische Rücksichten dieselbe Art Behandlung von den Befehlshabern irgend einer civilisierten Armee verlangt haben würden. Was mir noch ganz besonders auffiel, war die ausserordentliche Humanität, welche die Briten diesen Opfern der Kriegsführung gegenüber an den Tag legten. Ich kann mir gar nicht vorstellen, dass man hierin noch Verbesserungen treffen könnte. Vor allen Dingen möchte ich gern auf das Entschiedenste der Meldung widersprechen, dass Frauen und Mädchen zu unsittlichen Zwecken aus den Lagern genommen worden wären. Wo immer ich mit den Soldaten in Berührung kam – und das geschah häufig – war ich überrascht über das tadellose Betragen der Leute. Ich sah z. B. niemals einen betrunkenen Soldaten." Graf Hübner war sehr betroffen über die Verleumdungen, welche er in den Zeitungen des Continents las. „Ich kann nicht begreifen", sagte er, „woher sie eigentlich kommen, denn während ich in Südafrika weilte, hörte ich niemals von dem Dasein eines Correspondenten für eine ausländische Zeitung. Das ganze Betragen der Britischen Civil- und Militärbehörden trägt den Charakter grosser und tadelloser Humanität." So sprach ein wahrheitsliebender und loyaler Gentleman.

Herr Major z. D. H. von Pfister-Schwaighusen stellt in der „Allgemeinen Militär-Zeitung“ (Darmstadt, 1. December 1900) folgende „kriegsrechtliche Betrachtungen“ an, die auf die Verhältnisse in Süd-Afrika ein grelles Streiflicht werfen:

Kriegsrechtliche Betrachtungen

Den beruflichen Wehrherrn (Offizier), sowie überhaupt jeden Soldaten fordern gewisse Erscheinungen des jetzigen Banden-Krieges in Süd-Afrika zu sittlicher Erwägung dessen heraus, was hingebender Vaterlands-Vertheidigung in jener Hinsicht erlaubt sei oder aber nicht.

Schwierig für unparteiische und gerechte Urtheilsbildung liegen die Verhältnisse zumal deshalb, weil eine Grenze zwischen fechtender Streitmacht und friedsamer Bevölkerung durchaus nicht redlicher Weise Seitens der Boeren innegehalten ward, noch wird. Solche Missstände, die alsdann zur Annahme scheinbarer Härte auf Seite sieghafter Truppen verführen, bilden leichtlich sich heraus, wo eben nur ungeregeltes Landes-Aufgebot gegen ein stehendes Heer den Kampf besteht: Schaaren, denen alle und jede Kenntnis allgemeingültiger Kriegs-Gesetze gebricht. Bezeugen will ich hier von vornherein, dass wir 1870/71 in Frankreich von damaligen Freischützen (Francstireurs) ähnliche Ausschreitungen, als solche heutiger Boeren, nicht so lange ungeahndet gelassen hätten, als von Englischer Langmuth Monate durch geschah.

Betrachten wir zunächst einmal im Vergleiche die gegenwärtig geübte Wortbrüchigkeit. Allein bei Sedan waren über 2.500 unverwundete Französische Wehrherren in Deutsche Kriegs-Gefangenschaft gerathen. Durch Abgabe ihres Ehrenwortes: nicht zu entfliehen und nicht gegen uns wiederum zu fechten, stand es bei denselben, sich grosse Erleichterungen zu verschaffen. Manche brachen ihr Ehrenwort, an ihrer Spitze Heerwart Ducrot. Später reizte die aufrührerische, durchaus ungesetzliche Pariser Regierung sogar zum Bruche der Gelöbnisse an, wie es jetzt die Herren Steijn und de Wet thaten. Selbstredend hätten wir damals solche Leute doch mit Nichten auf freiem Fusse belassen, wäre Zweifel bei uns obgewaltet. Und wie hat Deutsche Presse und Leserschaft die Meineidigen verurtheilt! Heute in Betreff gleicher Vorkommnisse in Süd-Afrika lässt man gleiche redliche Gesinnung vermissen. Wir aber – ich habe als Hauptmann den grossen Krieg mitgemacht – liessen etwa nochmals Ergriffene im Standrechte erschiessen, und zwar nach Billigkeit.

Nun jedoch zum Boeren! Ja, das wäre ganz etwas Anderes, meinten oben bezichtigte Blätter. Bei Tausenden liess eine vornehm denkende Englische Heeresleitung solche Boeren, die ihre Waffen streckten, einen Unseitigkeits- oder Unterwerfungs-Eid (Onzydigheids-Eed) unterschreiben, anstatt dieselben in Gefangenschaft über See zu verschicken. Hunderte jener Leute ersahen sich hinterdrein aber ihre Gelegenheit, nahmen die Waffen von Neuem auf und mordeten im Rücken des Englischen Heeres. Dahin dürfte wohl selbst edelste Vaterlandsliebe sich doch nicht verirren. Strenger aber denn solche durch Leidenschaft auf Abwege getriebene Boeren, denen auch alle Kenntnis kriegerischer Ordnung und Zucht abging, verurtheile ich eine Presse, die sogar – selbst fern vom Schusse – hierzu höhnenden Beifall klatschte.

Auch die Freischützen des Jahres 1870, jeder Französische Bürger oder Bauer, hatten ein volles Recht, von vornherein uns als Feinde in Waffen entgegen zu treten. Sie durften uns hassen, obwohl Frankreich damals gerade so an uns als 1899 die Buren an England den Krieg erklärt, den Angriff begonnen hatte. Es ist jedoch nicht wohl angängig, abwechselnd nun den friedsamen Bürger spielen, und dann wiederum plötzlich hinter dem Rücken des feindlichen Heeres den Krieger herauskehren, das hiesse Meuchelmord treiben. Feldmarschall Moltke hat bei Berathung des Gesetzes über unseren Landsturm in eingehender Rede dies trefflich im Reichstage erläutert. Er forderte ein beständig angelegtes offensichtiges Abzeichen, um als Krieger erachtet zu werden, und nicht als Räuber zu gelten. Gerade bei allgemeinem, ungeregeltem Banden-Aufgebote ist solches zweifach nöthig. Denn wo hört sonst der Bürger auf, wo fängt der Krieger an? Bauern mögen ihr Dorf in ehrlichem Kampfe vertheidigen. Hatten sie jedoch zuvor durch friedliche Haltung Schutz ihres Lebens und Eigenthums einmal erworben, dann sind sie späterhin nicht befugt, ihre Rolle zu vertauschen.

Für Sicherheit der Eisenbahnen müssen auch in feindlichem Lande angrenzende Gemeinden haftbar gemacht werden, wohl oder übel. Es ist ein Gebot der Nothwehr. Wir liessen Bürgermeister und andere Angesehenheiten, Pfarrer u. s. w. 1870/71 in Frankreich von Strecke zu Strecke auf der Maschine mitfahren. Wurden in der Zwischenzeit dennoch Schienen ausgehoben, Züge mit Kranken und Verwundeten zum Entgleisen gebracht – eine Schändlichkeit rohester Art –, so büssten die Gemeinden durch Brandschatzungen. Wussten die Freischützen und Bauern das, so unterblieb es in der Folge; ja, ruhige Bevölkerung half uns unter Umständen. Treulose Ueberfälle wurden mit Niederbrennen einzelner Häuser oder auch in grösserer Anzahl bestraft, Schuldige wurden erschossen. Unsere bewährte Schneidigkeit wusste Ruhe und Sicherheit zu schaffen. Die feige Heldenthat einzelner Strolche im Zerstören rückwärtiger Bahnen – ohne Beziehung auf feldzügische Massnahmen – müsste eigentlich nicht durch einfaches Erschiessen nur geahndet werden. Just so wie heute eine laienhaft unverständige Presse und Mob die Engländer verlästert, und zwar den Hochadel des Landes, haben im Jahre 1870/71 Französische Zeitungen auf die prussiens barbares geschmäht. Unsere Ulanen waren Menschenfresser, wir Andere hinwieder Nothzüchter und Pendulen-Diebe. Wir lasen es später und erfuhren so, zu unserer reumüthigen Ueberraschung, was wir doch für lasterhafte Menschen wären. Unter Anderem hatte der „Progres du Nord" zu Amiens Dinge über uns berichtet – selbstredend nach Augenzeugen –, dass jedem Leser sich die Haare sträuben mussten.

Traurig, dass auch Deutsche Blätter in der

Gegenwart so entarten konnten, als vielfach geschehen ist. Was die Engländer thun, sollte wohl von jedem Europäischen Heere in gleicher Lage nicht anders geschehen. Jene selbstischen, ehrgeizigen Männer, die nicht Frieden geben wollen, die sind es gerade, die Land und Leute zu Grunde richten. Ungerecht hatten sie den Krieg begonnen, in Verblendung kämpfen sie weiter.

Sir Arthur Conan Doyle

Ausgewählte Werke

HERAUSGEGEBEN VON OLAF R. SPITTEL

Band 1: Das Geheimnis von Cloomber
Band 2: Ein gefährlicher Ausflug
Band 3: Im Giftstrom
Band 4: Die Abenteuer des Louis de Laval
Band 5: Mammon & Co.
Band 6: Die verlorene Welt
Band 7: Der Parasit
Band 8: Geschichten am Kamin
Band 9: Die Abenteuer des Brigadier Gérard, 1
Band 10: Die Abenteuer des Brigadier Gérard, 2
Band 11: Die grüne Flagge
Band 12: Mein Freund der Mörder
Band 13: Die Réfugiés
Band 14: Die Abenteuer des Micha Clarke
Band 15: Ein Duett
Band 16: Lady Sannox
Band 17: Sherlock Holmes 1 - Späte Rache
Band 18: Sherlock Holmes 2 - Das Zeichen der Vier
Band 19: Sherlock Holmes 3 - Die Abenteuer
Band 20: Sherlock Holmes 4 - Die Erinnerungen
Band 21: Sherlock Holmes 5 - Der Baskerville-Hund
Band 22: Sherlock Holmes 6 - Die Auferstehung
Band 23: Sherlock Holmes 7 - Das Tal der Angst
Band 24: Sherlock Holmes 8 - Die Zugabe
Band 25: Sherlock Holmes 9 - Das Archiv
Band 26: Der Krieg in Südafrika
Band 27: Das Congoverbrechen
Band 28: Der Tauchbootkrieg
Band 29: Lord Barrymore

im
VERLAG 28 EICHEN
BARNSTORF
D-49406 Barnstorf, Dreeke 80
www.spittel.de